判断に迷ったら読む
自治体の債権管理
50の疑問からわかる解決の糸口

青田悟朗 著　前川拓郎 監修

第一法規

はしがき

　自治体の債権管理について，研究を始めてから10年以上経つことになります。

　この間，公務の合間を縫って研修させていただいた回数は90回を超えますが，その度に質問をいただき，ある程度整理ができた段階でまとめたものが，「自治体のための債権回収Ｑ＆Ａ現場からの質問」，「裁判例から読み解く自治体の債権管理」です（ともに第一法規刊）。

　幸い，同じ問題を抱える自治体職員の皆さんから好意的に受け入れられ，前著は改訂版を重ねることができました。

　質問にお答えするには，ある程度の実務を知っておかなければなりませんが，実際に実務を経験したことのない債権に関するものも多く，特に，公営住宅に関しては日ごろの管理に加えて債権管理を行い，保証人の問題も複雑であることから，自信を持って回答できたかどうかは心もとないところです。

　研修の度に気付くのは，自治体の債権管理のあり方に関しては，一定の傾向があり，多くの自治体で多種多様な債権管理について税部署で主導しているところです。

　税の徴収手続に精通しておられるのは，それでよいところではあります。しかし，税等の公課以外の債権管理・回収は民事手続にある程度精通していなければならず，また，法令についても民法はじめ民事訴訟法，民事執行法等を知らなければなりません。

　債権管理・回収は民事手続が原則であって，民事手続から税，自治法の規定をみますと，行政事務の管理に都合よくできていることが分かります。これは，行政の債権管理である以上，民事の手続より，特別の規定で早期に回収，収束させる意図が働いているからです。

　自身の経験では行政関係の法令を見ながら事務を行ってきたことが大半ですが，民事法令に関することを研修の度に学んでいくと，税法，自治法等の解

釈，理解に役立つことが少なくありません。例外的な，特別法の規定である税法から民事法を見ても理解しづらいというのが私の意見です。

　また，金銭に関することは明確なものでなければならず，扱う人によって違うことは本来許されません。

　行政職員においても学ぶ基本は民事法令であり，例えば，時効に関して税等公課の規定は，時効完成したら，債権は消滅し，時効の援用は不要であり，時効の利益を放棄して支払うことはできません。

　民事では時効の援用をするのか，時効の利益を放棄して支払うのかは債務者，当事者の任意ですが，税等の公課ではそのような行為を逐一求めるわけにはいきません。

　反対に，過料は行政特有の罰金ですが，裁判例を丁寧に読み解くことで，ある程度過料を科す基準として示すことも可能です。

　このように，自治体の債権管理では色々な場面で税等公課と民事債権の違いが出てきます。このことを念頭に置きながらこの本を読んでいただくと，理解が深まるものと思います。

　さて，先の2冊に加えて，今回，自治体債権管理に関して50の問題を取り上げたのは，Q＆Aという形式だけでなく，もう少し問題を掘り下げた形で提示したかったことによります。体裁については一話完結としてできるだけ読みやすくするように工夫しました。

　最後にPOINTでまとめ，関連する項目を示していますので，どこからでもお読みいただければと思います。

　問題のありかを提示して，どのように法令を当てはめ，解釈していくのか，まずはその問題の答えとして類似する裁判例を取り上げ，それに関する文献を探し，最後に自身の意見を加えることにしました。民法改正についても，関連するところはできるだけ，取り上げました。

　先に著した2冊とは違うところもありますが，機会があれば，いずれ手を加えていきたいと思います。自身の考え方を成長させるために，読者の忌憚のない批評をお待ちしたいところです。

先の2冊同様，大阪弁護士会の前川拓郎弁護士にはご多忙の中，数度にわたり，訂正はもちろん，ご意見をいただいたことを深く感謝いたします。また，この本は企画から約2年半をかけましたが，この間編集の労をとっていただいた第一法規編集第二部の梅牧文彦さんに感謝します。

　今までに研修にお招きいただいた自治体名をここで記しませんが，多くの気付きを与えていただいたことに感謝するとともに，本書が自治体職員の業務の一助になれば幸いです。

　平成31年1月

青田　悟朗

目次

はしがき

凡例、法令略称

issue 1	**債権管理に関する裁判例の傾向** ……………………………………………… 1
	☞ 債権の性質と法律の適用関係	
issue 2	**公の施設の使用料** …………………………………………………………… 6
	☞ 公の施設の使用料と法律の適用関係	
issue 3	**手数料の性質** ……………………………………………………………… 11
	☞ 手数料の性質と時効の適用	
issue 4	**延長保育料，学童育成料，病児保育料** …………………………… 16
	☞ 時効の適用は自治法か，民法か	
issue 5	**督促の効力と要件** ………………………………………………………… 21
	☞ 督促による時効中断と督促の要件，手続	
issue 6	**督促手数料の徴収の可否** ………………………………………………… 26
	☞ 水道料金，公営住宅使用料における督促手数料の扱い	
issue 7	**延滞金と遅延損害金** ……………………………………………………… 31
	☞ 延滞金と遅延損害金の違い	
issue 8	**催告による時効中断** ……………………………………………………… 36
	☞ 催告により時効延長を図るには	
issue 9	**国税徴収法，地方税の例** ………………………………………………… 41
	☞ 国税徴収法，地方税の例による税手続の準用範囲	
issue 10	**分担金の考え方** …………………………………………………………… 46
	☞ 分担金の性質と位置付け	

issue 11	民事訴訟による回収の是非 … 51
	☞ 民事訴訟，支払督促の利用の制約
issue 12	訴訟当事者 … 56
	☞ 訴訟等における当事者適格
issue 13	徴税吏員 … 61
	☞ 滞納処分を行うことができる資格
issue 14	民法改正による時効の扱い … 66
	☞ 民法改正により債権管理をどの様に扱うのか
issue 15	時効の援用と債権管理 … 72
	☞ 時効の援用と債権放棄の必要性
issue 16	一部納付と時効の援用 … 77
	☞ 一部納付は残債務全体の時効中断となるのか
issue 17	時効の援用と援用権の喪失 … 82
	☞ 時効の援用権を喪失したものとみなされない場合
issue 18	履行延期特約と分割納付誓約 … 87
	☞ 履行延期特約と分割納付誓約の違い
issue 19	執行停止と徴収停止 … 92
	☞ 執行停止と徴収停止の違い
issue 20	少額債権 … 97
	☞ 徴収停止における少額債権の扱い
issue 21	限定承認と相続放棄 … 102
	☞ 限定承認と相続放棄の違い，債権管理上の手続
issue 22	連帯債務と連帯保証 … 107
	☞ 連帯債務と連帯保証の違い，債権管理上の留意点
issue 23	連帯債務と不真正連帯債務 … 112
	☞ 父母の一方に課した保育所保育料を配偶者に請求できるか
issue 24	債権管理条例のあり方 … 117
	☞ 債権放棄の規定範囲

issue 25	自治体債権管理における情報の共有	122
	☞ 税情報の利用による債権管理・回収	
issue 26	破産における契約の継続	127
	☞ 破産申立てされた場合の契約のあり方	
issue 27	破産免責債権と時効	132
	☞ 破産により免責された債権は時効の観念がない	
issue 28	日常家事債務	137
	☞ 自治体債権に日常家事債務が認められる場合	
issue 29	過料の額と遡及期間	142
	☞ 過料の額の算定，遡及期間の基準	
issue 30	照会の根拠	147
	☞ 「法令で定める事務」により照会できる場合	
issue 31	誤払いによる返還金の考え方	152
	☞ 返還金の債権管理，受益的処分の取消制限	
issue 32	生活保護費返還金の扱い	157
	☞ 生活保護費返還金は誰に請求するのか	
issue 33	国民健康保険法65条の意味	162
	☞ 国民健康保険法65条と介護保険法22条による返還金の違い	
issue 34	国民健康保険資格喪失による返還金の時効	167
	☞ 返還金での自治法，民法の適用のあり方	
issue 35	補助金の性質	172
	☞ 給付行政における補助金支給は行政処分か，贈与契約か	
issue 36	時効の起算点	177
	☞ 補助金返還金の時効はいつから進行するのか	
issue 37	納付義務者と預金口座名義人	182
	☞ 納付義務者と預金口座名義人が違う場合の口座振替	
issue 38	端数処理及び計算方法	187
	☞ 自治体債権における端数処理の扱い	

issue 39	送達の要件 ……………………………………………………	192
	☞ 送達の効力と公示送達の可否	
issue 40	議決の時期 ……………………………………………………	198
	☞ 支払督促において異議が出された場合の議決時期	
issue 41	将来債権の差押え ……………………………………………	203
	☞ 何営業日前の差押通知が有効とされるのか	
issue 42	水道料金の減免の処分性 ……………………………………	208
	☞ 条例による水道料金の減免の処分性	
issue 43	徴収委託の対象 ………………………………………………	213
	☞ 徴収委託ができる範囲	
issue 44	交付要求と督促 ………………………………………………	218
	☞ 税外公課の交付要求における督促手続	
issue 45	公営住宅入居保証金（敷金）と通常損耗の負担 …………	223
	☞ 通常損耗による補修費の入居者負担	
issue 46	保証人の保証限度額 …………………………………………	228
	☞ 保証債務はどこまで負担すべきか	
issue 47	保証債務と債権放棄 …………………………………………	233
	☞ 保証債務がある場合の債権放棄	
issue 48	相殺と充当 ……………………………………………………	238
	☞ 税以外の公課に対して相殺が許されるか	
issue 49	法人格の同一性 ………………………………………………	243
	☞ 法人格として認められない例	
issue 50	税等公課と私債権 ……………………………………………	248
	☞ 税等公課と私債権の回収方法，債権管理の違い	

索引

判例索引

〔凡例〕

・本書は、債権管理実務を行ううえで、判断に迷いがちな50のテーマを取りあげました。
・テーマごとに要点を「POINT」としてまとめています。
・併せて読むと理解が深まるテーマの参照頁を「関連項目」に掲載しています。
・参考文献としてあげた加除式書籍の内容は、原則平成30年10月1日現在の情報です。

〔法令略称〕

・地方自治法　　　　→　　自治法
・地方自治法施行令　→　　自治法施行令

・民法の一部を改正する法律（平成29年法律44号・債権法改正）で改正された条文の表記は次のとおりです。
　・改正前民法　　債権法改正による改正対象となった民法の条文
　・改正民法　　　債権法改正による改正後の民法の条文

装丁　篠　隆二

issue 1　債権管理に関する裁判例の傾向
☞ 債権の性質と法律の適用関係

▶自治体債権の時効

　自治体の債権管理として法律の適用を判断するため，公法，私法の適用を区分することはなお有用であり，その区分の判断要素としては自らの意思によって決定できるかどうかである。

　「私法と公法の区別については，よりくわしく検討すると，その基準が明らかでなく，この区分は不要であると説く見解が，むしろ有力である。しかし，さしあたっては，取引のルールを主体とする私法と，社会全体の調整基準を定める公法とを区分して，両者の違いを知っておくほうが便利である。また，私見によれば，限界領域は定かでないにしても，典型的なあり方として建前を異にする公法と私法を区分することは，十分可能であると考える（石田喜久夫「民法の常識」有斐閣，1993年，2頁）。」

　「公法関係か私法関係かは，その法律関係が法令によって規律されているか否か，当事者が自らの意思によってその内容を決定できるかによって判断される（橋本勇「訴訟で学ぶ行政法①　公法と私法」自治実務セミナー2016.4，50頁）」

　水道料金の時効は民法が適用されるとした裁判例（東京高判平13・5・22判例集未搭載，最決平15・10・10）では，水道料金は「公の施設使用料」であるから時効は自治法236条が適用されるとする主張は認められなかった。しかし，裁判例では公債権，私債権を区分して法律の適用を判断しているのではなく，それぞれの問題となる場面ごとに法律関係を評価しており，時効の判断も含め法律の適用を判断しなければならない。

　<u>「問題となる『法律関係』を評価し，そこに民法の要素があるかどうかを見極める手法だといえる。</u>もっとも，そうした作業は時効を離れてすでに一般的に行われている。実際，最高裁は，たとえば公営住宅の利用関係につき，入居

後は民法上の賃貸借関係だと評価した上で，信頼関係理論を適用して明渡請求を認容し（最判昭59・12・13民集38巻12号1411頁），さらに，公立病院での診療行為につき，私立病院でのそれとの区別を意識することなく診療契約を観念した上で，その責任を判断しているからである（最判昭61・5・30判時1196号107頁）。後者の判決を踏まえると，本判決は，医療契約について公私の病院を区別しないで民法を適用する解釈を時効期間のレベルでも貫いたものと位置付けられる。
（金山直樹「時効における理論と解釈」有斐閣，2009年，348頁）」

　上記解説の後者の裁判例（最判昭和61・5・30）では，公立，私立病院を問わず当時の治療方法は一般の医療水準として確立していなかったことから，公立病院医師の診療行為に対する債務不履行責任を認めず，その判断は公立病院診療費の時効の判決（最判平17・11・21民集59巻9号2611頁）の考え方に通じるとしている。

　公営住宅は申込者の誰もが入居できるものではなく，入居決定は行政不服審査法の適用があるとされ（大阪地決昭49・12・10判時770号76頁），その関係には公営住宅法，条例に特別の定めがない限り，民法及び借家法が適用される（最判昭59・12・13民集38巻12号1411頁）。

　「公営住宅の使用関係については，公営住宅法及びこれに基づく条例が特別法として民法及び借家法に優先して適用されるが，（筆者注：公営住宅）法及び条例に特別の定めがない限り，原則として一般法である民法及び借家法の適用があり，その契約関係を規律するについては，信頼関係の法理の適用がある（最判昭59・12・13民集38巻12号1411頁）」

　この判決は公営住宅の使用関係における民法及び借家法の適用は，「信頼関係の法理の適用があるとの判示を導くための前提として判示するにとどまる（「最高裁判所判例解説民事編昭和59年度」法曹会，508頁）」とする。

　「この判決（最判昭59・12・13）は，公営住宅の使用関係が継続的な債権債務関係であるという点において私人間の家屋賃貸借関係と異なることはないとしただけであって，その使用関係の全てが私法上のものであるとか，その使用料が私法上の債権であるとしたものではない（橋本勇「自治体財務の実務と理論―違

法・不当といわれないために」ぎょうせい，2015年，161頁）」

公営住宅の法律関係に限らず，他の自治体債権にも同様に個別法律，一般法である自治法の適用範囲を見定める必要がある。

「公営住宅法の定める法的仕組みの趣旨・目的や射程について解釈し，民事上の法理（信頼関係の法理）との整合性を具体的に見定めるという考え方が示されている（櫻井敬子，橋本博之「行政法［第3版］」弘文堂，2011年，32頁）。」

公営住宅法32条1項2号（3か月明渡要件）は民法541条の契約解除の要件緩和と解するのではなく，未納に加え，解除の前提としての催告をせずに明渡しを求めることはできない（大阪地判昭34・9・8下民10巻9号1916頁）。

公営住宅使用料の時効について裁判例はないが，使用料は公営住宅利用の対価から時効は自治法を適用する特段の理由もなく，民間賃料と同様，改正前民法169条の定期給付金5年とする方が素直な解釈といえそうである。

▶問題となる場面ごとに法律関係を評価する考え方

問題の場面に法律関係を評価するとして，弁済供託の払渡請求権の時効について，弁済供託は行政処分としながら，供託物払渡請求権の時効は改正前民法167条により10年とした例がある（最大判昭45・7・15民集24巻7号771頁）。

この場面で最高裁は「供託官が供託物取戻請求を理由がないと認めて却下した行為は行政処分であり，弁済者は右却下行為が権限のある機関によつて取り消されるまでは供託物を取り戻すことができないものといわなければならず，供託関係が民法上の寄託関係であるからといつて，供託官の右却下行為が民法上の履行拒絶にすぎないものということは到底できない」と判示している。

この判決は大法廷判決であり，弁済供託は民法上の寄託契約として公権力の行使でないとする6人の反対意見があり，うち4人は，弁済供託は寄託契約の当事者の行為であり，行政処分を認める根拠はないとする。

「供託法，供託規則に基づく供託官の行為のごときは，本来公権力の行使に当たる行政行為というべきではなく，民法上の寄託契約の当事者の地位におけるものにすぎず，（中略）立法政策として供託官の行政行為を介在させる必要

もないと考えられるから，供託官の行為に公定力を認めることは，理論的にも実定法的にもまことに根拠が薄弱である。」

残り 2 人の反対意見は，供託官の処分は私法の法律関係に影響せず，その争訟は行政処分の抗告訴訟と民事訴訟を分けるべきであるとする。

「供託の法律的性質を寄託契約，すなわち，<u>私法上の法律関係であると解する</u>。ただ，供託手続が確実にかつ迅速に行なわれるために，国家機関たる供託官がその事務を行なうのであるが，そのことは，何等供託そのものが私法的法律関係に影響するものではない。(中略) 供託官の処分に関する争訟の形式としては，審査請求ないし抗告訴訟によるべき場合と通常の民事訴訟によるべき場合とがある」

「行政庁の行為が処分であるか私法上の行為であるかは，その行為を根拠づけている実定法の解釈によって定まる（前掲：櫻井・橋本，284頁）」，「民事法の規定の適用を認めるべきかどうかは，（中略）当該法律関係について存在する立法の趣旨・内容の検討を経てはじめて決せられる事柄であ（小早川光郎「行政法 上」弘文堂，1999年，156頁）」り，供託物払渡請求権の時効は供託法の解釈による。

この場面で最高裁は「なお，弁済供託における供託物払渡請求権の消滅時効の期間に関し，原審判決は，供託は国が設けた金品保管の制度で，供託の原因も法定されており，供託官は供託が適法であればこれを受理しなければならず，契約自由の原則は適用されないというだけの理由から，供託上の法律関係は公法関係であり，供託金の払渡請求権は会計法30条の規定により 5 年の消滅時効にかかるものと解している。しかしながら，弁済供託が民法上の寄託契約の性質を有するものであることは前述のとおりであるから，供託金の払渡請求権の消滅時効は民法の規定により，10年をもつて完成するものと解するのが相当である」と判示している。

なお，供託金の取戻請求権の時効の起算点は，供託の基礎となった債務について消滅時効が完成するなど，供託者が免責の効果を受ける必要が消滅した時とされている（最判平13・11・27民集55巻 6 号1334頁）。

弁済供託の払渡請求権の裁判例の論理構成は，地方公務員の日直手当請求権は公法上としながら労働の対価から労働基準法が適用され，時効は2年とされたこと（最判昭41・12・8民集20巻10号2059頁）と類似する。

「<u>地方公共団体の職員の日直手当は，職員の時間外労働の対償たる性質を有するものであるから，労働基準法にいう賃金であると解すべきであり</u>（労働基準法11条参照），労働基準法115条は『この法律の規定による賃金，災害補償その他の請求権は，2年間これを行わない場合においては，時効によつて消滅する。』と規定しているので，<u>同法115条の規定は，前記地方自治法233条において準用される会計法30条の『他の法律』の規定にあたるものといわなければならない。</u>」（判決時点で自治法233条は「普通地方公共団体の支払金の時効については，政府の支払金の時効による。」と規定されていた。）

なお，民法改正により商事債権の時効（商法522条）は削除されたが，労働基準法115条の時効2年は，現時点で改正されていない。

POINT

裁判例では問題となる法律関係について，時効を含めて債権の性質を考慮して判断される。

関連項目

2　公の施設の使用料（➡6頁），50　税等公課と私債権（➡248頁）

issue 2 公の施設の使用料
☞ 公の施設の使用料と法律の適用関係

▶「公の施設の使用料」と自治法の適用

　「公の施設の使用料」の意義はどのように考えるべきか，使用料は一般的に役務の提供の反対給付とされる。

　「使用料とは，統治団体の提供する物的役務の利用に対する反対給付である。使用料は，反対給付であるから，一方的に賦課される租税および分担金とはその性質を異にする（成田頼明ほか「注釈地方自治法」第一法規，加除式，4211頁）。」

　水道料金，公立病院診療費の時効を争った裁判例では，時効については「公の施設の使用料」という理由では自治法の適用は認められず，ともに性質として民間債権と変わりないから民法が適用されるとした。

　時効とは別に「公の施設の使用料」を認めた裁判例もあるが，これは「公の施設の使用料」に分担金，使用料等の規制，過料に関する自治法228条が適用されるとしたものである。

　市営ガス料金において，特別の事情がある場合は地方公営事業管理者が定める供給条件によることができ，使用料は条例によるとする自治法228条1項に違反しないとした例がある（最判昭60・7・16判時1174号58頁）。

　「ガス供給事業を経営する地方公共団体が，その条例において，右ガス事業法20条ただし書所定の要件に該当する場合に限り，条例以外の供給条件によりガス供給契約を締結することを管理者に委ねる趣旨の特別供給規定を設けたとしても，これをもつて使用料に関する事項を条例事項としている地方自治法228条1項の規定に違反したものということはできず，右特別供給規定を無効であると解するのは相当でない。」

　地方公共団体が経営するガス事業であっても，不正使用等の場合は自治法

228条3項に基づく条例により過料を科すことができ，過料は事業管理者ではなく長により、科すことになる（自治法149条3号，地方公営企業法8条）。

また，町営簡易水道の料金を定める行為は行政処分に当たらないが，簡易水道料は「公の施設」の使用関係として，別荘に係る給水契約者の基本料金を別荘以外の給水契約者の基本料金の3.57倍に改定した場合において，合理的な理由なく差別的取扱いをすることは自治法244条3項に違反するとしている（最判平18・7・14民集60巻6号2369頁）。

<u>「本件改正条例の（料金）制定行為は，抗告訴訟の対象となる行政処分には当たらないというべきである</u>（中略）<u>上記のような住民に準ずる地位にある者による公の施設の利用関係に地方自治法244条3項の規律が及ばないと解するのは相当でなく</u>，これらの者が公の施設を利用することについて，当該公の施設の性質やこれらの者と当該普通地方公共団体との結び付きの程度等に照らし合理的な理由なく差別的取扱いをすることは，同項に違反する」

自治体債権では時効において民法が適用される債権であっても，場面によっては過料など自治法が適用されことがあるが，債権の時効の適用と公の施設の使用料に関する規律は適用範囲が違うことになる。

▶「公の施設の使用料」と民法の適用

水道料金や公営住宅使用料は私的性質の債権ではなく，自治法225条（使用料）が適用される債権であるとする見解があるが，「公の施設」としての規律に服するという点に関しては理解できる。

「上下水道施設や公営住宅は，自治法244条でいう『公の施設』であり，その利用に当たっては，一般の契約により貸借関係が生じるのではなく，自治法244条から244条の5まで〔現行法244条の4まで〕及びその利用については自治法225条が適用されます。すなわち，水道料金や公営住宅家賃は，私的性質を有する債権ではなく，自治法225条の使用料である（地方自治制度研究会編「地方財務実務提要」ぎょうせい，加除式，2465・4頁）」

「公の施設の使用料」は行政処分か契約かは使用関係に基づき，分けて具体

的に判断すべきとする見解がある。

「最高裁は，市営ガス事業の料金について昭和60年7月16日判決（判時1174号58頁）で，町営簡易水道の料金について平成18年7月14日判決（判時1947号45頁）で，それぞれが自治法244条の公の施設の使用料に該当することを明言している。これらの判決に共通するのは，同じく公の施設の使用といっても，その根拠が行政処分にあるもの（公法上の関係になる）と契約にあるもの（私法上の関係となる）の二つがあり，<u>具体的な判断はその使用関係を個別に観察してなされるべきだという考えであると思われる</u>（橋本勇「自治体財務の実務と理論―違法・不当といわれないために」ぎょうせい，2015年，330頁）。」

また，同書では自治法と民法の適用関係について，利用関係において自治体が優越的な地位に立つものではなく，利用関係から生ずる債権には民法が適用されるとする。

「私人間における法律関係と違いはないとされる多くのものは，公の施設の利用関係についてである。（中略）それには，開放型施設，専用型施設及び役務一体型施設がある。役務一体型施設を利用した事業には，主として当該事業による収入をもって当該事業の経費に充てられることとされ，企業的な経営をすることが求められているものが多く，<u>このような事業における使用料は当該施設の使用の対価として意識されることはなく，当該施設を利用した産物，商品，サービス等の提供に対する対価として理解されるのが普通である</u>（地方公営企業法21条1項は『地方公共団体は，地方公営企業の給付について料金を徴収することができる』としている。）。また，<u>法律的にもその利用関係において当該施設の設置主体である自治体が優越的な地位に立つという関係にはない。そうであるならば，そのような利用関係から生ずる債権には民法が適用されることになり，民法が適用される限り，自治法236条1項は適用されないというのが論理的帰結である</u>（前掲：橋本勇，330頁）。」

同様に，水道料金，公立病院診療費の時効に関する判決を踏まえ，施設の利用が付随的であり，利用において私人間の法律関係と異ならないものは私債権とする見解がある。

「公の施設の利用を伴うものであっても，<u>施設の利用という側面が付随的なものであり，利用者との法律関係が私人間の法律関係と異なるものではないと認められる場合に生じた債権については私債権と考え，他方，施設の利用という側面を中核とする場合に生じた債権は，自治法225条の使用料と考えるべきである</u>。住宅の利用関係は，住宅という公の施設の利用を伴うが，その中核は，私人間の家屋賃貸借関係と異なることはないことから，家賃（使用料）は私債権であると解される（債権管理・回収研究会編「自治体職員のための事例解説 債権管理・回収の手引き」第一法規，加除式，1504頁）。」

水道料金，公立病院診療費，公営住宅使用料は「公の施設の使用料」であり，過料など部分的には自治法の適用を受けるが，その中核は利用における対価であり，民間で提供されるものと変わらないものと考えれば，「公の施設の使用料」という理由により，自治法236条の時効をはじめ，自治法231条の3の督促手数料及び延滞金が適用されるとするのは説得力を欠く。

公立学校と在学者の関係については公の施設の利用を伴うが，学校の利用対価として債権の中核となるのは学校授業料である。

「<u>公の施設としての幼稚園の使用許可申請と在園契約締結の申込みが含まれ，入園の許可には，公の施設の使用許可と在園契約の申込みを承諾する旨の意思表示が含まれていると理解すべき</u>ことになろう（前掲：債権管理・回収研究会編，1402頁）。」

例えば，公立美術館の入場料は「公の施設の使用料」であるが，利用者にとっては「公の施設」の利用に対して代価を支払うものではなく，施設を利用した展示物の観覧に対する代価を支払うという感覚が通常であろう。

また，資金貸付け，物品売買等のように反対給付を有するものと比べて，税においては反対給付を有しないから滞納処分手続を含めて優先徴収権を与えて保護しており，時効，督促手数料及び延滞金は債権の性質により法律の適用を判断することが適切であろう。

「私債権は，原則として，資金の貸付け，物品の売買等の反対給付を前提として成立するが，租税債権は，直接的にはなんらの反対給付なしに成立する。

反対給付を有する債権と反対給付を有しない債権とでは，その債権が履行される可能性が異なるのは当然であり，この履行可能性の少ない租税債権であるために，優先徴収権によって保護を与える必要がある（吉国二郎ほか「国税徴収法精解18版」（財）大蔵財務協会，2015年，135頁）」

　時効，督促手数料及び延滞金の適用に限らず，法律の適用には場面ごとの解釈が必要になる。

　「ある制定法の解釈において，ある法現象には民法の適用があり，他の法現象には民法の適用が否定される場合もありうる（公営住宅法の入居決定には民法の適用を排し，使用料の徴収には民法の適用があるという解釈）（吉野夏己「紛争類型別行政救済法」成文堂，2009年，488頁）。」

POINT

　時効をはじめ債権管理に関する法律の適用と「公の施設の使用料」の規律範囲は異なる。

　「公の施設の使用料」という理由では督促手数料及び延滞金を徴収することはできないものと考える。

関連項目

　1　債権管理に関する裁判例の傾向（➡1頁），6　督促手数料の徴収の可否（➡26頁），7　延滞金と遅延損害金（➡31頁），31　誤払いによる返還金の考え方（➡152頁）

issue 3 手数料の性質

☞ 手数料の性質と時効の適用

▶廃棄物処理手数料の性質

　自治法における手数料の性質，その時効についてはどのように考えるべきであろうか。

　廃棄物処理手数料の性質として，汚物の収集処分に関しては特定人のためにする行政上の役務の提供とし，自治法222条（227条）の手数料としている（金沢地判昭41・1・28判時439号107頁）。

　「<u>市が行う汚物の収集処分は一面清掃法により市自身に課せられた義務の履行であるが，他面前記のごとき，義務を負担する市住民各自の利益のためなされる役務の提供であることは否定し難いところである。</u>従つて本来普通地方公共団体は，右汚物の収集および処分に関し，地方自治法第222条第1項所定の手数料を右市住民から徴収しうるものであるところ，清掃法第20条はこれを明文をもつて確認したものと解するのが相当である。（中略）<u>一般家庭から徴収される清掃手数料も市の固有事務で特定の個人のためになされる報償的性質を有する手数料であつて清掃法第20条ないし地方自治法第222条第1項所定の手数料と異質のものではないと解する</u>」

　自治法227条の「手数料の目的は，受益者と一般住民の負担の公平性の確保，および行政経費の補てんにある（村上順・白藤博行・人見剛編「別冊法学セミナー新基本法コンメンタール地方自治法」日本評論社，2011年，前田雅子執筆部分，272頁）」とされる。

　また，廃棄物処理に関して自治体と排出者の関係は，上記金沢地裁と同様，役務の提供と受益に対応するとした裁判例がある（横浜地判平21・10・14判自338号46頁）。

　「本件で想定されるのは，普通地方公共団体の命を受けたごみ収集，運搬業

務に当たる作業員が，担当地区を回って，各家庭から排出される家庭系可燃ごみ及び不燃ごみを回収することである。この場合，排出者はそれぞれ事前に有料で調達した指定収集袋を単位として，排出したごみを特定することになるから，特定の普通地方公共団体が提供するかかる役務とこれを享受する者（これ自身は，匿名でも構わない。）とはそれぞれ個別的な一対一の関係にあるといえ，役務受益者を特定の排出者（中略）に対応させることは可能である。」

さらには，廃棄物処理手数料の徴収は債権の性質から公権力の行使といえず，その納入通知は行政処分に当たらないとした裁判例もある（大阪地判平16・3・24判自268号66頁）。

「（廃棄物処理手数料は）利用者と被告市との間の当該施設の利用関係に伴い発生するものであり，その手数料も，あらかじめ決められた単価に当該施設に搬入された一般廃棄物の量を乗じることによって算出され，当該利用者が被告市に算出された手数料を納付するというものにすぎない。（中略）上記手数料の徴収の性質が，（中略）優越的な地位に基づく公権力の行使に当たるものと解することはできず，本件納入通知をもって行政処分とみることはできない。」

手数料の金額は，「当該事務に要する経費と当該役務の提供から受ける特定の者の利益とを勘案して定めらる（松本英昭「新版逐条地方自治法〈第9次改訂版〉」学陽書房，2017年，831頁)」とされている。

▶廃棄物処理手数料及び農業集落排水施設使用料の時効

廃棄物処理手数料は，役務の提供と手数料支払いが同時履行の関係であるため，実務上，未納になることは少ないと思われるが，前記金沢地裁判決から廃棄物処理手数料の時効は民法が適用されるとする見解がある。

「廃棄物処理事業は，（中略）市町村自身に課せられた義務の履行という側面もあるが，住民各自の利益のためになされる役務の提供という側面もある。そして，同事業は市町村等の地方公共団体が独占している業務ではないので，住民は業者に依頼して処理をしてもよい。その点からすると，事業者と利用者の関係は基本的に対等の関係にあると解される。加えて，廃棄物処理法は市町村

が廃棄物処理手数料を徴収できるとする規定をおいていない。また，(中略)粗大ごみや臨時・大量に出るごみについては申込制を採用し，事業系ごみについてはゴミ処理券を購入する方式を採用しているという実態がある。これらの点を考慮すると，廃棄物処理手数料は，市町村と住民との廃棄物処理に関する委任契約に基づく債権であると解するのが相当だと考える。(中略) そうだとすると，時効期間は民法167条1項により10年ということになるが，民法174条3号の『運送賃に係る債権』として1年と解される余地もあるのではないかと思料する(東京弁護士会弁護士業務改革委員会自治体債権管理問題検討チーム編「自治体のための債権管理マニュアル」ぎょうせい，2008年，275頁)。」

　上記見解では廃棄物処理手数料を委任契約により民法の一般時効である10年(改正前民法167条)又は「運送賃に係る債権」相当の1年(改正前民法174条3号)としているが，債権の性質，証拠書類(簡易な受領証が考えられる)，改正前民法の短期消滅時効の趣旨，廃棄物処理手数料の本質である「役務の提供」からすると，改正前民法174条2号の時効1年が適用されると解する方が適切であろう。

　廃棄物処理手数料は自治法227条にいう手数料ではあるが，「公の施設の使用料」から時効は自治法が適用されるとする考え方もある。しかし，問題となる場面ごとに考えると，廃棄物処理手数料は役務の提供が債権の本質であるから時効は民法が適用されると解する方が自然である。

　市町村設置型浄化槽使用料の時効についてはどのように考えるべきであろうか。

　市町村浄化槽整備計画策定マニュアル(平成26年2月環境省大臣官房廃棄物・リサイクル対策部廃棄物対策課　浄化槽推進室)によると，「浄化槽は，生活排水(し尿及び雑排水)を，主として各戸ごとに処理し，近傍の公共用水域等に放流するものであり，人口密度の低い地域においてより効率的な整備が可能な個別分散型の汚水処理施設である。(中略) 浄化槽の計画的な整備手法として，市町村自らが浄化槽を設置し維持管理を行う浄化槽市町村整備推進事業がある」とされている。

市町村設置型浄化槽使用料についても，浄化槽による処理を廃棄物処理と同様に考えると，廃棄物処理手数料と同様に役務の提供である。
　一方で，農業集落排水処理施設は下水道の未整備地区に対する施設であり，性質的には下水道に近く，その地区内では当該施設の使用を義務付けられ，その使用料は利用者の使用するかどうかの意思は問わず，自治法が適用される債権として扱ってよいものと考える。
　下水道使用は強制され，公道に近い性質であり，自治体が下水道の使用を制限する行為は公権力の行使として公法関係であり（東京地裁八王子支部決昭50・12・8判時803号18頁），農業集落排水処理施設も類似する。
　「公営水道の場合は事業者と需要者との契約関係によらしめるとともに給水区域内の住民に対し給水の申込みを強制するような仕組みを採つていないのに対し，公共下水道の場合は住民が公共下水道を使用するについては管理者たる地方公共団体の承諾や許可等を何ら必要とせず，かえつて排水区域内の住民であることにより事実上当然にその使用を強制される（同法（下水道法）10条1項）ことから明らかなようにその使用関係は事業者と需要者との契約関係に基づくものとは到底考えられないことなどを併せ考えると，下水道事業と水道事業とはひとしく地方公共団体が事業主体としてこれを行う場合ではあつても，その法的性格を全く異にするものであり，下水道の法的性格はあたかも一般交通の用に供することを目的とした公道に近いものというべきであつて，住民による公道の通行などと同様に排水区域の住民は他人の共同使用を妨げない限度でその用方に従い自由に右下水道を使用することができるものであり，その使用関係は契約関係に基づくものではなくいわゆる公共用営造物の一般使用の関係であり，その法的性格は公法関係で事業主である地方公共団体が公共下水道の使用を制限する行為はいわゆる公権力の行使に該当すると解する」
　農業集落排水施設使用料と廃棄物処理手数料は役務の提供という面では類似するが，性質的に強制力を伴い，代替性があるかどうかという点も法律の適用に当たって判断の要素にはなるであろう。
　廃棄物処理手数料と違って，「農業集落排水施設は他に同様の代替措置はと

りにくいものである。以上を考えると，当該債権の時効の扱いは自治法236条1項を適用することが適切と考える（債権管理・回収研究会編「自治体職員のための事例解説　債権管理・回収の手引き」第一法規，加除式，1717-5頁）。」

　民法改正により短期消滅時効は整理され，時効は「権利を行使することができることを知った時から5年間」又は「権利を行使することができる時から10年間」に統一された（改正民法166条）が，債権の性質を通じて民法か，自治法が適用されるのか考え方を整理することは依然として必要である。

　なお，ここでいう手数料には督促手数料は含まれない。督促手数料は行政上の必要から請求され，自治法231条の3を根拠とする。

POINT

　手数料は特定の者のためにする行政上の役務の提供である。
　廃棄物処理手数料は自治法227条の手数料ではあるが，役務の提供という性質から時効は民法が適用されるものと考える。

関連項目

　1　債権管理に関する裁判例の傾向（➡1頁），2　公の施設の使用料（➡6頁），14　民法改正による時効の扱い（➡66頁）

issue 4　延長保育料，学童育成料，病児保育料
☞ 時効の適用は自治法か，民法か

▶病（後）児保育の根拠
　病（後）児保育は，子ども・子育て支援法59条によれば，市町村子ども・子育て支援事業計画による事業の一つとされている。

　子ども・子育て支援法及び児童福祉法による病（後）児保育料の徴収に関する規定は見当たらない。

　また，児童福祉法6条の3第13項によれば，病（児）保育事業は，保育所，認定こども園，病院，診療所その他厚生労働省令で定める施設で行う保育事業とされ，法律には保護者負担の根拠はなく，病（後）児保育料は条例で定めることになる。

　延長保育料，学童育成料，病（後）児保育料は，時効を含め法律の適用に関して裁判例はなく，解説も少ないが，それぞれの時効の適用を考えてみたい。

▶自治体債権の法律の適用
　裁判例では，自治体債権の法律の適用については債権全体の法律関係でなく，問題となる特定の部分について法律の適用を判断すれば足りるとする（水道料金の時効，公立病院診療費の時効，公営住宅の明渡要件の例）。

　「公法関係と私法関係の区別は，その訴えが民事訴訟か，行政事件訴訟かを判定するための重要な基準となる。継続した事件について，その判定が問題となるのは，判定の対象となる法律関係の全般ではなく，ある法律関係のうちの特定の一部分であるから，その部分について公法関係であるか，私法関係であるかを判断すれば足りる。通常は一体となった法律関係は，その全体が公法関係か，私法関係になるが，部面によって，公法関係であったり，私法関係であったりする法律関係もあるので注意を要する（司法研修所編「改訂　行政事件

訴訟の一般問題に関する実務的研究」法曹会，2000年，8頁）。」

　部面によって公法，私法関係があるとするのは，債権の成立に行政処分が認められても，時効は民法によるとした例を参考とすればよい（弁済供託金の取戻請求権に関する判例，最判昭45・7・15民集24巻7号771頁）。

　「公法関係一般についてある私法法規の適用の有無を決めるといった，きめの荒い議論ではなく，個別的な具体的な公法関係ごとに，その問題となっている公法関係の特質に応じて，当該私法法規の適用があるかどうかを決定するという，きわめてきめのこまかな議論が要求される（中野次雄「判例とその読み方［改訂版］」有斐閣，2002年，303頁）。」

　また，同書では，行政判例は一般化して読むことに注意すべきという指摘がある。

　「行政判例の場合は，ある判決が判示していることを不当に一般化して読む傾向が強いように見受けられるので，この点に注意して，当該判決が判示していることを正確に把握し，その判決の判示をあまり一般化しないよう心掛けることが肝要である（前掲：中野，296頁）」

　公営住宅の関係においても，入居決定，時効，明渡し，割増賃料も含めて，場面ごとの性質をどのようにみるかで法律の適用を判断すべきものであろう。

　「公営住宅は公の施設であり，賃料はその使用料と解され，また，公営住宅の入居決定は，公募型及び公正な選考を義務付けていること，入居資格を決定していること，同法に基づく条例上入居について使用許可を受けることとされていることなどから，これを公法関係に属するとする考え方もある。しかし，このような公法的な一面があることは否定し得ないが，公営住宅の使用関係が基本的には私人間の家屋賃貸借契約と実質的に異なる点のないところをとらえれば，私法関係と解する（吉野夏己「紛争類型別行政救済法」成文堂，2009年，127頁）」

　この点では，「公の施設の使用料」により時効は自治法236条が適用されるとする考えは，水道料金，公立病院診療費の裁判例では認められていない。

　施設を利用したサービスの提供と使用料が対価関係であるなら，時効につい

て民法が適用されるとする方が自然な考え方であろう。

▶延長保育料の性質と法律の適用

　延長保育の実施を「公の施設」の使用関係の行政処分と解し，その保育料を公債権として時効は自治法236条により5年とする見解がある。

　「延長保育は公立保育所において行われるものであり，かつ，延長保育利用の登録の申込みに対して，市長が要綱に基づき審査し決定を下す形式になっていることから考えると，<u>延長保育の実施は公の施設の使用関係の側面を有する行政処分と解するのが妥当である。</u>そして，延長保育の利用関係について私法の適用を認めた裁判例が見られないことから，現時点では，延長保育は公債権であり，かつ，滞納処分権限が法で付与されていないことから，非強制徴収公債権と考えるのが妥当である（大阪弁護士会自治体債権管理研究会編「地方公務員のための債権管理・回収実務マニュアル　債権別解決手法の手引き」第一法規，2010年，146頁）。」

　延長保育は児童福祉法の適用はなく，延長保育は必ずしも公の施設である公立により実施しなければならないものではなく，延長保育の利用の中核は保育サービスであり，料金はその対価という点を考えれば，時効が適用される論拠として「公の施設の使用」関係によるまでもない。

　次の見解は，公立の延長保育は「公の施設」の利用を伴いながらも，延長保育料の中核は保育の提供から時効を判断するものとする。

　「延長保育は，平成9年までは，児童福祉法に規定され市町村の事業とされていたが，翌年の同法の改正により，当該規制が削除され，各保育園の自主事業となった。（中略）延長保育は，保育園という公の施設の利用を伴うが，その中核は，保育の提供であり，利用者との法律関係は私人間の法律関係と異なるものではないから，延長保育料を公債権と解しても，その時効期間には，学芸又は技能の教育に関する民法173条3号が適用され，2年になる（債権管理・回収研究会編「自治体職員のための事例解説　債権管理・回収の手引き」第一法規，加除式，1408頁）。」

「公の施設」の利用により公債権と解しながらも，時効は民法に服するというところは分かりにくいが，時効という問題となる場面で法律の適用を判断することで足りると考えればこの見解は理解できるであろう。

前掲書では「保育料も延長保育料も，その督促等には，使用料に関する自治法231条の3が適用になるが，延長保育料については同条3項が定める地方税法の滞納処分の例により処分することができる歳入に該当しないので，同条（自治法231条の3）1項に基づいて，納期限までに納付しない者に対しては，期限を指定して督促し，その後は自治法施行令171条の2以下に従って，強制執行等の措置をとることになる（前掲：債権管理・回収研究会編，1107頁）。」とするが，延長保育料を児童福祉法24条に基づく「保育の実施」ではない保育サービスの利用の対価と理解すれば，延長保育料の督促は行政処分による債権に適用される自治法231条の3ではなく，自治法施行令171条が適用されるとする方が整合する。

▶学童保育料，病（後）児保育料の時効

学童保育は児童福祉法6条の3第2項により，授業の終了後に児童厚生施設等を利用して適切な遊び及び生活の場を与えて，児童の健全な育成を図ることにある。

学童保育料は遊びや生活の場を与えるサービス利用の対価として捉えれば，学芸，技能，教育の対価の債権とする見解が多い。

「放課後児童健全育成事業は，児童厚生施設等の公の施設の利用という側面を有するが，遊びや生活の場を与える行為が中核にあり，施設利用は付随的なものであって，利用者との法律関係は私人間の法律関係と異なるものではない（前掲：債権管理・回収研究会編，1408頁）。」

病（後）児保育料は，延長保育料，学童保育料と同様に私人間の法律関係と異なるものではなく，学芸，技能，教育の債権として改正前民法173条3号の時効2年に該当すると解してよいであろう。

認定こども園は保護者との直接契約ではあるが，その保育料は従来と変わり

なく，入所申込みの後，市町村が保育に係る費用を代わりに支払い，負担金として扶養義務者から徴収し，滞納処分ができることを仕組みとして法律で構成している。

一方で，サービス，利用の対価として支払うものは，行政処分，決定になじまないと考えれば理解しやすい。

> POINT
>
> 延長保育料，学童育成料，病児保育料それぞれの時効は，直接の法律の規定はなく，債権の中核となる性質で判断されるべきものと考える。

> 関連項目
>
> 1　債権管理に関する裁判例の傾向（➡1頁），2　公の施設の使用料（➡6頁），14　民法改正による時効の扱い（➡66頁）

issue 5 督促の効力と要件

☞ 督促による時効中断と督促の要件，手続

▶督促の効力

　民法改正により時効の「中断」は「更新」に，時効の「停止」は「完成猶予」に改められたが，内容，意味について改正前とほぼ変わるところはない。

　時効中断には債権者の明確な権利行使か，債務者の意思表示として承認が必要である。

　「(筆者注：時効) 中断というには，権利者からのはっきりした権利行使や，債務者からのはっきりした債務の承認が必要なのである（池田真朗「スタートライン民法総論」日本評論社，2006年，189頁）。」

　時効中断すると振り出しに戻り，時効中断の事由が止んだ後に新たな時効が進行する（改正前民法157条）。

　自治体債権では公債権，私債権に限らず，督促状を発すること（公債権では自治法231条の3，私債権では自治法施行令171条）により，改正前民法153条にかかわらず，時効は中断する（自治法236条4項）。

　催告の場合は督促と違って，暫定的に時効が6か月延長され，その間に訴訟等を提起するか，債務者の承認がなければ時効は中断しないとされている（改正前民法153条）。

　国の私債権における納入の告知は，改正前民法153条による催告後の法的措置等をとらなくても，権利行使の意図が明確であるため，時効中断するとされ，同様に私人から国に譲渡された債権についても納入の告知により時効は中断するとしている（最判昭53・3・17民集32巻2号240頁）。

　「国のする納入の告知について民法153条の規定の適用を排除する特則が設けられたゆえんは，納入の告知が，一般の催告と異なり，歳入徴収官等により，国の債権の管理等に関する法律13条，会計法6条，予算決算及び会計令29条，

国の債権の管理等に関する法律施行令13条など，関係法令の定めに基づく形式と手続に従つてされるものであるため，権利行使についての国の意図が常に明確に顕現されている点にあるものというべきであるから，国が私人から承継取得した債権であつても，その履行の請求が右に述べたような法定の形式と手続に従つた納入の告知によつてされるものである以上，その納入の告知について会計法32条の適用を肯定すべきであつて，これを否定すべき合理的な理由は存しない。」

会計法32条は納入の告知のみ時効中断することが規定されているが，同条と同様の趣旨である自治法236条4項は納入の通知に限らず，督促についても時効中断することが規定され，時効中断の理由は上記判決と同様と解される。

地方税の督促状は様式化され（道府県民税及び市町村民税にあつては地方税法施行規則2条，第4号又は第4号の2様式），国税通則法37条の督促は延滞税を課されることを一定期間知らしめ，滞納処分の前提となる行政処分であり，不服申立ても可能である（山口地判昭51・11・11訟月22巻12号2887頁）。

上記山口地裁と同様に督促は滞納処分及び延滞金の徴収の前提であり，督促を欠く差押えは無効とされ，また，税における充当は相殺と違って行政側に認められるため行政処分であり（最判平5・10・8集民170号1頁），充当は債務者の意思は問わない行政側の一方的な行為から時効中断の効力はなく，相殺は債務者の意思によるから時効中断の効力があるとされる（東京高判昭32・12・24行集8巻12号2160頁）。

地方税における督促は本税だけでなく延滞金にも時効中断は及ぶとされる（さいたま地判平19・5・30判自301号37頁）。しかし，税以外の公課については督促による時効中断（自治法236条4項）は，地方税法18条の2第5項のように，「本税について時効が中断したときには，これにかかる延滞金についても時効が中断する旨規定している（さいたま地判平19・5・30）」訳ではない。

地方税においては「私債権における利息及び元本間の充当の順序（筆者注：改正前民法491条）の逆となっている（中略）租税債権については，これとは逆に，本税の納付は延滞金についての債務の承認であると考えられる（（財）地方

財務協会「地方税法総則逐条解説」2017年, 552頁)」ものであり, 税以外の公課では地方税法のような規定がなく, 督促においても延滞金を時効中断させるには「延滞金を要す」というような記載を要すると考えられる。

▶督促の要件

支払いを求める書面に債権が特定され, 要件として「履行の請求」と「履行（指定）期限」を記載すれば, 書面に督促状という記載がなくても, 督促とみなされる。

「期限を定めて支払いを求める書面は督促（状）であるとされる可能性が高いことを念頭に置くことが必要である（債権管理・回収研究会編「自治体職員のための事例解説　債権管理・回収の手引き」第一法規, 加除式, 652頁。橋本勇「自治体財務の実務と理論―違法・不当といわれないために」ぎょうせい, 2015年, 317頁も同様)」

催告は「履行の請求」ではあるが, 督促と違って「履行（指定）期限」は必ずしも必要とはされない。

督促は最初のものに限り時効中断し, 督促を複数回送っても後のものは催告としか扱われない（昭44・2・6自治行第12号, 東京都経済局長宛, 行政課長回答）。同様に, 催告についても複数回送っても6か月延長はされず（最判平25・6・6民集67巻5号1208頁), このことは民法改正により明文化された（改正民法150条2項）。

なお, 督促は書面で送付するが, 町税を外側に秘密保護が施されていない督促状はがきで送付しても, 郵便事業者, 家人等の目に触れるのみであり, 個人情報を公表したことにはならないとされた（東京地裁八王子支判平16・7・15判例集未搭載）。

▶督促の時期及び督促における期限

督促を発する時期について, 地方税では納期限後20日以内に督促状を発しなければならないとされているが（地方税法66条1項ほか), この規定は職員に対

する訓示規定とされており，時効完成の間際に督促を発した場合にも時効中断を認めた裁判例もあるが（高松高判平20・2・22裁判所ウェブサイト），時効完成間際の督促は「権利の濫用」とされるおそれがあり，条例，財務会計規則等に発付時期の定めがあれば規定のとおりに発しておくべきものであろう。

地方税では督促後10日を経過した日まで時効中断事由が存続し，新たな時効が進行する規定（地方税法18条の2第1項2号）があるが，地方税以外の公課では時効の進行に税の準用を認める特別の規定もなく，地方税法の規定は督促後10日を過ぎて差押えができる規定（地方税法331条1項ほか）に合わせたものであり，督促は滞納処分手続に含まれないから地方税法18条の2の規定は地方税以外の公課に準用できないものと考える。

「自治法231条の3は，①納期限までに納付しない者があるときに，期限を指定して督促しなければならず（1項），②その督促を受けた者がその督促で指定された期限までに当該金額を納付しないときに地方税の滞納処分の例により処分できる（3項前段）としている。したがって，地方税の滞納処分の例により処分できるというのは，自治法に基づく督促が終わった後の段階であり，地方税の滞納処分による督促というものはないものと考える（前掲：債権管理・回収研究会編，447頁）。」

督促による時効中断は督促が送達された時であって，督促状に指定された期限は時効の進行に関係がない。

督促状の要件は「期限を指定して」（自治法231条の3第1項，自治法施行令171条）とあるので指定期限がなければ督促としての効力はなく，催告として扱われるものと考えられるが，督促状に記載している期限は当初の納期限とは関係なく，債務者に「期限の利益」を与えるものでもない。「期限の利益」を与えるものであれば当初の納期限を変更することになり，延滞金，遅延損害金の起算も違うことになる。督促状に記した期限は，その期限の間は滞納処分，法的措置には移行しないという猶予の意思表示であるとみるべきものであろう。

「督促において指定された期限は，当初の納期限（履行期限）を変更するものではなく，早期の支払いを促し，その期限が経過するまでは法的手続に移行し

ないという意思を表示したものにすぎない（前掲：橋本勇，304頁）。」

上記意味合いと同様に次の判決は，督促状の指定期限後は滞納処分を受ける地位に立つことを示すものである。

「督促は，滞納処分の前提となるものであり，<u>督促を受けたときは，納税者は，一定の日までに督促に係る国税を完納しなければ滞納処分を受ける地位に立たされる</u>（最判平5・10・8集民170号1頁）」

地方税では督促後10日を過ぎると差押えができるが，自治法施行令171条の2では「督促をした後相当の期間を経過してもなお履行されないときは，訴訟手続により履行を請求すること」とされ，「相当の期間」とは1年を限度と解されている（松本英昭「新版逐条地方自治法〈第9次改訂版〉」学陽書房，2017年，1036頁）。

分割納付誓約では誓約内容にかかわらず本来の納期限ごとに督促状を発するが，納入通知前に履行延期特約により特別に納期を分けた場合においても，分けた納期ごとに督促状を発しなければならない。

POINT

自治体債権では公債権，私債権に限らず，最初に発するものに限り時効中断する。

督促の要件は「履行の請求」と「履行（指定）期限」である。

関連項目

6　督促手数料の徴収の可否（➡26頁），7　延滞金と遅延損害金（➡31頁），8　催告による時効中断（➡36頁），31　誤払いによる返還金の考え方（➡152頁），48　相殺と充当（➡238頁）

issue 6 督促手数料の徴収の可否

☞ 水道料金，公営住宅使用料における督促手数料の扱い

▶債権による督促の違い

　水道料金，公立病院診療費は，性質的に民間債権と変わらず時効は民法が適用されるという裁判例（水道料金：東京高判平13・5・22判例集未登載，最決平15・10・10，公立病院診療費：最判平17・11・21民集59巻9号2611頁）の影響もあり，公営住宅使用料の時効についても民法を適用する立場をとる考えが多い。

　公営住宅は入居決定という行政処分の側面はあるものの，入居後の自治体と入居者との関係は民間賃貸借と変わりないとされた（最判昭59・12・13民集38巻12号1411頁）。

　上記最高裁判決では「信頼関係の法理の適用があるとの判示を導くための前提（「最高裁判所判例解説民事編昭和59年度」法曹会，508頁）」とされているが，債権の性質からすると公営住宅使用料の時効は改正前民法169条の定期給付金が適用されるとする考えが素直な解釈であろう。

　一方で，公営住宅は「公の施設」であるからその使用料は自治法が適用されるという考え方もあるが，そうすると，法令の適用次第で督促手数料及び延滞金の徴収に違いが出ることになる。

　「(筆者注：公立幼稚園の)<u>保育料（授業料）は公の施設の使用料として条例で定められるものであり，たとえその支払いには在園契約が必要であるとしても，そのことによって使用料としての性質がなくなるわけではないし，国家賠償法1条1項の公権力の行使には，公立学校の教師の教育活動も含まれるというのが判例（最判昭62・2・6判時1232号100頁）であることも考慮すると，それは公法上の債権であると理解される。したがって，その督促には，使用料に関する自治法231条の3が適用になる</u>（債権管理・回収研究会編「自治体職員のための事

例解説　債権管理・回収の手引き」第一法規，加除式，1403頁）」

　一方で，同書では「公の施設の利用を伴うものであっても，<u>施設の利用という側面が付随的なものであり，利用者との法律関係が私人間の法律関係と異なるものではないと認められる場合に生じた債権については私債権と考え，他方，施設の利用という側面を中核とする場合に生じた債権は，自治法225条の使用料と考えるべきである。</u>住宅の利用関係は，住宅という公の施設の利用を伴うが，その中核は，私人間の家屋賃貸借関係と異なることはないことから，家賃（使用料）は私債権であると解される（前掲：債権管理・回収研究会編，1504頁）」とされるが，学校授業料についても公営住宅使用料と同様に債権の中核となる性質で判断すべきものであろう。

　督促手数料の内容は督促に伴う事務費として郵便料相当であり，特定の者の役務に対して徴収するものであって，税等公課の督促は行政処分である。

　「『手数料』は，特定の者に提供する役務に対し，その費用を償うため，又は，報償として徴収する料金である。手数料も公債権である以上，手数料は行政処分によって発生する（東京弁護士会弁護士業務改革委員会自治体債権管理問題検討チーム編「自治体のための債権管理マニュアル」ぎょうせい，2008年，264頁）。」

　私法上の歳入は，行政処分により成立した債権（公債権）を除くことになり，自治法施行令171条は自治法231条の3第1項の債権（公債権）を除くとされているので，債権によって適用を分けたことになる。

　「自治法231条の3は公法上の歳入について規定したものであり，一般私法上の歳入については，納入義務者が納入期限までに納付しないときは，自治令171条の規定に基づき督促を行わなければなりません。この場合には，自治法231条の3第2項のような督促手数料を徴収すべき根拠規定がなく，また，<u>督促はもっぱら地方公共団体自身の行政上の必要のためになされるものであり，『特定の者のためにするもの』とは解しがたく，督促手数料は自治法第227条に規定する手数料にも該当しないと解されるので，たとえ，条例ないし規則等に定めをしても徴収できないものといわざるをえません</u>（地方自治制度研究会編「地方財務提要」ぎょうせい，加除式，2587頁）。」

自治法が適用される債権の督促は，自治法231条の3第2項を受けた条例により督促手数料及び延滞金の徴収ができ，自治法施行令171条の督促は私債権，誤払いの返還金に適用され，督促手数料及び延滞金は徴収できず，遅延損害金が請求できることになる。

　「公法上の債権については，督促した場合に，条例で定めるところにより，手数料及び延滞金を徴収することができるとされている（自治法231条の3第2項）。この手数料及び延滞金をどの程度にするかは，社会通念によるということになるが，手数料については郵便料等の実費，延滞金については地税法の規定等を参考にして定めることになるものと思われる。<u>私法上の債権については，契約等で合意している場合は別として，当然に督促手数料の支払いを求めることはできず，延滞金については，それに相当するものとして民法419条に基づく法定利率又は約定利率による損害賠償の額がある</u>（前掲：債権管理・回収研究会，653頁）。」

▶判例に準じて督促手数料の徴収をやめた場合

　従来から督促手数料を徴収していたが，冒頭の水道料金，公立病院診療費等の判例により考え方を改め，徴収しなくなった場合，未納の督促手数料をどのように扱うかであるが，水道料金の場合，判決以後の従前の督促手数料の扱いにつき，条例による水道供給契約に従ったものであり，不当利得にはならないとする見解がある。

　「従来，地方自治法に基づく督促として，督促手数料を徴収していた場合に，徴収していた手数料を返還する必要があるかどうかが問題になります。しかしながら，督促手数料を徴収するためには，条例が必要ですから，督促手数料を徴収していた地方公共団体は，末尾記載のような規定を条例で定めていたはずです（筆者注：督促手数料　督促状1通につき　〇〇円とする規定）。この規定の解釈として，<u>水道供給契約の一部を条例で定めていたと解することが可能です。無効な行為の転換に準じた考え方です</u>。したがって，すでに行った督促行為は，私法上の催告と考えることができ，民法153条の要件を充足すれば，時

効中断の効力を有するものと考えてよいと思います。また，すでに徴収した督促手数料は，契約に従って徴収したものですから，不当利得にはならないと考えることが可能です（「自治体法務研究2009年増刊号自治体法務実例・判例集」財団法人地方自治研究機構，2009年，227頁）。」

いわゆる違法行為の転換として「瑕疵ある行政行為を，別の行政行為として捉え直すことで適法な行政行為と扱い得る場合（櫻井敬子，橋本博之「行政法［第3版］」弘文堂，2011年，102頁）」に準じる考えである。

この論理は行為に同一性があり，相手方の利益を害することがない場合に認められるという見解もある。

「かかる転換は，行政行為の不必要な繰り返しを避けるものではあるが，法律による行政の原理の厳格な運用とは相容れないので，当初の行政行為と転換後の行政行為との間に目的・要件・手続・効果について同一性があり，転換が相手方の利益を害することがない場合に限定して認められる（稲葉馨ほか「行政法第2版」有斐閣，2010年，101頁）。」

税等公課の督促が滞納処分の前提であることと違い，水道料金の督促は裁判所の強制執行の前提ではないが，督促により時効中断する（自治法236条4項）ので納期限後一定の期間内に発付しておくべきものである。

住宅使用料についても水道料金と同様に考え，既に調定した督促手数料は，上記の見解のように契約上の位置付けにより徴収できるものと考えるが，未納の督促手数料について私法上と位置付けるなら，少額債権で徴収見込みのないものとして徴収停止（自治法施行令171条の5）の措置をとり，時効完成後に債権放棄して不納欠損すればよいであろう。不納欠損を行う時期は必ずしも時効完成の時期に合わせる必要はない。

「不納欠損処分というのは，財政状況を正確に把握する（公営企業の場合は，経営実態を明確にする）ために，経済的（財産的）に価値のない債権を財産（自治法237条1項・240条1項）から排除するための会計処理の手続であり，法律的な権利の有無とは直接関係はないので，不納欠損処理の時期は適正な決算をするために適切な時期はいつかという観点で考えればよく，適当な時期に当該事業

年度分を一括して処理することもできるものと考える（前掲：債権管理・回収研究会，1730頁）。」

　なお，上記「自治体法務研究2009年増刊号自治体法務実例・判例集」解説中「すでに行った督促行為は，私法上の催告と考えることができ，民法153条の要件を充足すれば，時効中断の効力を有する」の部分は，自治法施行令171条の督促は，自治法231条の3の督促と同様に最初のものに限り，民法153条にかかわらず時効中断が認められる（自治法236条4項）ので催告ではなく，自治法施行令171条による督促とみなしてよいであろう。

POINT

　督促手数料の内容は郵便料相当であり，判例の影響により使用料等の督促手数料の徴収をやめた場合，従前の督促手数料の扱いにつき，条例による契約に従ったものであり，不当利得にはならないものと考える。

関連項目

　2　公の施設の使用料（➡6頁），5　督促の効力と要件（➡21頁），7　延滞金と遅延損害金（➡31頁）

issue 7 延滞金と遅延損害金
☞ 延滞金と遅延損害金の違い

▶自治体債権における民法の適用

　公営住宅使用料の時効は直接判断された裁判例がないものの，公営住宅の明渡要件として，民間賃貸借と同様に「信頼関係破壊の法理」が適用された（最判昭59・12・13民集38巻12号1411頁）。

　「信頼関係破壊の法理」を適用する前提として，公営住宅の入居後の法律関係は民間賃貸借と変わりないとされたため，公営住宅使用料の時効は民法が適用されるものとして扱っている自治体が多いであろう。

　ところが，水道料金，公立病院診療費，公営住宅使用料は「公の施設使用料」であるから，自治法231条の3第2項により督促手数料及び延滞金を徴収できるとする見解がある。

　公立病院診療費の時効を争った裁判例では「公立病院において行われる診療は，私立病院において行われる診療と本質的な差異はなく，その診療に関する法律関係は本質上私法関係（最判平17・11・21民集59巻9号2611頁）」とされ，民法170条1号により時効は3年とされた。

　一審の千葉地裁松戸支部判決（平16・8・19民集59巻9号2614頁）は，診療費等は自治法225条の「公の施設の使用料」の性質も併せ持っており，公法上の債権として自治法236条1項により時効は5年であると主張したが，控訴審の東京高裁判決では「公の施設の使用料」は診療費に含まれ，診療費の中核は診療行為であり，診療行為と診療費の法律関係は民間診療の関係と変わりないとした。

　「公立病院の施設の使用料は，診療行為に付随するものとして診療費の一部に含まれているものと認めるのが相当である。したがって，公立病院の診療費に公の施設である公立病院の施設の使用料が含まれていることをもって，診療

費債権を公法上の債権とすることはできない（東京高判平17・1・19民集59巻9号2620頁)。」

▶督促手数料及び延滞金が徴収できる場合

督促手数料及び延滞金の徴収は公法上の歳入に限られるとする見解が多いが，公法上の歳入の対象範囲は明確でない。

大まかにいうと，公法上の債権は行政の優越的地位に基づき公権力の行使として行政処分により成立する債権であり，実務上は該当債権に督促手数料及び延滞金が適用されるかどうかを判断する必要がある。

「督促については，公法上の歳入，私法上の歳入の別を問わず行うことができます（自治法第231条の3第1項，自治令第171条）が，督促手数料及び延滞金を徴収できる歳入は，自治法第231条の3第1項に規定する公法上の歳入に限られています（「地方財務提要」地方自治制度研究会編，ぎょうせい，加除式，2911頁）。」

水道料金は「公の施設の使用料」として自治法236条により時効は5年とする主張は認められず，民法173条1号により時効は2年とされた（東京高判平13・5・22，最決平15・10・10上告不受理)。

水道料金に係る東京高裁では，督促手数料及び延滞金の徴収について判決理由では述べていないが，水道料金の時効は民法173条1号の「生産者，卸売商人又は小売商人が売却した産物又は商品の代価に係る債権」とされたことから延滞金を認めず，さらに通常の遅延損害金5％（改正前民法404条，419条）ではなく，債権者，債務者どちらかに商行為性があることにより，商事法定利率6％（商法514条）が認められたものと推察される。

「水道供給事業者としての被控訴人の地位は，一般私企業のそれと特に異なるものではないから，控訴人と被控訴人との間の水道供給契約は私法上の契約であり，したがって，被控訴人が有する水道料金債権は私法上の金銭債権であると解される。また，水道供給契約によって供給される水は，民法173条1号所定の「生産者，卸売商人及び小売商人が売却したる産物及び商品」に含まれるものというべきである（中略）商事法定利率年6分の割合による遅延損害金

の支払を求める部分は理由があり認容すべきである（東京高判平13・5・22）」

　なお，民法改正により商法514条は削除され，商事債権も含めて遅延損害金は3％とされ，改正法による率は変動制をとっているが，履行遅滞の時点での率が適用されることになった（改正民法419条，404条）。

　「債権に係る利息が最初に生じた日が，施行日前であれば当該債権に係る利息としての法定利率は5％であり，施行日後であれば3％となる（民法404条関係）。（中略）金銭債務の不履行に適用される法定利率は，債務者が遅滞の責任を負った最初の時点における法定利率である（民法419条1項）（債権法研究会「詳説改正債権法」(財) 金融財政事情研究会，2017年，54頁)。」

　「公の施設の使用料」が対等な当事者間の契約による場合は，契約上にない優越的な地位に基づくものではないから督促手数料及び延滞金を徴収することはできないとする見解がある。

　「公の施設の使用料の支払いが対等な当事者間の合意である契約に基づくものである場合に，当該支払いが遅延したということだけで，債権者が優越的な地位を取得し，契約に定めのない不利益を債務者に及ぼすことができるというのは，利用関係の設定が契約によるものであることと矛盾する。また，私法上の債権については，弁済期の到来によって当然に法定の遅延損害金が発生する（民法404条・412条・415条・419条1項本文）のであるから，督促によって延滞金の支払い義務を発生させる債権は，私法上のものではあり得ない。したがって，このような法律効果を有する督促ができるのは，その基本となる利用関係が処分によって設定されたもの（公法上の債権）に限られる（橋本勇「自治体財務の実務と理論―違法・不当といわれないために」ぎょうせい，2015年，164頁)」

　延滞金（延滞税）は罰金的な性質であり，その目的は負担の公平を図り，期限内納付を促すことにある（最判平26・12・12訟月61巻5号1073頁）。

　「延滞税は，納付の遅延に対する民事罰の性質を有し，期限内に申告及び納付をした者との間の負担の公平を図るとともに期限内の納付を促すことを目的とするものである」

　延滞金は請求できるとするのでなく，「徴収することができる（自治法231条

の3第2項)」とする規定から遅延損害金より義務的でもある。

　延滞金とは違って，遅延損害金は使用できなかった利益に対する損害の発生により根拠が求められる。

　「金銭の場合，たとえ金庫に保管していても，それがあることによって一定の利益をもたらしているともいえる。つまり，『利用しなかった』と証明すること自体困難である。そこで民法は，とくに金銭の場合について規定を置き，『返還すべき金銭にはその受領の時より利息を付することを要す』るものとした（民法545条2項）。（中略）その結果，使用利益があったという証明を要せずして，当然に，使用利益に相当する利息の返還の義務を負う（内田貴「民法Ⅱ債権各論」東京大学出版会，1997年，94頁）」

　地方税法，自治法等の特別の規定により督促手数料，延滞金は，民法にはない，早期の回収を促す一つの仕組みといってよいであろう。

　税等公課のように法律に基づき一方的な負担を求める債権なのか，水道料金，病院診療費，公営住宅使用料のように利用の対価とする債権かどうかを見極めて督促手数料及び延滞金の適用を判断する方が自然な解釈である。

　一方で，条例による延滞金の定めがない場合，公法上の債権であっても，時効以外は民法の規定を排除しておらず，遅延損害金は請求できるとされている（大阪高判平16・5・11裁判所ウェブサイト）。

　「自賠法72条1項に基づくてん補金請求権が公法上の請求権であるとしても，それだけの理由で直ちに弁済期及び遅延損害金に関する民法の規定が適用ないし準用されないと解するのは相当でない。むしろ，国を当事者とする金銭債権について，会計法は，30条ないし32条において時効に関して民法の特則を定めているにもかかわらず，時効以外の点に関しては明文の規定を設けていないが，その趣旨は，<u>公法上の金銭債権であっても，時効以外の点に関しては，その金銭債権の性質に反しない限り，原則として民法の規定を準用する法意に出たものと解するのが相当である（そのように解しないと，公法上の債権については，いかに支払が遅れても，国が債権者であるものも含めて，個別の行政法規に特別の規定が存しない限りは遅延損害金が発生しないことになるが，会計法がそのような事態</u>

を想定しているとは考えにくいというべきである。）。（中略）自賠法72条１項に基づくてん補金請求権は，私法上の金銭債権の場合に準じて，期限の定めのない債務として発生し，民法412条３項によって請求を受けたときから遅滞に陥り，同法419条によって法定利率（同法所定の年５分）による遅延損害金が発生する」

反対に，民事債権と同様とされたものに督促手数料及び延滞金を徴収できるとする裁判例は見当たらない。

遅延損害金は，特約がない限りは法定利率によることになる。なお，延滞金の率として14.5％に規定されているもの（道路法73条２項，都市計画法75条４項）は，昭和45年に利率等の表示の年利建て移行に関する法律により利率等を日歩建てで表示している全ての法律の規定を一括して年利建ての表示に改めたものであり，「34　端数処理及び計算方法」の稿で改めて説明する。

POINT

延滞金は，負担の公平と早期の納付を促すため，罰金的性質を有する。

遅延損害金は，利用の対価を支払わないことから生じる利益の損害として請求できる。

関連項目

１　債権管理に関する裁判例の傾向（➡１頁），２　公の施設の使用料（➡６頁），38　端数処理及び計算方法（➡187頁）

issue 8 催告による時効中断

☞ 催告により時効延長を図るには

▶催告の効果

催告のメリットは時効完成が迫っている場合，暫定的に時効を6か月延長できる点にあり（改正前民法153条），催告と時効の関係は，次のように説明される。

「訴えの提起のような正式の中断手続をとらないで，とりあえず権利の存在を相手方に通知しておくのが催告である。それは，正式の中断手続の場合と異なり，完全な中断効は生じない。すなわち，催告は，6カ月内に裁判上の請求，和解のためにする呼出しもしくは任意出頭，破産手続参加，差押え，仮差押えまたは仮処分をするのでなければ時効中断効力を生じない（153条）。6カ月内に支払督促（150条，民訴382条）を申し立てたときにも時効中断の効力を生ずると解されている。6カ月の起算点は，催告が相手方に到達した時である（大判昭和8年4月14日民集12巻616頁）（川井健「民法概論1（民法総則）[第2版]」有斐閣，2000年，413頁）。」

催告自体に時効中断する効力はなく，差押え等の補強がなければ失効し，本来の時効が完成することになる（遠藤浩ほか「民法注解財産法第1巻民法総則」青林書院，1989年，729頁，同趣旨として，近江幸治「民法講義Ⅰ民法総則[第3版]」成文堂，2001年，303頁）。催告が「暫定的」といわれるゆえんである。

▶催告6か月に「承認」は含まれるか。

改正前民法153条に「承認」はないが，催告6か月以内に「承認」があった場合は時効中断するのであろうか。

裁判例は，催告6か月以内の「承認」は，権利の存在を義務者自身が認めるものであるから時効消滅の正当性を失わせるものであり，時効中断するとした

（大阪高判平18・5・30判タ1229号264頁，上告不受理で確定）。

「民法153条は，（中略）正規の中断手続をとるのが遅れることにより時効が完成するのを防ぐ便法として機能することを期待して定められたものと解される。そうであれば，債権者の催告について，債務者の行為による正規の中断事由である承認（これは権利の存在を明確にする事由である。）を，債権者の行為による正規の中断事由と区別する理由はないというべきである。（中略）また，承認は，権利の存在を義務者自身が認めるのであるから，権利を時効により消滅させることの正当性を大きく失わせるということができ，訴えの提起等による時効中断と効力に差を設けるのは，不当であるということもできる。（中略）催告後6か月以内にされた承認によっても，民法153条が定める催告による時効中断効が生じると解すべきである。」

国税徴収権についても時効中断のために改正前民法153条を準用できるとされている（最判昭43・6・27民集22巻6号1379頁，山口地判昭41・12・12行集17巻12号1337頁も同趣旨）。

「徴税機関が未納税額につき納付を催告し，その後6箇月内に差押等の手段をとつたときは，民法153条の準用により，時効の中断を認めざるをえない。（中略）国税徴収権が自力執行を可能とするからといつて，時効中断について一般私法上の債権よりも課税主体にとって不利益に取り扱わなければならない理由もない（最判昭43・6・27民集22巻6号1379頁）。」

大阪高裁と最高裁の判決理由を合わせると，税等公債権についても催告6か月以内に「承認」があれば，時効中断するものと考えられ，下水道使用料の時効につき，督促後の催告6か月の延長を認めなかった例があるが（福岡高判平26・7・24判自395号24頁），上記最高裁の判決理由から下水道使用料と税を区別する必要はない。

また，「納入の通知又は督促をして時効を中断して後，さらに民法の適用又は準用により催告して時効を中断することができるかということについては，催告よりも強い時効中断の効力が法定されている以上，できないものと解する（松本英昭「新版逐条地方自治法〈第5次改訂版〉」学陽書房，2009年，886頁）」とい

う見解があるが，催告だけでは時効中断の効力はないということであれば理解できるが，催告後6か月以内に訴え等，また，承認があれば時効中断（民法改正では更新）するものと考えてよいであろう。

▶催告の実務上の問題

　6か月の計算は，次のいずれの見解においても時効期間満了前の最後の催告を指すものとされている。

　「催告による時効中断の目的は時効の完成を最長で6か月間延長することにあるとすると，時効期間満了前の数度の催告は最後のものが意味をもつと解すべきであろう（前掲：遠藤浩ほか，729頁）。」

　「最高裁判所は，『いわゆる裁判上の請求』と『催告』の中間的なものとして，『裁判上の催告』なるものを認めているが（例えば最判昭38・10・30判時352・10)，この場合の催告の効力は，ある一定の期間継続して催告としての効力を存続すると説明され，最後の催告の時点から6か月の計算をすればよいとされている。<u>単なる催告の場合も，同様に複数回の催告の内，最後の催告から6か月を起算することに理論的な支障はないと考える。もっとも，単なる催告の場合においては，その最後の催告がなされた時点が，時効期間満了前である</u>（弁護士酒井廣幸「〔新版〕時効の管理」新日本法規出版，2007年，244頁）。」

　「裁判上の催告」とは「訴えを提起している以上催告の意味は持つから，催告としての効力を認めるべき（内田貴「民法Ｉ〔第2版補訂版〕総則・物権総論」東京大学出版会，2000年，314頁）」とする考え方で訴えが棄却ないし却下されても催告として効力を有することであり，「訴え提起から却下等まで催告が続いていることになるから，却下等の時点で153条の6カ月の期間が始まる（前掲：内田，314頁）」とされ，催告は6か月時効が延長されるから時効完成間際の催告に意味があり，それ以前の催告には意味を持たないということになる。

　「時効完成間際に，正式の中断手続をとるのが困難なときに，とりあえず催告をして，実質的には時効を伸ばす効果が生ずる。そこで，時効完成間際ではなく，その進行の途中で催告をしても意味がない（前掲：川井健，414頁）。」

催告後 6 か月の間に訴えを提起すれば催告の時点で時効中断し（前掲：川井健, 414頁），確定判決の時点で新たな時効が進行する（改正前民法157条 2 項）が，却下（棄却を含む。）又は取下げの場合，中断は生じない。期間は10年延長される（改正前民法174条の 2 ，改正民法169条）。

　催告後 6 か月の間の承認であれば，その債権の時効年分だけ催告到達の時点で延長されることになり（前掲：弁護士酒井廣幸, 246頁），税等公課において承認ないしは差押えを行ったとしても同様の結果になる。

　なお，催告は 1 回限りで 6 か月延長され， 6 か月内に催告を繰り返し，訴えに及んでも時効中断しない（最判平25・6・6民集67巻 5 号1208頁，大判大 8・6・30民録25輯1200頁も同様であり，改正民法150条 2 項において明文化された）。反対に，債務者にとって催告 6 か月内は時効完成していないから時効援用はできない。

　「消滅時効期間が経過した後，その経過前にした催告から 6 箇月以内に再び催告をしても，第 1 の催告から 6 箇月以内に民法153条所定の措置を講じなかった以上は，第 1 の催告から 6 箇月を経過することにより，消滅時効が完成するというべきである。この理は，第 2 の催告が明示的一部請求の訴えの提起による裁判上の催告であっても異なるものではない（最判平25・6・6）。」

　改正前民法153条の催告は 6 か月以内に時効中断のために訴訟等を要件とするのに対し，改正民法150条 1 項では催告だけで 6 か月の完成猶予としていることから，時効の計算においては訴訟等，承認がなくても本来の時効前の最終催告から 6 か月を加算すればよいということになろう。

　「催告による時効の完成猶予について定める（筆者注：改正法）150条 1 項は，『催告があったときは，その時から 6 箇月を経過するまでの間は，時効は，完成しない。』としている。これを逆に言うと，<u>6 か月を経過した時から従前の期間に引き続いて時効が進行する</u>ということであり，現行法153条が 6 か月以内に裁判上の請求等をしなければ時効中断の効力を生じないとしているのとは異なっている（「地方財務2017年 6 月号」橋本勇, 7 頁）（「詳説改正債権法」債権法研究会，（財）金融財政事情研究会, 2017年, 43頁も同趣旨）。」

　訴訟等の法的措置を前提とする場合の催告は，証拠上からも内容証明郵便で

送付する方がよいであろう。

　改正前民法153条に「承認」を含むかどうか規定上明確ではなかったが、改正民法では150条で時効の完成猶予を定め、152条で権利の承認があった場合の時効の更新を定めたので、規定上の疑義はなくなった。

　また、改正民法では催告の後、訴訟を取り下げた場合はさらに6か月の暫定猶予が与えられ、確定してはじめて更新されることになる（改正民法147条）。

POINT

　現行の催告は時効完成が迫っている場合、暫定的に6か月時効を延長することができ、その間に法的措置あるいは承認があれば時効中断するが、訴訟等の中断事由により補強されなければ失効する。

　改正民法の催告は6か月の時効の完成猶予とされ（150条）、訴訟等（147条）、承認（152条）により更新される。ただし、訴訟等は確定して更新され（147条2項）、取下げ等は6か月の時効の完成猶予とされる（147条1項）。

　6か月の計算は時効期間満了前の最後の催告を指し、催告の効果は税等公課においても同様である。

関連項目

　5　督促の効力と要件（➡21頁）、14　民法改正による時効の扱い（➡66頁）

issue 9　国税徴収法，地方税の例

☞ 国税徴収法，地方税の例による税手続の準用範囲

▶強制徴収

　滞納処分が執行される手続は強制徴収と称され，規定には滞納処分のほか「徴収金」という表現もみられる。

　強制徴収の手続では一般法はないが，国税徴収法による税と同様の手続が認められている。

　例えば，介護保険の不正利得による返還金は徴収金であり（介護保険法22条），徴収金は滞納処分ができる（同法144条）が，督促は自治法231条の3により，滞納処分手続は地方税法，国税徴収法による。

　「（筆者注：強制徴収は）税金など金銭支払（納付）義務に関する行政的執行の手段を指すが，現行法上，一般法は存在しない。しかし，国税徴収法に基づく『滞納処分手続』が範型となっており（たとえば，行政代執行法6条は，『代執行に要した費用は，国税滞納処分の例により，これを徴収することができる』とする），国の債権のみならず地方税さらには地方公共団体の分担金・一定の使用料・過料などの『歳入』にまで同種の手続が及んでいる（自治法231条の3第3項参照）（稲葉馨ほか「行政法第2版」有斐閣，2010年，168頁）。」

▶地方税の例による手続

　税以外の公課について，滞納処分等の手続に関して個別法に規定されていない場合が多いが，地方税の例によるとして，滞納処分以外で法律に規定されているものは，①督促，延滞金手続（延滞金の率は個別法により違うものがある。），②還付金，加算金，③書類の送達（公示送達）の手続である。

　還付には充当も含むと考えてよい（詳細は「48　相殺と充当」の箇所を参照され

たい)。

　いずれも自治法231条の3第4項に規定され，地方税と同様の手続が認められ，延滞金の率は，地方税との均衡を失しないことが適切とされている（地方自治制度研究会編「地方財務実務提要」ぎょうせい，加除式，2919頁）。

▶執行停止の準用

　国の場合，国税又は国税滞納処分の例により徴収する債権は執行停止が適用できるとされ，徴収停止の整理の対象から除外される債権であり，自治体の税以外の公課についても地方税と同様に執行停止できるものと考える。

　「<u>自力執行権のある債権については，</u>その賦課徴収の目的に即した別個の徴収緩和制度によるべきである（これらの債権で一定の要件に該当するものについては，国税徴収法153条による滞納処分の執行停止の途が開かれている。）。これらの公課が滞納となった場合には，原則として督促状を発した日から起算して10日を経過した日までに完納されなければ，滞納処分が執行されることとなっているが（国税徴収法47)，一定の事由に該当する場合には，滞納処分の執行が停止される（国税徴収法153）（大鹿行宏編「債権管理法講義」大蔵財務協会，2011年，178頁）。」

　執行停止は滞納処分手続の一環として行われるものであるから，税以外の公課に地方税の執行停止が準用できる理由とされる。

　「<u>滞納処分とは，一個の独立した行政処分と解されるものではなく，換価（公売）配当その他の数個の独立した行政処分により組成される手続の総体をいう</u>ものと解されています。したがって，地方税法及び同法において準用している国税徴収法等を含めて，およそ，地方税の滞納処分に関する手続規定は一切適用されることになるわけで，その中には地方税法第15条の7第5項も当然含まれるものであり，地方公共団体の徴収金を徴収することができないことが明白であるときは，停止処分のまま時効が完成する3年を経過する日まで待って納入義務を消滅させるというような迂遠な方法をとることなく，地方公共団体の長は，納入義務を直ちに消滅させることができるものです（前掲：地方自治制度研究会編，2909・2頁)。」

▶徴収猶予の準用

　徴収猶予に関して自治法上は直接の規定はないので，税外の公課につき地方税の手続が準用できるかどうか議論がある。税の徴収猶予が準用できるとする考え方は次のとおりである。

　「地方税の滞納処分の例による」とは「国税徴収法第5章（滞納処分）及びこれに基づく命令の規定を準用するほか，地方税法中の関連規定の準用もあるものであるが，徴収猶予等の規定も滞納処分手続が準用される（財政会計実務研究会編集「問答式財政会計の実務」新日本法規，加除式，1644頁）」

　「『滞納処分の例による』とは，国税徴収法第5章（滞納処分）の規定に加えて，換価の猶予や滞納処分の停止に関する規定等も含めて準用することができると解されているところから，『地方税の滞納処分の例により処分することができる』の解釈も同様に，地方税法における換価の猶予等の規定も含めて準用することができる（総務省自治税務局企画課企画第一係長　今道雄介「税」2015年5月号15頁）」

　徴収猶予は滞納処分の前段階であり，準用できないとする考え方もある。

　「地方税法はその総則で換価の猶予，滞納処分の執行停止，換価の猶予に伴う担保の徴収，その担保について定めており，滞納者の財産の差押えがなされた後になされるこれらの処分についても地方税の例によることになるが，それよりも前の段階でなされる徴収猶予（地方税法15条～15条の4）の例による処分はできないことになる（橋本勇「自治体財務の実務と理論—違法・不当といわれないために」ぎょうせい，2015年，313頁）。」

　しかし，税以外の公課についても滞納処分手続の一環として執行停止の準用を認めていることから，徴収猶予についても税のとおりに準用して差し支えないものと考える。

▶繰上徴収の準用

　繰上徴収の意味は，債務者の状況，財産等によって債権回収の可能性が減少することを防ぎ，債務者の利益である期限の利益を喪失させて直ちに回収を行

うことにある。

　履行期限の繰上げに関しては自治法施行令171条の3に規定されており、この規定の適用は限定されていないので、税以外の全債権に共通した規定と考えてよく、繰上徴収の規定である地方税法13条の2では次のように解説されている。

　「繰上徴収は、納税者の利益のために定められている<u>期限の利益を、債権者たる課税庁の都合により、一方的に喪失させる性質</u>を持つものであるので、次のような客観的事態の発生がなければ（他の債権者において強制換価手続が開始されたとき、相続の限定承認等）、繰上徴収はできないものである（地方税法総則研究会編「新訂逐条問答地方税法総則入門」ぎょうせい、1994年、190頁）。」

　また、他の債権者において強制換価手続が開始されたとき等の要件に該当していても、債務者の財産状況が担保されるのに十分であり、散逸するおそれがない場合、繰上徴収は認められないとされている。

　繰上徴収は債務者の状況の悪化により行うものであり、地方税法13条の2の状況と同様であれば、地方税以外の公課についても繰上徴収して差し支えないと考えるが、この場合、督促手続を不要とする裁判例は見当たらないので、「44　交付要求と督促」の説明のとおり督促しておく必要がある。

▶税手続が準用できる範囲

　税以外の公課は税の手続がほとんど準用されるとする見解もあるが、準用範囲の明確な見解は見当たらない。

　「徴収法のうち『国税徴収の例』による公課に準用されるのは、そのほとんど全部といってよい。準用されない規定としては、おおむね、①強制換価の場合の消費税等の優先に関する規定（徴法11）、②実質課税等の第二次納税義務に関する規定（徴法36）、③保全担保に関する規定（徴法158）、④罰則に関する規定（徴法第10章）がある（橘素子「租税公課徴収実務のポイント300選　全訂版」大蔵財務協会、2011年、4頁）」

　地方税に関する相殺禁止（地方税法20条の9）については、租税債権が常時大

量に発生するものであり，また，会計技術的にみて解決が困難な問題があるため，地方税特有の事情により定められたものであるが，税以外の公課の場合は相殺を禁止する規定がなく，相殺できる場合があるものと解される。

POINT

　税以外の公課について，地方税の例によるものは，①督促，延滞金手続（個別法で延滞金の率の違うものは除く。），②還付金,加算金，③書類の送達（公示送達）が規定されている。

　徴収猶予は執行停止と同様，滞納処分手続の一環として税の手続を準用してよい。執行停止は滞納処分手続の一環として地方税の準用ができる。

　税以外の公課の繰上徴収（請求）は債務者の状況の悪化に伴うことから地方税に準じて扱って差し支えない。

関連項目

　19　執行停止と徴収停止（➡92頁），38　端数処理及び計算方法（➡187頁），44　交付要求と督促（➡218頁），48　相殺と充当（➡238頁）

issue 10 分担金の考え方
☞ 分担金の性質と位置付け

▶分担金とは

　分担金（自治法224条）は条例で定めることにより，滞納処分ができるが（自治法228条，231条の3第3項），分担金に該当するのはどのような場合であろうか。

　行政上の強制徴収（滞納処分）が認められるには，滞納処分が法律で規定されていなければならず，分担金であれば加入金，過料とともに強制徴収ができるとされている。

　「行政上の強制徴収をすることができるのは，そのための授権規定が，本条（自治法231条の3）3項を含め法律に明示されているものに限られる（村上順・白藤博行・人見剛編「別冊法学セミナー新基本法コンメンタール地方自治法」日本評論社，2011年，前田雅子執筆部分，279頁）。」

　分担金は特定の事業の経費に充てるために課されるものとされる。

　「『分担金』とは，一般的に，国又は地方公共団体が行う特定の事件に要する経費に充てるため，その事件に特別の関係のある者に対して課する金銭をいう。それは，公権力に基づき徴収される金銭たる点においては税と同一であるが，<u>特定の事件に関し特に利益を受ける者から徴収されるものである点，報償的性格を有する点，一般収入ではなく当該事件の費用に充てるため徴収される点</u>等において税と異なる（松本英昭「新版逐条地方自治法〈第9次改訂版〉」学陽書房，2017年，823頁）」

　ここでいう「事件」とは，農業土木等の特定の事業であり，本来，その経費は税で賄うものであるが，特定の地域に受益をもたらす特定の事業に関して税と同様に負担を求めるのが分担金である。

　「地方公共団体の行政に要する経費は税によって賄うのが原則であるが，そ

の性質上，受益が特定の者に限られるものがあり，このような場合にもその原則を貫くときは，住民の間に不公平・不均衡が生ずることがあることを考慮したものである（橋本勇「自治体財務の実務と理論―違法・不当といわれないために」ぎょうせい，2015年，259頁）。」

　上記見解と同様に，分担金は使用料と違って特定の利益に対する一方的な賦課であるとされる。

　「住民の行政財産の目的外の使用関係又は公の施設の利用関係に基づいて徴収されるものではなく，徴収前において特定の法律関係にはない住民又は地域に対し，特定利益の存在を理由として一方的に賦課する点において，使用料と異なる（「コンシェルジュデスク　地方自治法」224条Ｑ＆Ａ，分担金の特質，第一法規）」

　公共下水道の整備のために用いる手法としては受益者負担金，分担金があり，いずれも，事業費の一部を負担させるものであるが，受益者負担金は都市計画法75条により市街化区域及び用途地域が対象になり，分担金は自治法224条により市街化調整区域及び区域区分の定めがなく，かつ，用途地域が定められていない地域が対象になる。

　なお，下水道受益者負担金は都市計画法上の負担金であるが，下水道法に規定を設けなかった理由は，既に都市計画事業として受益者負担金を採用しており，下水道法に規定することで重複による疑義が生じることを避けたものとされている（横浜地判昭56・12・23行集32巻12号2256頁）。

　「現行下水道法は，昭和33年に公布施行されたものであるが，当時既にいくつかの地方都市において公共下水道事業が都市計画事業として実施され，（旧）都市計画法6条2項，同法施行令10条に基づく受益者負担金省令により負担金が徴収されていたところ，近い将来実施されうる公共下水道事業もすべて都市計画法に基づく都市計画事業としてなされるもの（中略）と考えられていたため，下水道法に受益者負担金に関する規定を設けることにより，かえつて規定の重複による疑義が生ずることを避け，かつ右のとおり現に（旧）都市計画法に基づく受益者負担金制度を採用している都市に関し複雑な経過措置の規定を

制定しなければならなくなるので，下水道法に受益者負担金制度が導入されなかつたものと考えられる。」

▶学校給食費を分担金に位置付けることについて

　特定の事業を分担金に位置付けることができるのはどのようなものがあるのであろうか。

　例えば，学校給食費を徴収条例に分担金として位置付けることにより，滞納処分ができるとする見解がある。

　「今後のあるべき姿としては昭和42年の文部省の通達が認めている『地方公共団体の長が教育委員会の意見を聞いて』学校給食費の額を決定するという方式をとり，なおかつ，同通達においては，ただちに徴収条例を制定する必要はないとされていますが，（筆者注：学校給食に関する）徴収条例を定めれば，地方自治法224条に規定する分担金としての位置づけも可能となり，その徴収についても同法231条の3第3項の規定により地方税法の例による滞納処分も可能となります」（「自治体法務研究2009年増刊号　自治体法務実例・判例集」財団法人地方自治研究機構，308頁）。」

　学校給食は授業の一環として実施されるものであり，学校給食費は材料費相当であり，教育代価に該当するものであり，性質的にみると時効を含め民法が適用される債権として考えてよい。

　自治体債権の時効に関し，水道料金（東京高判平13・5・22判例集未登載，最決平15・10・10），公立病院診療費の時効に関する裁判（最判平17・11・21民集59巻9号2611頁）では，債権の性質を考慮しながら，時効を含めて問題となる場面ごとに判断されている。

　今後も判例の立場は変わりそうになく，例えば，公立幼稚園保育料は「公の施設の使用料」には違いないが，債権の中核となるのは学芸，技能，教育の代価であり，訴訟になれば時効は民法が適用されることも予想される。

　子ども・子育て支援法により認定こども園は設置者と保護者の契約によるが，保育所保育料は幼稚園保育料と違い，自治体が保育所の費用を代わりに負

担し，保護者から負担金として一部を徴収することになり，その未納分に関しては従来どおり滞納処分できる（児童福祉法56条7項，8項）。

また，分担金条例の制定範囲としては，「学校教育のような一般的受益の性質を有するものについては，第217条（筆者注：現行自治法224条）の分担金は徴収できないから，かかる条例を制定することはできない（昭23・4・5自治課長通知）」とされている。

分担金は租税に類似するが，特定の受益に対して課される点が租税とは異なる。

「本条（筆者注：現行自治法224条）にいう分担金は，行政サービスの対価として賦課徴収されるのではない点で租税に類似するが，受益に着目する点で，担税力を基に課される租税とは区分される（前掲：村上・白藤・人見編，269頁）。」

分担金と同様，都市計画法75条による受益者負担金は，特定地域の住民に利益をもたらす公共事業の財源として負担を求めるものとされている。

「公共下水道の布設という個別事業により一般住民に比して，より大きな特別の利益を受ける住民がある場合に，当該住民に対して法定の賦課要件を充足する限り合理的範囲内でその財源の一部について応分の負担を求めることは，憲法25条，92条及びその他の法律に何ら反するものではなく，法律上当然許された選択であるといわなければならない（横浜地判昭56・12・23行集32巻12号2256頁）。」

分担金は自治体の一部の地域に施設整備等のため，特定の受益の限度に応じて定め，負担を求めるものであるが，学校給食費は一般的受益の性質を持つものであるから，条例により学校給食費を分担金に位置付けたとしても，滞納処分を可能とするものではない。

「施設やサービスの利用者についての資格要件が定められていたり，承諾を受けなければ利用できないとされている結果，当該事件（事業）による受益者が限定されているようにみえるものがあるが，<u>当該施設やサービスの性質からみて，それが一般に解放されている場合には，その利用の対価としての使用料を徴収することは別として，分担金を徴収することはできない。</u>住民の福祉を

実現するための施設であり、住民による利用を拒むことができず、不当な差別的取扱いが禁止されている公の施設（自治法244条）は、その典型であり、その使用については、使用料が徴収できることが明記されている（自治法225条）。また、児童福祉施設への入所（児童福祉法56条1～3項）や養護老人ホーム等への入所等（当時福祉法28条1項）の費用の徴収は、それぞれのサービスの対価であり、予算における歳入科目上『分担金及び負担金』とすることはともかく、ここでいう分担金の問題ではない（前掲：橋本, 260頁）。」

　法律の適用（自治法か、民法等他の法律の適用があるかどうか）に当たり、債権の性質により判断する必要があるが、一般的受益の対価とされる債権は分担金にはなじまない。

POINT

　分担金は自治体の一部地域に特定の施設等を整備する場合に負担を求め、税と同様の性格を持つ。

　一般的受益の対価とされる性質の債権には自治法224条による分担金は適用されない。

関連項目

　1　債権管理に関する裁判例の傾向（➡1頁），2　公の施設の使用料（➡6頁），12　訴訟当事者（➡56頁）

issue 11　民事訴訟による回収の是非
☞ 民事訴訟，支払督促の利用の制約

▶滞納処分の効果

　滞納処分の効果については，「訴訟手続を省略して地方公共団体の賦課処分を直ちに執行力ある債務名義とすること，及びその債務名義によって自らの執行機関をもって自力執行できることの二つの効果が含まれ（地方自治制度研究会編「地方財務実務提要」ぎょうせい，加除式，2908頁）」るとされる。

　債務名義とは確定した判決等をいうが「債務について権限をあらわす証書（道垣内弘人「ゼミナール民法入門」日本経済新聞出版社，2002年，288頁）」である。

　「自力執行力は，全ての行政行為に一般的に認められるものではなく，私人に義務を課す行政行為にしか認められず，法定の強制執行方法が適用できる場合にのみ問題となる（稲葉馨ほか「行政法第2版」有斐閣，2010年，69頁）」

　（土地改良法により強制徴収できる）賦課金債権については，裁判所により支払いを求める訴えは「行政主体（土地改良区）はこの場合原告たる適格を有しない（秋田地判昭36・9・25行集12巻9号1922頁，福井地判昭38・7・19行集14巻7号1304頁）」とされた。

　同様に，農作物共済掛金・賦課金・拠出金の徴収については滞納処分ができる債権であり，租税に準ずる債権として強制的に徴収する権能を与えられたものであるから，民事上の強制執行の手続によることは許されないとされた（最判昭41・2・23民集20巻2号320頁）。

　「農業災害に関する共済事業の公共性に鑑み，その事業遂行上必要な財源を確保するためには，（中略）租税に準ずる簡易迅速な行政上の強制徴収の手段によらしめることが，もつとも適切かつ妥当であるとしたからにほかならない。（中略）法律上特にかような独自の強制徴収の手段を与えられながら，この手段によることなく，一般私法上の債権と同様，訴えを提起し，民訴法上の

強制執行の手段によつてこれら債権の実現を図ることは，前示立法の趣旨に反し，公共性の強い農業共済組合の権能行使の適正を欠くものとして，許されない」

しかし，現在ではこの判決のいうように，行政上の強制徴収が必ずしも「簡易迅速な行政上の強制徴収の手段」とはなっていない現実がある。

「行政上の強制徴収という『特権』であったはずのものが，実質的には特権ではなくなっているとすると，行政上の強制徴収を民事上の強制徴収に比して簡易迅速なものと位置づける判例の考え方は，議論の前提を失っていることになろう（櫻井敬子，橋本博之「行政法［第3版］」弘文堂，2011年，179頁）。」

行政の有する債権では，どのような場合であっても民事手続による回収は認められないのであろうか。

▶強制徴収債権において民事手続が認められた例

一方で，時効中断のためという特別な事情がある場合は租税債務についても民事訴訟による給付又は確認の訴えを提起できるとされている（東京地判昭39・3・26訟月10巻4号623頁）。

「租税債務については，（中略）通常は，国の側から民事訴訟を提起する利益は否定されることとなるが，それは，<u>公法上の債務が，その性質上当然に民事訴訟に親しまないことによるものではなく，右述の理由から原則として訴の利益が否定されることによるものと解すべきである。従つて，時効中断のためというような特別の必要がある場合には，国の側から民事訴訟を提起することはなんら妨げられないものと解する</u>」

同様に，滞納処分ができる債権であっても，差し押さえるべき財産がないときは時効中断のために民事訴訟が認められ，債権確認の訴えによることができるとされている（岡山地判昭41・5・19行集17巻5号549頁）。

「被告は原告主張の租税債権の存在を争つていながら，目下のところ，差押えの対象となるべき財産を所持しておらない事情があり，しかも，租税債権の消滅時効の進行を中断する方法については民法所定の方法によることとされて

いる（会計法第31条・国税通則法第72条）。そうすると，前記事情が存する以上<u>裁判上の請求をするよりほかに，時効中断の方法はないことになる。かかる場合は，国が租税債権の行使を裁判上の請求によりなす必要があり，そのためにする訴には本案判決を求める利益がある。</u>次に，原告の終極的な目的が物の給付を求めるところにあることと，債権存在確認の訴を提起することの適切性につき考えるに，この点についても，前述のように<u>租税債権には</u><u>自力執行力が付与されているから，原告は，租税債権の存在が確定される限りその目的を達しうるのであり，裁判上請求するについても給付の訴による必要はなく，債権確認の訴によるのが最も適切である。</u>」

いずれも，民事訴訟上，訴えの利益がある場合とされ，税等公課の場合，債権回収は原則的に滞納処分によることになる。

実質的に民事と同様であれば，民事訴訟が認められた例があり，庁舎の明渡しは私法上の賃貸借，使用貸借の終了による返還請求と実質において異ならず，行政代執行によるのではなく，当事者訴訟か，民事訴訟法の強制執行又は仮処分によるべきものとされている（大阪高裁決昭40・10・5行集16巻10号1756頁，判時428号53頁）。

直接的な例として，道路法上の管理権の有無にかかわらず，地方公共団体が実質的な支配が客観的に認められる場合は，民法上の占有権を有するとした例もある（最判平18・2・21民集60巻2号508頁）。

「地方公共団体が，道路を一般交通の用に供するために管理しており，その管理の内容，態様によれば，社会通念上，当該道路が当該地方公共団体の事実的支配に属するものというべき客観的関係にあると認められる場合には，当該地方公共団体は，道路法上の道路管理権を有するか否かにかかわらず，自己のためにする意思をもって当該道路を所持するものということができるから，当該道路を構成する敷地について占有権を有する」

▶行政事件訴訟と民事訴訟

簡易裁判所の裁判権として訴訟物の価額が140万円を超えないものは「行政

事件訴訟に係る請求を除く（裁判所法33条1項1号）」とされているが，滞納処分ができない公債権では支払督促の利用はできないのであろうか。

　このような債権は，行政事件訴訟法における当事者訴訟の給付確認訴訟で争うことになるのであろうか。

　当事者訴訟の給付確認訴訟は，民事訴訟と内容は変わらないが，「公法関係」であることから「公法上の訴訟」とされ，例としては公務員の給与支払請求，損失補償請求，税の過誤納額の還付請求などがある。

　「水道料金の過払いが存在した場合の不当利得返還請求権が民事訴訟であるのに対し，下水道料金の過払いが存在した場合の不当利得返還請求は公法上の当事者訴訟であるといわれる（大橋洋一「行政法Ⅱ　現代行政救済論」有斐閣，2012年，240頁脚注）。」

　行政処分は行政事件訴訟の取消訴訟により争うことになるが，債権回収の場面では行政事件訴訟で争わなければならない実益はなく，民事手続をとることが柔軟に認められてよいものではある。

　「公法上の当事者訴訟の手続は民事訴訟とほぼ同じで（行訴41条），現行制度のままでは実益がない（阿部泰隆「行政法解釈学Ⅰ」有斐閣，2008年，69頁）。」

　平成16年の行政事件訴訟法の改正によれば，行政処分を争うものでなくても，当事者の一方が行政であれば当事者訴訟を活用すべきという考え方である。

　「（行政事件訴訟法）4条後段の定める実質的当事者訴訟は，（中略）公権力の行使（行政処分の発動・不発動）を直接争うものではないという点で抗告訴訟と区別される。（中略）抗告訴訟の対象とならない行政の行為を契機に国民と行政主体との間で生じた場合を想定し，その法律関係・権利義務関係について確認の利益が認められるなら，当事者訴訟を活用すべきであるという立法者意思が示された（前掲：櫻井・橋本，372頁）。」

　滞納処分ができない公債権について支払督促を申し立てる場合は，裁判所法33条1項1号により受け付けない場合がある。

　この点については，裁判所法34条にいう「その他の権限」として認められ得

るとの見解もあるが，現時点では賛成できない。

　「簡易裁判所の管轄にならないもの，例えば公法上の法律関係に関する請求権（行訴法4条，筆者注：当事者訴訟）などは，裁判所法33条1項1号かっこ書で簡易裁判所の管轄から除外されている行政事件訴訟法に係る請求にあたることから，支払督促の手続を利用することはできない（債権管理・回収研究会編「自治体職員のための事例解説　債権管理・回収の手引き」第一法規，加除式，710頁）。」

　なお，自治法が適用される債権を訴訟により確定した場合の時効の考え方は，「8　催告による時効中断」において説明したとおりである。

POINT

　滞納処分できる債権では，訴えの利益が認められれば民事訴訟が認められる。

　行政事件訴訟法の当事者訴訟は民事訴訟と内容は変わらない。

　滞納処分ができない公債権の回収は，原則，行政事件訴訟法の当事者訴訟によるものとされる。

関連項目

　8　催告による時効中断（➡36頁），12　訴訟当事者（➡56頁）

issue 12 訴訟当事者
☞ 訴訟等における当事者適格

▶教育委員会は訴訟当事者か

　学校給食費の未納問題が報道で取り上げられてから久しいが，学校給食費を支払督促等の法的手段により回収する自治体もみられるようになった。
　ところで，学校給食費に限らず，教育委員会が所管する債権について訴訟を提起する場合，訴訟当事者は誰になるのであろうか。
　教育委員会は独立した行政委員会であり，長から独立した権限を与えられているものの，訴訟当事者としての権利能力を有するのであろうか。

▶当事者適格

　教育委員会は管理及び執行権限が独立しているものの，権利能力を有せず，訴訟当事者にはなりえず，当事者適格は有しないとされている（大阪地判昭62・12・3判タ670号113頁）。
　「民事訴訟法上，訴訟当事者能力を有する者は，原則として私法上権利能力を有する者であり，権利能力のない者について訴訟当事者能力ないし当事者適格が認められるのはその旨を明らかにした法令の規定があるときに限られるところ，教育委員会は，いわゆる独立行政委員会であって，その所管事務に関しては，地方公共団体の長から独立して権限を行使するものではあるが，それはあくまでも右事務等の処理の主体である地方公共団体の内部における具体的管理及び執行の権限が長から独立していることを意味するにすぎず，私法上権利義務の主体となることのできる能力，すなわち権利能力を有するものとは解されない」
　また，行政委員会である教育委員会は，訴訟によって保護されるべき権利は観念できないから訴訟当事者能力を有しないとする見解がある。

「行政機関それ自体には法人格がなく，法的には権利義務の主体ではない。行政機関は，通常独任制であるが，政治的に中立公正な行政を営む必要のある領域，専門技術的な知見に基づく判断を必要とする行政分野においては，他の政治的影響から独立して行政を公正に進め，あるいは専門家を加えた合議体の慎重な決定手続が必要な場合があるので，こうした分野では合議制の行政機関，いわゆる行政委員会が置かれる。(中略)地方公共団体では，教育委員会，人事委員会，選挙管理委員会等がこれにあたるが，行政委員会には多かれ少なかれ独立した職権行使が認められているほか，当該分野につき，規則制定のような準立法的権限，審決，裁決のような準司法的権限が付与されているのが通例である。しかし，行政委員会も行政機関の一種であることには変わりがなく，権利能力を有さず，独自の社会的活動をなす実体を有する社団または財団でもない。いずれにせよ，訴訟法上は，行政機関は実体法上権利能力を有せず，そもそも訴訟によって保護されるべき権利を観念することはできないから，訴訟当事者能力を有するものとはいえない（秋山義昭「商学討究」第58巻第1号，4頁）。」

裁判例では，学校給食費について，公会計及び私会計のいずれかを採ることは自治体の裁量に委ねられるとしている（横浜地判平26・1・30判自383号60頁）。

「学校給食法は，学校給食費の徴収管理に係る会計制度等について具体的な定めをしていないことに加えて，学校給食費の徴収管理に係る会計制度については，公会計及び私会計のいずれの解釈も可能であることに照らすならば，学校給食法は，学校給食費の徴収管理に係る会計制度として公会計又は私会計のいずれを採るかを，設置者である地方公共団体の裁量に委ねていると解する」

しかし，自治体会計から独立した私会計での学校給食費は，自治体の長は債権者ではないので訴訟当事者になり得ないという面からも問題がある。

「実務上の問題点として指摘しなければならないのは，未納者に対して首長の名義で法的手続を採れないことである。(中略)学校給食費支払請求権は校長個人と保護者との契約により発生していると考えるほかはないのであるから，首長には未納者に対して支払を求める法的根拠がないことになる。それが

ため地方公共団体が未納者に対して強制的徴収手段を採れないことは大きな欠陥である（東京弁護士会弁護士業務改革委員会自治体債権管理問題検討チーム編「自治体のための債権管理マニュアル」ぎょうせい，2008年，285頁）。」

　私会計処理の学校給食費を回収するに当たり，自治体が訴訟の当事者とはなり得ないとする指摘がある。

　「自治体が訴えの提起をする場合，議会の議決あるいは首長の専決処分が必要になりますが（自治法96条1項12号，同法179条），<u>自治体会計から独立した私会計の事項にかかる訴訟の提起に議会や首長の統制を受ける法令上の根拠がありません。また，自治体名で債務名義を取得したにもかかわらず，その後回収した学校給食費を，自治体の収入とすることなく，別異の私会計の収入に充当できる理由は不明です。一方で，給食費を歳入として公会計処理していない以上，自治体の収入とすることもできません。</u>さらに強制執行する場合，債務名義には，自治体が債権者として表示されていることから，自治体が債権者として強制執行することになりますが，私会計の場合，債権者でもない自治体が強制執行の申立人となりうるはずもないという問題があります（弁護士瀧康暢「自治体私債権回収のための裁判手続マニュアル」ぎょうせい，2013年，232頁）。」

　また，学校給食費は，施設，人件費等は含まれず，私会計での学校給食費は総計予算主義（自治法210条）からも問題がある。

　実務上，私会計の給食費は自治体の長に債権譲渡して公会計に移行させるべきであろう。

▶地方公営企業管理者の権限

　一方で，地方公営企業管理者は訴訟当事者になり得るのであろうか。

　水道料金の停水予告通知した事案につき，長を被告としたことは誤りであり，訴訟の当事者は地方公営企業管理者であるとされた（福岡高判昭30・11・14裁判所ウェブサイト）。

　「（地方公営企業）管理者は法令に特別の定がない限り同法（筆者注：地方公営企業法）第8条第1項各号に掲げる事項を除く外，地方公営企業の業務を執行

し且つその業務執行に関し当該地方公共団体を代表する権限を有するのである（同法第8条）。従って法令に特別の定がない限り，同法第8条の規定によって地方公営企業の管理者の権限に属せしめた事項については，管理者を置いた当該地方公共団体の長は上級行政庁として管理者を指揮監督する権限はあるが，自らその業務を執行し又はその業務執行に関し当該地方公共団体を代表する権限を有するものではない。」

地方公営企業管理者は，組織上，法律により業務執行権を与えられたことから訴訟当事者としての能力を有するということになる。

地方公営企業法8条1項各号では管理者がなし得ない，長が行う業務を列挙しており，訴訟に関することは長の業務として規定されていないから管理者は原告，被告ともになり得ることを示している。

地方公営企業法40条2項による議会の議決の適用除外の一つである訴えの提起は，事業の独立性，迅速性を担保する上から議会の議決を不要としているが，裏を返せば，管理者は長とは別の業務執行権を有し，訴訟当事者であることを示したものといえよう。

これは会社における支店長の権限に似ていて，支店長の場合は，支店の営業の範囲に限られるが，会社に代わってその事業に関する一切の裁判上又は裁判外の行為をする権限を有する（会社法11条）。

「管理者は，企業の内部的な管理事務を処理するのみならず，企業としての対外的な取引活動をも自己の名と責任において処理する権限を与えられており，管理者が自己の名において行った行為の効果は地方公共団体に帰属する（細谷芳郎「図解地方公営企業法」第一法規，2013年，48頁)」

地方公営企業における債権放棄は議決の適用除外にはならず，議決を要する（地方公営企業法40条，自治法96条1項10号）が，料金等を債権放棄するには管理者名で議決を受けるか，自治法96条1項10号は「条例に特別の定めがある場合を除く」とされていることから，長及び管理者として債権放棄できることを条例に規定することが必要である。

地方公営企業法8条と40条の関係は，8条は公営企業の責任を長が担うべ

き，性質的に長が行うべき事項を挙げ，40条は自治法96条1項のうち重要なもの，公営企業として柔軟に行うべきものを区別しており，適用除外であっても「条例で定めるものを除き（地方公営企業法40条2項）」とあることから条例で定めることにより適用されるものと解する。

POINT

教育委員会は管理及び執行権限が独立しているが，権利能力を有せず，原告適格は有しない。

地方公営事業管理者は法律により業務執行権を与えられ，原告，被告ともに適格を有する。

関連項目

10　分担金の考え方（➡46頁），29　過料の額と遡及期間（➡142頁）

issue 13 徴税吏員

☞ 滞納処分を行うことができる資格

▶自治法による職員の区分

　自治体職員であれば長が任命することにより滞納処分できるのであろうか。

　滞納処分とは別に，非常勤嘱託職員は路上喫煙の違反者に対して過料を科すことができるのであろうか。

　地方公務員法2条では地方公務員は「地方公共団体のすべての公務員をいう」とされ，地方税における徴税吏員を除き，ほとんどの業務について従事できることとされている。

　平成18年改正前の自治法172条では「吏員」と「その他職員」，また，「事務吏員」と「技術吏員」の区分があったが，現在は事務の複雑化，多様化から勤務条件等を含め職員の区分はされていない。

　「平成18年の改正前においては，戦前の官公吏と雇傭人の区分に由来する『吏員』と『その他の職員』の区別が設けられ，『吏員』は更に『事務吏員』と『技術吏員』の区分が設けられていた（改正前の法172，173）。これらの区分は，長の補助機関である職員が，ある事務の処理又は職への就任ができるか否かに用いられ，例えば，児童の住所等への立入，質問調査をすることができる者は児童委員又は児童の福祉に関する事務に従事する『吏員』とされ（改正前の児童福祉法29），都道府県の支庁等又は市町村の支所の長は『事務吏員』をもって充てるとされていた（改正前の法175Ⅰ）。しかし，前者の区分は，任用や勤務条件等において地方公務員制度上は区別されておらず，また，後者の区分は地方公共団体の事務の複雑化・多様化により，『事務』と『技術』が明確に区分できなくなっている状況にあり，形骸化していた（松本英昭「新版逐条地方自治法〈第9次改訂版〉」学陽書房，2017年，599頁）」

　児童福祉法29条は資格として「児童委員又は児童の福祉に関する事務に従事

する職員をして，児童の住所若しくは居所又は児童の従業する場所に立ち入り，必要な調査又は質問をさせることができる」と規定している。

▶臨時的任用職員と非常勤職員の違い

　臨時的任用職員と非常勤職員の違いは，現状では明確とはいいがたいという指摘がある。

　「臨時的任用職員というのは，臨時的な業務に従事するための職員と法定された正式な採用手続きをとる暇がないために臨時的に採用された職員を意味し，非常勤職員というのは，常時勤務することを要しない職員という意味であり，その概念自体には任期は含まれていない。しかし，実際には，非常勤職員についても任期を定めることが多く，要件に該当しない臨時的任用職員も少なくない。このため，非常勤職員と臨時的任用職員の別が意識されず，法律の要件に該当する臨時的任用職員と該当しない臨時職員が区別されないという状況が生じている（橋本勇「新・弁護士月記⑬」「自治実務セミナー2013.4」）。」

▶徴税吏員の位置付け

　地方税における滞納処分は地方税法1条3号による「徴税吏員」に位置付けなければ行えず，嘱託職員，臨時的任用職員は地方税の守秘義務の適用や公権力行使の面から「徴税吏員」に位置付けられないため，徴収の事務補助はできるが，滞納処分はできないとされる。ただし，再任用短時間勤務職員や任期付短時間勤務職員は「徴税吏員」に任命できることから滞納処分ができるとされる。

　「地方団体の長以外の者で徴税吏員となることができるものは，当該地方団体の職員のうち，一般職のもの（非常勤職員を除く。）であり，これらの職員の中から道府県知事又は市町村長が徴税吏員を任命することになる。特別職の職員は，罰則で担保された守秘義務や厳格な服務規律が適用されないため，強力な公権力の行使を担当し，納税者の秘密情報にも深く関わる徴税吏員の業務を担当させることは適当でなく，また，一般職の中でも非常勤職員は，本格的な

業務を行うことができない職員であると解されているため，徴税吏員に任命することはできない。なお，地方公務員法28条の5の短時間勤務職員や地方公共団体の一般職の任期付職員の採用に関する法律に基づく任期付短時間勤務職員については，フルタイムの職員よりも短い勤務時間で勤務する形で徴税吏員に任命することも可能である（平成17年4月1日総税企第80号総務省自治税務局企画課長通知）。（中略）平成18年の地方自治法改正（平成19年4月から施行）で地方自治法における『吏員』と『その他職員』との区分が廃止され，『職員』に統一されたことに伴い，本条（地方税法1条）の徴税吏員の定義規定も改正され，『道府県知事若しくはその委任を受けた道府県職員』との表現に改められた。（この改正は，徴税吏員の範囲等には変更を生じるものではない。）（地方税務研究会編「地方税法総則逐条解説」（財）地方財務協会，2006年，5頁）」

地方公務員法34条の守秘義務とは別に税務事務は守秘義務を課せられた地方税法22条があり，上記解説の「本格的な業務」は財産調査から執行，免除に至るまで業務全般の手続に通ずることが要請され，滞納処分を行う身分としての「徴税吏員」という形で残るのは致し方ないことであろう。

税以外の公課の徴収において地方税法の「徴税吏員」のように位置付けている規定はないが，滞納処分の趣旨からすると税と同様の身分として行い得るものと考えてよい。

滞納処分は身分証明を示さず行ったとしても無効にならないとする古い裁判例もあるが（大判大14・5・7大審院刑集4巻276頁），税以外の公課において滞納処分を行う身分を示すものとして，次のような税に準じた形式で徴収職員証等を規則に定めておくことが必要であろう。

【徴収職員証の規定例】浜松市債権管理条例施行規則（平成19年浜松市規則第133号）
　（徴収職員証等）
第6条　徴収職員は，公課の徴収に関する調査のために質問し，又は検査を行う場合においては当該徴収職員の身分を証明する徴収職員証（第1号様式）を，公課の徴収金に関して財産差押えを行う場合においてはその命令を受けた徴収職員であることを証明する滞納者財産差押職員証（第2号様式）を携帯しなければならない。

税の場合，身分証明書の提示がなければ調査を拒む理由になるとされ，税外の公課においても同様であろう。

「身分証明書の提示を求めたにもかかわらず，それを提示しなかった場合には，滞納者及び関係者はその捜索等を拒む正当な理由があると認められるので，その処分を執行することができなくなります（自治体徴収実務研究会編「地方公共団体徴収実務の要点」第一法規，加除式，1811頁）。」

一方，路上喫煙に関する過料処分については，地方税の「徴税吏員」のような位置付けはないので，非常勤嘱託職員も任命されれば行使できることになる。

徴収事務の委任に関して，町が北海道町村会からその職員の派遣を受け，同職員に滞納町税を徴収させ，その徴収金額及び取扱件数に応じて一定割合による金員を町村会に納付する旨の，町長と町村会との間の契約は，自治法243条3項（現行243条，私人の公金取扱いの制限）に違反するとした例がある（札幌高裁函館支判昭40・11・25行集16巻11号1840頁）。

「243条第3項（筆者注：現行243条，私人の公金取扱いの制限）の規定は，公金という性格からしてその取扱いに関して責任を明確にし，公正の確保を期するためのもので，厳格にこれを遵守することが要請される」

また，本事案における町村会は自治法に基づく協議会ではなく，事実上の団体であり，そのような団体職員に滞納整理に当たらせることはできないとした。

自治法243条を受けた政令を含む法令により民間委託できるようになった業務も多いが（平成16年改正後の児童福祉法56条4項，同法施行令44条の2），徴収事務の委託については，次のような見解があることも留意すべきである。

「総務省の通知（筆者注：平成17年4月1日付けの総務省自治税務局長通知『地方税の徴収に係る合理化・効率化の一層の推進について』（総税企80号））を契機として地方において民間委託が推進されているのであれば，このような運用（筆者注：地方税の補助的業務，自主納付の呼びかけ等の業務）は，法治主義のみならず地方自治の原則からしても，望ましいものとはいえないであろう。また，上記

の通知も述べていたように，徴税業務の効率化を推進すると，他方では個人情報保護等の業務（徴税吏員の管理下でのみ私人に業務を行わせる等）が煩雑なものとなることについても，注意が必要である（村上順・白藤博行・人見剛編「別冊法学セミナー新基本法コンメンタール地方自治法」日本評論社，2011年，稲葉一将執筆部分，351頁）。」

> POINT

自治法172条では職員の区分はされていない。

地方税については，地方税法１条３号による「徴税吏員」に位置付けなければ滞納処分することができない。

滞納処分以外の処分行為は非常勤嘱託職員も任命されれば行使できる。

> 関連項目

29　過料の額と遡及期間（➡142頁），43　徴収委託の対象（➡213頁）

issue 14 民法改正による時効の扱い
☞ 民法改正により債権管理をどの様に扱うのか

▶時効制度の存在理由

時効制度は，一定の事実状態が長期間続く場合に真実を問わず，そのまま権利関係として認めることである。

時効の存在理由として，一点目は社会秩序の維持と法的安定から当時は非難される事実であっても，時の経過により正式に行われたものとして扱うこととされ，二点目は証拠上の困難を救済するものとして，取引の重要度により領収書の保存期間を定めたことと同じ意味（改正前民法174条4号の飲食代の時効1年）で捉えられ，三点目は権利の放置は法律上の保護に値しない（法格言）ことに求められる。

▶短期消滅時効の区別

貸付金など一般的な時効は10年であり（改正前民法167条），改正前の169条から174条までは短期消滅時効として規定されているが，法務省の「民法（債権関係）の改正に関する検討事項（9）詳細版」では，短期消滅時効の趣旨及び適用の不明確から改正されたとしている。

「民法第170条以下に掲げられている債権については，日常頻繁に生ずる上に額も多くないことを常とし，かつ，受取証書も交付されないことが多く，また，交付されても長期間保存されないのが通例であることから，短期の消滅時効を設けて法律関係を確定し，紛争の発生を防ぐ必要があるためなどと説明されている。（中略）実務的に，債権ごとに短期消滅時効の該当性を確認する必要がある点で煩瑣であることや，短期消滅時効のどの規定の適用があるのか否かが不明確であるという問題が指摘されており，また，具体的に列挙された債権とそれ以外の債権との間に合理的な区別があるのか疑問である」

同様に，職業からくる短期消滅時効の期間の違いは，現在では合理的な説明はできないとされている。

「たとえば，『旅館』の宿泊料，『料理店，飲食店』の飲食料などは時効が1年とされます。(中略) 他方で，『生産者，卸売商人又は小売商人』が売却した産物や商品の代金は，2年の時効にかかります。しかし，飲食店と小売店でなぜ差があるのか，合理的な説明は不可能です（内田貴「民法改正」ちくま新書，2011年，152頁）。」

▶民法改正による時効の扱い

今回の改正はこのような不都合を解消するため，169条の定期給付債権，170条から174条までの短期消滅時効が廃止され，「権利を行使することができることを知った時から5年（主観的起算点），権利を行使することができる時から10年（客観的起算点）」（改正民法166条1項）に改められ，併せて商事債権の時効5年の商法522条も不要となり，削除された。

債権者，債務者は契約により支払期日を合意していることから，債権発生を知らない，時効を知らないことはあり得ないため，通常では「権利を行使することができる時から10年」の適用は少ないといってよい。

「『契約によって生じた債権』（契約債権と言います。）は，通常は履行期限から5年間で消滅することになります。なぜなら，債権者は，契約において履行期限があることを当然に知っているからです。たとえば，貸金契約の場合，貸主は返済日に返済を請求（権利行使）できますが，返済日（権利行使ができる時）がいつかを当然に知っています。したがって，事業者間の契約によって生じた債権は，通常5年間で消滅しますので，商法522条の規定は不要となり，廃止されました（児玉隆晴「やさしく，役に立つ改正民法（債権法）」信山社，2017年，153頁）。」

「権利を行使することができる時から10年」が適用される典型的なケースは不当利得の返還請求権であろう。

「不当利得返還請求権も，債権である以上は改正法166条1項により，客観的

起算点から10年または主観的起算点5年で時効消滅します。(中略)客観的には『過払金返還請求権が発生した当初の時点』つまり『甲(筆者注:債務者)が過払いを始めた時点』から10年,または『過払いがあったことを知った時』から5年で,順次に時効消滅することになります(前掲:児玉,154頁)。」

　また,現行の「中断」を「更新」とし,「停止」を「完成猶予」に置き換えているが,意味内容はほぼそのままである。ただし,改正前民法153条の催告6か月に関しては,改正民法150条1項では,「催告があったときは,その時から6箇月を経過するまでの間は,時効は,完成しない」とされているので,催告だけで訴え等行使せず,承認もない場合は時効完成前の最終の催告から6か月加算して時効完成を計算すればよいことになる。

　改正前民法の催告は「暫定的猶予」であって,改正民法の催告は「確定的猶予」であるとされる。

　「改正民法は,(裁判外の)催告に,催告時から6カ月を経過するまでの間,時効の完成を猶予する効力を与えた(法150条1項)。改正前民法では,6カ月以内に他の強力な中断措置を執らなければ中断効はないとの規律(そのため,暫定的中断効と呼ばれることがあった)であったが(改正前民法153条),改正民法は,確定的な完成猶予事由としている(債権法研究会「詳説改正債権法」(財)金融財政事情研究会,2017年,43頁)。」

　仮差押え,仮処分は改正前では時効の中断事由とされていたが,訴え,差押え前の措置であって,いずれ訴訟によることになるので改正法では6か月の時効の完成猶予(停止)扱いとされている(改正民法149条)。

　「仮差押え等は,本案の訴えが提起されるまでの間,時効完成を阻止するものとすれば足り,実質的には時効の停止事由として機能していた。改正民法は,このような認識を前提に仮差押えおよび仮処分を完成猶予事由として構成した(債権法研究会「詳説改正債権法」(財)金融財政事情研究会,2017年,42頁)」

　承認については従来どおり時効の中断(更新)事由の扱いである(改正民法152条)。

　新たに協議によって時効完成を猶予する規定も設けられているが(改正民法

151条）．これは，従来，時効について当事者が協議しているにもかかわらず，時効完成の阻止には訴訟等の手段しかなかったことを改めたものである。ここでは協議することの合意であって債務の承認でないことはいうまでもない。

財産開示手続の申立ては6か月の完成猶予とし，手続が認められれば更新されるので（改正民法148条），今後の活用としては有効なものになると思われる。

また，従来，時効の中断がなく，時効の援用を必要としない除斥（じょせき）期間とされた不法行為の賠償請求権20年間を消滅時効期間とすることを明確にした（改正民法724条本文）。

解除権は賠償請求権のような規定はないが改正前民法167条1項に準じて時効は10年である（最判昭62・10・8民集41巻7号1445頁）。地方税では，債権成立後の消滅時効（徴収権として地方税法18条）と債権を発生させる期間としての除斥期間（更正，決定期間として地方税法17条の5）を明確に規定している。

ところで，水道料金の場合，「権利を行使することができることを知った時」である時効の起算日は検針日か，それとも通知日になるのかについては，債務を認識する日，すなわち，時効の起算日は検針日になるが，自治体債権の場合は改めて納入の通知をすることにより時効中断（更新）（自治法236条4項）し，通知後に新たな時効が進行することから，実務上は支障がない。

納入通知による時効中断は納期限の設定から意味のあるものでなかったが，民法改正により有効なものとなる。

「納入通知に係る債権は，当該通知によって納期限が定められ（中略），消滅時効は当該納期限まで進行しない（民法166条1項参照）ので，当該債権について納入通知による時効中断が問題になる余地はない（橋本勇「自治体財務の実務と理論—違法・不当といわれないために」ぎょうせい，2015年，279頁）。」

納付期限後に督促を発すれば時効中断（更新）し，督促状の送達の日の翌日から新たに時効が進行する。

なお，「3月31日に検針した場合は，自治法施行令143条1項3号により，その支出の原因である事実の存した期間の属する年度となり，前年度の支出（越智恒温監修，会計事務研究会編著「会計事務質疑応答集」学陽書房，1994年，46頁）」

になることに注意すべきである。

　自治法236条1項は「行使することができる時から5年間（客観的起算点）」とされたが，改正前と扱いが変わらない。

　改正法の原則的な施行期日は，2020（平成32）年4月1日とされ，消滅時効，保証制度，賃貸借契約における敷金の返還，原状回復義務などはこの日から適用される。

　利息は，最初に生じた日が施行日前であれば法定利率は5％であり，施行日後は3％となる（民法404条関係）。遅延損害金は債務者が遅滞の責任を負った最初の時点における法定利率である（民法419条1項）。

　また，施行日以後に発生した債権であっても，その原因となる契約が施行日前の場合，改正法は適用されず，時効中断（更新），停止（完成猶予）の時効障害に関する部分は改正後の適用になることに注意が必要である。

　「施行日以後は，施行日前に生じていた債権についても，新法の規定にしたがって，時効の更新や完成猶予が認められる。つまり，<u>施行日前に生じていた債権については，その時効期間は，現行法を参照し，時効障害</u>（筆者注：中断，停止等）<u>については，新法を参照する必要がある</u>ということであり，債権管理に際しては，この点に注意が必要である（藤澤治奈「民法総則の改正―消滅時効を中心に」自治実務セミナー2017.10，13頁）。」

　水道料金は，開栓日によって適用が違い，平成32年4月1日前の契約のものと以後のものを分けて管理しなければならないことになる。住宅使用料についても入居日で判断するが，こちらは時効年数は変わらない。

POINT

　民法改正により現行の短期消滅時効は区別に合理性がないため廃止され，従来の時効は，原則，「権利行使できることを知った時から5年」，「権利行使ができる時から10年」になる。

　時効年数については，施行日以後に発生した債権であっても，その原因となる契約が施行日前であれば旧法が適用され，時効障害（更新・完成猶予）に関す

る部分は改正前の債権であっても事由が生じれば新法の適用となる。

関連項目

8　催告による時効中断（➡36頁），46　保証人の保証限度額（➡228頁）

issue 15 時効の援用と債権管理
☞ 時効の援用と債権放棄の必要性

▶時効の援用とは

　時効の利益を受けるためには，債務者が時効であることを意思表示しなければならない。

　時効の援用があってはじめて時効の効果は確定的に生じる（最判昭61・3・17民集40巻2号420頁）。

　「民法は，『時効は，当事者が援用しなければ，裁判所がこれによって裁判をすることができない。』（145条）としているが，これは，消滅時効の期間が経過しただけでは当該債権は消滅せず，債務者が『消滅時効が完成したので支払わない』という意思を示したときに初めて消滅するという意味だと解されている（橋本勇「自治体財務の実務と理論――違法・不当といわれないために」ぎょうせい，2015年，331頁）。」

　支払わないことにより利益を得るのは債務者であり，裁判所が時効により消滅したとするには債務者から時効の援用が必要とされる。

　「売掛代金や飲食代を2年や1年払わないでおくと，債権は消滅して，債務者は払わなくともよくなるということは，いかにも不当に聞こえるであろう。けれども，かような場合には，多くは，債権者の方で債権があると主張するのに対し，債務者の方では支払ったと主張し，争いになっていて，真相がよくわからない場合である。そこで法律は，かような種類の債権については，すでに2年または1年，平穏に経過した場合には，たとい真実には支払っていなかったとしても，時効によって消滅したものとして，問題を解決する方が適当だとしたのである。従って，もし債務者が，時効の利益を受けることをいさぎよしとしないで，これを支払おうとするときには，もちろん，裁判所は，時効を理由として債権が消滅したという判決をすることはできない。いいかえれば，裁

判所が時効によって債権が消滅したという判決をするためには，必ず債務者がこれを援用することを必要とする（145条）（我妻栄「新版増補民法」勁草書房，1989年，145頁）。」

時効の援用は裁判上ではなく裁判外でも可能とされる（大判昭10・12・24民集14巻2096頁）。

「時効の援用権を形成権の行使の様に解すれば，裁判外の援用を排除する理由はない（内田貴「民法Ⅰ〔第2版補訂版〕総則・物権総論」東京大学出版会，2000年，323頁）」

また，時効の援用により利益を受けるかどうかは当事者の意思に委ねるという倫理的な側面もある。

「援用という仕組みは，時効による利益を享受するかどうかは，時効によって利益を受ける者の意思に委ねる，ということで，当事者意思の尊重と同時に，時効制度にいわば倫理的要素を見出し，最終的な決断を本人に任せるのである（池田真朗「スタートライン民法総論」日本評論社，2006年，191頁）。」

時効完成を知った上で時効の利益を放棄して支払うことは，「借りたものは返す」という道徳的な観点から認められ，法律で制限する必要はない。

「借金をして10年以上経ったが，あの人には恩義があるからやはり払いたい，というのであれば，時効の利益を放棄して支払えばよい。これも，援用の制度を採用したことと表裏一体になっている（前掲：池田，192頁）」

債務者は時効援用する場合は自身の債務について主張しなければならないが，原因，権利を行使する事実を主張するだけでよく，時効期間を明示する必要はない（大判昭14・12・12民集18巻1505頁）。

▶時効完成後の承認

時効を知らずに支払った場合，あるいは承認した場合は撤回できるのであろうか。

債務者が支払ったこと，承認を撤回することは，債権者としては時効の援用はしないものと考えるのが通常であるから信義則に反し，時効の援用権は失わ

れ（最判昭41・4・20民集20巻4号702頁），時効完成後に時効を自認した以上，時効の利益は認められないとする。

「時効完成後の自認行為は，完成前における中断事由としての『承認』と同様な性質の行為であり，債権者の観点からすれば，同様に扱うことが妥当であろう。ここでは時効制度の，真の権利者・無義務者保護の側面が前面に出ることになる（債務の存在が自認された以上，時効の利益を認める必要はない）（前掲：内田，326頁）。」

時効の援用権を失うとしても，その後は新たな時効が進行する（最判昭45・5・21民集24巻5号393頁）。

「すでに経過した時効期間について消滅時効を援用しえないというに止まり，その承認以後再び時効期間の進行することをも否定するものではない。」

時効援用後に弁済した場合は非債弁済となり，債務者を保護する理由はなく，返還義務はない（民法705条）。

▶時効完成後の債権管理

私債権では時効完成しても，債務者が時効を援用しない限り，回収の可能性は失われていないので請求して差し支えない。しかし，訴訟等の法的措置による請求では，おそらく審理の中で時効を主張されるであろう。

「民法は消滅時効について援用を必要とし，時効によって生じる権利の得喪は，その権利を取得しまたは義務を免れる者が，そのような効果を受けようと望む場合にだけ，確定的に発生するものとして，時効の効果を債務者の選択に委ねている。このため，時効期間を過ぎた債権であっても，債務者から時効援用の意思が示されていない以上，当該債権の履行可能性は未だ失われていない（債権管理・回収研究会編「自治体職員のための事例解説　債権管理・回収の手引き」第一法規，加除式，460頁）。」

国において，時効完成後の債権は請求しても時効を援用し，債務者は履行に応じないことが通常であるものと想定し，「みなし消滅（債権管理事務取扱規則30条1号）」として扱うこととされている。

「時効の完成後は，たとえ，<u>国が履行の請求をしても，当然時効を援用しその履行に応じないものと考えられる。かかる推測に基づいて，時効が完成した債権については，債権の消滅に準じて取り扱うことが適当である</u>と考えられるので，消滅したものとみなして処理することができることとされた（大鹿行宏編「債権管理法講義」大蔵財務協会，2011年，194頁）。」

　自治体においても，このような不安定な債権について滞納繰越を繰り返すわけにはいかないから，請求して何らの応答もなく，履行の意思がみられない場合は，一定の期間を区切った後に債権放棄することになるが，徴収努力を怠った場合は「怠る事実」に問われてもやむを得ないであろう。

　また，徴収停止（自治法施行令171条の5）をとった債権も時効完成して債権放棄することになる。

　「怠る事実」に問われないためにはその債権が「財産価値のない」，「徴収見込みのない」債権であり，権利行使の実効性がない債権として評価できることが必要であるが，法令に則った徴収努力にもかかわらず，やむなく時効完成したという事実が必要であろう。

　「怠る事実」の要件は裁判例から判断するしかないが，平成27年に広島市が会計検査院から生活保護費返還金について国庫負担金の返還を求められた事例において，会計検査院が返還すべきものと示した次の基準は適切な債権管理の要件として示されたものであり，「怠る事実」の要件にも資するところがある。

　①督促の実施状況が「未実施」又は「記録がなく不明」である債権，②督促を実施していても，1年間に1回も催告・納入指導を実施した記録がない債権，③債務者が死亡した場合の相続人調査が「未実施」又は「記録がなく不明」である債権，④保護廃止後の債務者の居住地調査が「未実施」又は「記録がなく不明」である債権

　ところで，滞納処分ができない公債権の回収は訴訟等によることになり，確定すれば時効は10年に延長されることになるが（自治法236条3項は時効中断等について民法174条の2を排除しないと考えられる），このような公債権は時効の援用あるいは債権放棄が必要とされる債権であろうか。

「本条（自治法236条）3項かっこ書の『(前項に規定する事項を除く。)』は，時効の援用・利益に関して民法の特例が定められているので，当該事項に係る民法の規定を準用しないこととした（村上順・白藤博行・人見剛編『別冊法学セミナー新基本法コンメンタール地方自治法』日本評論社，2011年，占部裕典執筆部分，309頁）。」

上記の見解から時効は10年に延長されるとしても，前項（自治法236条2項）の内容はそのままであるから時効の援用を要せず，時効利益は放棄できないので，債権放棄の必要はないと考えてよい。

POINT

時効の援用は債務者が時効の利益を受けるためであり，債務者が時効の意思表示をしなければならない。

時効を知って承認するのは時効の利益の放棄であり，時効を知らずに承認すれば信義則上から時効の援用権を喪失する。

時効完成しても援用されるまで請求できるが，請求して何らの応答もなく，履行の意思がみられない場合は，一定の期間を区切って債権放棄の対象とする。

関連項目

16　一部納付と時効の援用（➡77頁），17　時効の援用と援用権の喪失（➡82頁），24　債権管理条例のあり方（➡117頁）

issue 16 一部納付と時効の援用
☞ 一部納付は残債務全体の時効中断となるのか

▶一部弁済（納付）による承認の効果

一部弁済（納付）は債務の承認であるが，残りの債務全体に時効中断が及ぶのであろうか。

数個の債務のうち，特定の債務の充当，承認は他の債務には時効中断の効力は及ばないとされている。

「債権者と債務者の間で，弁済金を数個の債務のうちの特定の債務に充当することを合意した場合，当該債務についての弁済となるので，その債務（未完済のもの）についてのみ時効中断等が生じ，それ以外の債務については，原則として弁済の効力ひいては債務承認，時効中断等の効力は生じない。これに対し，複数の債務がある場合において，弁済充当する債務についての合意がなく，債務者あるいは債権者により弁済充当する債務の指定がない場合には，全部の債務を弁済するに足りない弁済は，特段の事情がない限り，全部の債務について承認する趣旨の一部弁済となり，全部の債務について時効中断の効力が生じるものと解されている（東京地判平17・2・18未公刊）（高木多喜男ほか「時効管理の実務」金融財政事情研究会，2007年，237頁）。」

同様に数個の債務に対して一部を納付した場合は各個の時効中断にならず，賃料の増額に争いがある場合の一部弁済は，増額分にまで承認は及ばない（東京高判昭40・11・29判時439号110頁）。

「賃料債務の如き定期的給付を目的とする債務は弁済期毎に独立して発生し，時効期間も各別に進行することは民法第169条の規定に照して疑なく，従つて時効中断の事由も亦各別に生ずるものと解するのが相当であるから，賃借人が毎月末日の弁済期を経過する毎に1ケ月分の賃料の供託を続けることによつて直ちに従前の賃料債務を承認したことにはならず，そして更に1ケ月分の

賃料についても不可分ではないから，その一部の弁済供託は，賃料額について特に争わず，その一部として供託したときはその月分の賃料債務全額を承認したものとして全額について時効中断の効力を生ずるけれども被控訴人の賃料増額の請求に控訴人が応じなかつた本件のような場合においては，供託した額が後に裁判所において増額請求が認められた賃料額に対してその一部にすぎないときは，全額に対する承認があつたとは認め難い」

　一個の贈与契約において，内容が可分の数個の債務であっても，そのうち一つに債務の承認があったときは，他の債務についても承認があったものとされている（東京高判昭28・10・2下民4巻10号1397頁）。

　「本件は<u>一個の贈与において内容の可分な数個の給付を約した場合であると見るべきもの</u>であつて，その時効期間も括一的に進行する」

　損害賠償請求権の時効を争った件につき，物的損害の弁償があっても，人的損害賠償請求権の承認にはならないとされたことは別個の債権債務として評価している（京都地判平25・4・23自保ジャーナル1902号70頁）。

　「被告は，物的損害についての損害賠償金の支払をしており，物的損害についての弁済は，人的損害を含む損害全体についての一部弁済となるから，債務承認にあたり，損害全体について時効が中断する旨主張するが，人的損害についての賠償請求権と物的損害についての賠償請求権は法的に別個であり，後者についての弁済が人的損害を含む損害全体についての債務承認になるとは解されない」

　継続的取引において，特定の取引を指定せず，一部弁済した場合は総債務の承認をしたものとされる（東京高判昭41・10・27判時469号41頁）。

　「継続的取引にあつては，（中略）その各支払は，右取引中における特定の個々の取引を指定してその代金として支払われたものではなく，また，控訴人としては，たとい被控訴人の示す残債務額を全面的に納得した上でなしたものではないにしても，兎も角も，その当時真正に残つている債務全体に対する内入れとする趣旨で右の各支払をしたものであることが認められ，（中略）控訴人は右各支払の都度その当時における総残債務を承認したものと認むべきであ

る。」

　また，時効完成後の債務のうち，納付をしたが一部であったことが後日に判明した場合，残額について時効援用ができるのであろうか。

　一部納付により残債務がないと誤信させた場合は時効の援用ができる（東京地判平7・7・26金融・商事判例1011号38頁）。誤信，欺瞞的方法，脅迫による援用権の喪失は「17　時効の援用と援用権の喪失」を参照されたい。

▶一部請求は残債務に時効中断が及ぶか

　反対に，債権額の一部を請求した場合に残債務に時効中断は及ぶのであろうか。一部請求するのは債務者が弁済，相殺を主張して債権額の総額が決められない場合に訴訟に及ぶことがある。

　一部請求を明確にして訴えた場合は，残債権は時効中断しないとした（最判昭34・2・20民集13巻2号209頁）。

　「債権の一部についてのみ判決を求める旨明示した訴の提起があつた場合，訴提起による消滅時効中断の効力は，その一部の範囲においてのみ生じ，その後時効完成前残部につき請求を拡張すれば，残部についての時効は，拡張の書面を裁判所に提出したとき中断するものと解すべきである。（民訴235条参照）若し，これに反し，かかる場合訴提起と共に債権全部につき時効の中断を生ずるとの見解をとるときは，訴提起当時原告自身裁判上請求しない旨明示している残部についてまで訴提起当時時効が中断したと認めることになるのであつて，このような不合理な結果は到底是認し得ない。」

　裁判例は一部請求を明らかにしない限り残債務にも及ぶとしている（最判昭45・7・24民集24巻7号1177頁）。

　「一個の債権の一部についてのみ判決を求める趣旨を明らかにして訴を提起した場合，訴提起による消滅時効中断の効力は，その一部についてのみ生じ，残部には及ばないが，右趣旨が明示されていないときは，請求額を訴訟物たる債権の全部として訴求したものと解すべく，この場合には，訴の提起により，右債権の同一性の範囲内において，その全部につき時効中断の効力を生ずるも

のと解する」

　もっとも，一部請求を明示して残額は訴訟等による時効中断にならないとしても，いわゆる「裁判上の催告」として，判決後さらに残債権について6か月内に訴訟を提起した場合は時効中断するとしている（東京高判昭49・12・20判時769号50頁，最判昭53・4・13訟月24巻6号1265頁で支持した）。

▶第三者による一部納付は承認になるか。

　例えば，貸付金において債務者である夫の債務を誤信して妻が納付している場合があるが，この場合は錯誤としても債務者でない者の弁済であって非債弁済（民法707条）になり，債権者が知らずに証書を破棄した場合等は別であるとしても，承認は権利の存在を知っていることが要件であるから債務承認にならないとされる。

　「錯誤によって他人の債務を自己の債務と思い弁済した場合は，弁済者は給付した物の返還を請求できるはずである。しかし，『債権者が善意にて証書を毀滅し，担保を放棄し又は時効に因りてその債権を失』ったときは，弁済を受けたと信じた債権者保護のため，弁済者は返還請求できない（707条1項）。もともと弁済者の誤りによるものだから，弁済者にリスクを負担させたものである（内田貴「民法Ⅲ〔第2版〕債権総論・担保物件」東京大学出版会，2004年，562頁）。」

　日常家事債務（民法761条）における承認は別として，債務者本人ではない家族，第三者が納付している場合，債務者の委託，代理に基づき納付したときは承認に該当するとみてよい（東京地判昭59・11・28判タ553号195頁）。ただし，後で代理権はないと主張されることも想定して代理納付であることの確認が必要であろう。

　「履行補助者すなわち使者としての弁済は，その使者が承認の要件の中核たる権利の存在を知っていることの表示機関であって，債務者自身による弁済と法的に評価できるから，承認として時効中断する。他方，承認は，観念の通知であって準法律行為であるから，代理人によっても可能であり，代理人による

弁済は本人の承認として時効中断する。もとより正当な代理権限がなくてはならないのはいうまでもない（弁護士酒井廣幸「〔新版〕時効の管理」新日本法規出版，2007年，259頁）。」

改正民法では，本人が行方不明の場合，配偶者や親族が支払う場合において，債権者がこのような事情を知らない場合は有効とされている。

「弁済者が『正当な利益を有する者』以外の第三者である場合においては，債務者の意思に反した弁済はすることができないという規律は維持しつつ（債務者の利益の考慮），その場合であっても，債権者がそのことを知らなかったときは，弁済は有効になるとされている（第三者の弁済が有効となる場面の拡大）（改正民法474条2項ただし書）（債権法研究会「詳説改正債権法」（財）金融財政事情研究会，2017年，290頁）」

POINT

一部弁済（納付）による残債務の承認は，元々の債務が一個のものとみなすことができるかどうかで結論が違うことになる。

複数の債務があり，債務者が特定の債務に充てる旨の意思表示があった場合は，原則として，他の残債務までは承認は及ばず，時効中断しない。

関連項目

15　時効の援用と債権管理（➡72頁），17　時効の援用と援用権の喪失（➡82頁），28　日常家事債務（➡137頁）

issue 17 時効の援用と援用権の喪失

☞ 時効の援用権を喪失したものとみなされない場合

▶時効の援用と援用権の喪失

　私債権では時効完成しても債務者から時効を援用されるまでは請求できるが，時効を知らずに債務を承認した場合，信義則上，時効の援用権は喪失したものとされる（最判昭41・4・20民集20巻4号702頁）。

　時効完成後の承認につき，時効を知る，知らないについては，次のような見解がある。

　「時効完成後は通常それを知っているものだという推定は，全く非現実的だし，まして，知っていれば通常放棄などしないものである。そこで，最高裁は判例を変更し，『時効が完成したのちに債務の承認をする場合には，その時効完成の事実を知つているのはむしろ異例で，知らないのが通常であるといえるから，（中略）消滅時効完成後に当該債務の承認をした事実から右承認は時効が完成したことを知ってされたものであると推定することは許されない』と述べた。しかし，そのうえで，時効完成後に債務を承認する行為があった場合は，相手方も債務者はもはや時効を援用しないとの期待を抱くから，信義則上，その債務について時効を援用することは許されないとした。時効完成後の自認行為は，完成前における中断事由としての『承認』と同様な性質の行為であり，債権者の観点からすれば，同様に扱うことが妥当であろう（内田貴「民法Ⅰ〔第2版補訂版〕総則・物件総論」東京大学出版会，2000年，326頁）。」

　時効の利益の「放棄」は債務者の意思表示であって，援用権の「喪失」は信義則により権利行使ができない。

　「『放棄』と『喪失』とは，利益不享受の論理が違うわけであって，前者はその積極的な意思表示であるのに対し，後者は，信義則によって権利行使が否定

される（近江幸治「民法講義Ⅰ民法総則［第3版］」成文堂，2001年，295頁）」

> 時効完成を知った上で承認（弁済）　→　時効の利益の放棄
> 時効完成を知らずに承認（弁済）　→　時効の援用権の喪失

　民法上では，時効完成を知る，知らないで承認（弁済）することの効果については，どちらも承認（弁済）後に新たな時効が進行することになる（最判昭45・5・21民集24巻5号393頁）。

　税等公課の時効の扱いは，大量反復事務から時効の援用を当事者の意思に委ねず，「金銭債権処理の早期安定，画一的処理の要請から消滅時効について5年の特例を設けた（村上順・白藤博行・人見剛編「別冊法学セミナー新基本法コンメンタール地方自治法」日本評論社，2011年，占部裕典執筆部分，308頁）」とされている。

　税等公課の場合，時効完成により①債権は消滅し，②時効の援用は不要であり，③時効利益を放棄して支払うことはできないと規定されている（地方税法18条，自治法236条ほか）ので，このような問題はあり得ない。

▶時効の援用権の喪失にならない場合

　個別具体的な事情を総合的に考慮した上で，信義則上，消滅時効の援用権を喪失させる事情に当たらないとした例がある（福岡地判平14・9・9判タ1152号229頁）。

　「支払の経緯やその支払が1回に留まっていること，支払額5000円が当時の本件貸金債務の元金，遅延損害金の合計額に占める割合が著しく小さいことなどを考慮すると，上記支払も本件貸金債務全体を支払う意思のもとに債務を承認したものと解するのは困難であり，（中略）さらに，被控訴人（債務者）は，（中略）福岡簡裁の調停に代わる決定に従い1万円を振り込んでいるが，上記決定も（中略）控訴人（貸金業者）が異議を申し出たことにより失効しているのであり，控訴人の上記振込みも，上記決定が確定することを前提としてなされたものであるから，上記決定の確定と無関係に本件貸金債務の承認をしたもの

とみることはできない。」

また、納付及び承認があったとしても多重債務にありがちな対応から、信義則上保護するに足りないとして時効援用権は喪失していないとした事例もある（宇都宮簡判平24・10・15金法1968号122頁）。

「（原告貸金業者の）<u>従業員の訪問時に被告が支払った2000円は、本件貸付金30万円に対する毎月の約定弁済金１万2000円と比較して６分の１の金額にすぎず債務の弁済としての実質をなしているとは認めがたいこと</u>、その後全く弁済が行われていないこと、<u>被告の分割弁済の申出に対して原告が当初から応ずる意思がなかったことなどの本件の事情に照らすと、被告が2000円の支払をしたこと及び１万円による分割弁済の申出をしたことは、多重債務者にありがちな対応であって、従業員の訪問請求に対する被告の反射的な反応の域を出るものではない</u>と解される。（中略）原告と被告間に、もはや被告において時効を援用しないと債権者が信頼することが相当であると認め得る状況が生じたとはいえないから、仮に原告において、もはや被告が時効を援用しないであろうと信頼したとしても、この信頼は、信義則上保護するに足りない。」

債務承認の有無だけでなく、当事者間の事情を考慮して債権者の信頼を保護すべきかどうかを判断している。

▶誤信による弁済の場合

時効援用権の喪失は債権者の信頼を保護したもので、一部弁済は債務の承認に当たるが、前掲の福岡地裁では一部弁済が債務全体に対する割合が著しく小さいことから承認に該当しないとした。しかし、少額であるから承認とみなされないのではなく、この事案は調停に代わる決定により支払い、その後債権者が異議を述べて失効したことから承認とみなすことはできないとする個別事情からして一般的ではない。

宇都宮簡裁は強制的に納付を促し、誤った判断をさせた等の場合には、債権者の保護に値せず、信義則上からは時効援用権は喪失したものとされず、依然として債務者は時効援用できるとしたものである。

誤信させたことにより時効援用権の喪失を認めなかった次のような例もある（東京地判平7・7・26金融・商事判例1011号38頁）。
　「債権者が消滅時効完成後に欺瞞的方法を用いて債務者に一部弁済をすればもはや残債務はないとの誤信を生ぜしめ，その結果債務者がその債務の一部弁済をした場合にまで，かかる誤信を生ぜしめた債権者の信頼を保護するために債務者がその債務について消滅時効の援用権を喪失すると解すべきいわれはない。」
　誤信による承認（弁済）は時効の援用権を喪失しないことについては，次のような見解がある。
　「<u>時効制度の社会的立場と，個人意思の調和に根拠を置く時効利益の放棄とは，理論的根拠が異なるというべきである。</u>このように，<u>信義則に根拠を置く援用権の喪失である</u>から，債権者が欺瞞的方法を用いて一部弁済をすれば残債務はないと誤信させて弁済させたとか（東京地判平7・7・26金判1011・38），債務者の無知に乗じて一部弁済を促したり，取立行為が違法な場合（東京簡裁平11・3・19判タ1045・169）においては，なお援用権を失わないと解すべきである（弁護士酒井廣幸「〔新版〕時効の管理」新日本法規出版，2007年，7頁）」
　同様に，債務者の無知に乗じた弁済は時効の援用権を喪失したものとされず，依然として時効援用できるとされている（東京簡裁平11・3・19判タ1045号169頁）。
　「原告（債権者）が消滅時効完成後，右援用に先立って，支払再開時に被告の無知に乗じて被告に対し一部弁済させたことを推認することができる。したがって，被告が消滅時効期間経過後に右時効の援用に先立って一部弁済をしたことを捉えて，時効援用権の喪失を招来するほど信義則に反したものとするのは相当ではない。」

▶時効利益の放棄，時効援用権の喪失は保証人にも該当するか

　主債務者の時効利益の放棄については，相対的効力として保証人に時効中断は及ばないとされている（弁護士酒井廣幸「〔新版〕時効の管理」新日本法規，2007

年，8頁）。

　同様に主債務者が時効の援用権を喪失した場合は時効完成後の行為であり，保証人に及ばないとされている。

　主債務者が時効の利益を放棄した，あるいは時効の援用権を喪失した場合であっても，ともに時効完成後の行為であるから保証人は依然として主債務の時効を援用できることになる。

　他方，保証人が債務承認をした場合，「時効完成を知らないで債務承認的行為をする保証人は，<u>論理上，（筆者注：主債務者に対する）求償権を放棄する意思を持つこともできないので時効利益を喪失するいわれはなく</u>，原則として改めて時効を援用できると解すべきであろう（金山直樹「時効における理論と解釈」有斐閣，2009年，516頁）。」

　保証人の時効のあり方については，「47　保証債務と債権放棄」を参照されたい。

POINT

　時効は債務者が援用すべきものであり，時効は知っても，知らなくても，弁済，承認すれば時効中断し，新たな時効が進行する。

　時効援用権の喪失は信義則に根拠を置くものであるから，個別事情が考慮され，脅迫，誤信による弁済，承認は喪失したものとされない場合がある。

関連項目

15　時効の援用と債権管理（➡72頁），16　一部納付と時効の援用（➡77頁），22　連帯債務と連帯保証（➡107頁），47　保証債務と債権放棄（➡233頁）

issue 18 履行延期特約と分割納付誓約

☞ 履行延期特約と分割納付誓約の違い

▶資力のない者に対する措置

　履行延期特約と分割納付誓約は資力のない者に対する措置として似ているが，この違いについて考えてみたい。

　資力のない者には少額しか請求できないが，税等公課の滞納処分ができる債権では徴収猶予（地方税法15条）なり，執行停止（地方税法15条の7）をとることになり，他の債権では履行延期特約等（自治法施行令171条の6）において管理することになる。

　履行延期特約後は，当初の履行期限から10年を経過した後において，無資力又はこれに近い状態にあり，弁済見込みがないと認められるときは免除することができる（自治法施行令171条の7）。

　次の解説は国における履行延期特約（国の債権の管理等に関する法律32条1項）の場合であるが，自治法施行令171条の7も同様の解釈であると考えられる。

　「国の債権の管理にあたって債務者が無資力であるという理由で直ちに免除することなく，少なくとも履行期限後，10年以上の期間の経過をまってそのときにおける債務者の資力状態を勘案し，将来その者から弁済を受ける可能性がないと判断したときにおいて，初めて債権の免除の措置を考慮することとしている（大鹿行宏編「債権管理法講義」大蔵財務協会，2011年，227頁）」

　生活保護を受けている債務者は，通常は長期にわたる分割納付になり，生活保護費返還の場合は，次回の生活保護費からの引き去りについて本人の承諾を得たとしても，最低限度の生活を脅かさない額を生活保護費から納付してもらうか，資力が回復するまで履行延期せざるを得ない。

　地方税の執行停止，徴収猶予と自治法施行令の徴収停止（自治法施行令171条の5），履行延期特約は似ており，いずれも財産のない，無資力状態にある債

務者に対する規定である。
　また，自治法施行令では地方税法と違って徴収に係る費用対効果を考慮した措置である。
　履行延期特約等は免除に至るまで管理期間が長く，使い勝手の悪い規定とされているが，民法改正前の一般債権の時効が10年であることを考慮したものである。
　無資力の判断は，「債務者の生計を圧迫することが社会通念上過酷であり，かつ，債権を取り立てる上においても，既定の期限によることがかえって取立ての効率を阻害すると認められる場合（大鹿行宏編「債権管理法講義」大蔵財務協会，2011年，202頁）」とされ，生活保護受給に近い資力の状態も含むと考えてよい。
　破産免責債権は権利行使の実効性がなく，国では「みなし消滅」とされており（債権管理事務取扱規則30条4号），破産免責債権は法的に処理されていることから履行延期特約の要件とされていないので，自治体の場合も同様と解してよい。

▶履行延期特約と分割納付誓約の違い

　履行延期特約と分割納付誓約は債務の承認という点ではどちらも時効中断するが，その違いは，履行延期特約は自治体と債務者が合意の上で結ぶことになり，納期限後に結ぶ場合は他の債務者との均衡から延滞金，遅延損害金を清算した上で分割して納期限を設定するか，最終の納付時点で清算しなければならないとされている。
　債務者の資力による延滞金及び遅延損害金は減免として認められる。
　履行延期特約に延納利息支払いを条件としないことは違法とされた例では，延納利息を支払わなくてよい場合は，自治体にとって不利益がない，債務者が無資力の状態にあるなど元金回収のためやむを得ない特別の事情に限られるとしている（京都地判昭61・4・10判時1213号74頁）。
　「地方公共団体が売却物件を利用することにより，代金に対する利息相当額

の利益を得られるため，延納利息を付することなく延納を認めても，地方公共団体の側に延納による不利益が存しない場合，債務者が無資力又はそれに近い状態にあり，延納利息を支払うことのできる見込がないと認められる場合，延納利息免除が元金回収のために止むをえない場合など，特別の事情のある場合に限られると解される。」

履行延期特約による分割納付は，改めて納期限を設定することになり，債務者に「期限の利益」を与えるものになるが，納付が滞ったら直ちに回収，訴訟等の措置をとるためには，不履行後の期限は喪失したものとする「期限の利益の喪失」条項を履行延期特約時に設けておくべきである。ただし，期限の利益を喪失させるためには，原則として，債権者から請求の意思表示が必要とされる。

「債権者としては，貸金債権の期限の利益を喪失させ，いつでも全額を請求できるわけである。ただ，この請求による期限の利益喪失約款付の債務の消滅時効の起算点につき，判例は債務不履行の時ではなく，期限の利益喪失の請求の意思表示をした時からであるとする（最判昭42・6・23判時488・56）（弁護士酒井廣幸「〔新版〕時効の管理」新日本法規，2007年，468頁）。」

期限の利益喪失の請求の意思表示は内容証明でなくても書面による催告でも可能とされる（東京地判平13・2・27金法1629号64頁）。

「本件で問題とされている期限の利益喪失の時点が『書面による請求のときに期限の利益が喪失する』というものであれば，配達証明付内容証明郵便によることが必要であろうが，本件では，毎月の支払日が確定しており，書面督促後の次の支払日に入金がないときに当然に期限の利益を失うというのであるから，期限の利益喪失日は，書面による督促の存在を前提に，次回の支払日の経過に伴い自然と確定する。期限の利益喪失日は，内容証明郵便による督促がなくとも明瞭に確定できる」

分割納付誓約は債務者からの一方的な申出であり，片務契約とされ，各分割の納付期限には期限の利益はないとされるが，自治体が誓約書に基づいて納付書を発行するなどの措置をとれば合意があったものとみなされる場合があり，

履行延期特約と変わらないことになる。

　分割納付誓約を認め，履行が滞った場合に一括弁済を求めることは債務者が予期しないことでもあり，履行延期特約と同様に「期限の利益の喪失」条項を設けておくべきであろう。

　分割納付誓約を履行延期特約と同様の措置とするためには，分割前か最終納付の際に延滞金，遅延損害金の清算をするか，最終納付後に債務者の事情によっては減免すればよいことになる。

　なお，税において徴収猶予をとらずに分割納付を認めることは，租税法律主義に反する場合があるとされた例もある（東京地判昭34・8・7下民10巻8号1642頁）。

　「納税保証は徴収猶予の制度に関聯し，その人的担保として国税徴収法の特別の規定によつて始めて許されるのである。したがつて税務官庁が徴収猶予の規定によらないで，事実上国税の分割納付を許し，その担保として一般私人との間に私法上の保証契約を結び，その徴収方法も国税徴収法に定める徴収と別個の手続によらしめることは前記国税徴収法第1条の法意からして許されない」

　これは，税には徴収猶予の制度があるため，安易な分割納付は許されない趣旨と捉えるべきであろう。

　履行延期特約において，履行期限を延長し，年度をまたぐ長期の分納を認めた場合，現年度分しか調定できないが，この場合，翌年度以降に納期が到来する債権はどのように管理しておけばよいのであろうか。

　履行延期特約での分割の調定は，納入通知を発した前後で考え方が違い，納入通知前に履行延期特約した場合は分割額ごとの調定を行い，納入通知後に履行延期特約する場合は調定を変更せず，分割した分だけ納付書を発行することになる（越智恒温監修，会計事務研究会編著「会計事務質疑応答集」学陽書房，1994年，67頁）。

　調定後の分割延納とした場合は，再度調定を行う必要はないとされている。「すでに調定がなされて権利の内容が確認されている債権について分割延納

の手続をとったとしても，本来の納期限を含め，調定済みの債権の内容が変わるものではなく，単に，債権管理上，同じ債権に対して新たな履行の期限を定めるものであるから，権利内容を明確にして決定するための内部行為である調定を再度行う必要はない（債権管理・回収研究会編「自治体職員のための事例解説 債権管理・回収の手引き」第一法規，加除式，1165の17頁）。」

　納入通知前に履行延期特約する場合は，分割ごとの調定とすれば総額は調定額に現れないので台帳等に記載しておく必要があり，年度をまたがるものについては，将来債権として決算書の財産に関する調書の債権の欄にも記入することにもなるが，実務上，システム上から調定変更は難しいものがある。

POINT

　履行延期特約等は債務者との合意によるが，分割納付誓約書は債務者から一方的な申出である。

　納期限後の履行延期特約等は延滞金，遅延損害金の清算の後，分割が認められ，新たな金額と納期限が設定でき，債務者にとっては期限の利益が生じる。

　分割納付誓約書は自治体が異議なく受領すれば債務者と意思の合致があったものとみなされ，履行延期特約と法的に違いがないものとなる。

関連項目

9　国税徴収法，地方税の例（➡41頁），19　執行停止と徴収停止（➡92頁），26　破産における契約の継続（➡127頁）

issue 19 執行停止と徴収停止

☞ 執行停止と徴収停止の違い

▶執行停止とは

　税においては，債務者の生活を窮迫させ，財産もなく，滞納処分の実益がないと認められる場合は，滞納処分の執行を停止し，一定の期間を経て又は即時に納付義務を免除することができ（地方税法15条の7），このような執行停止は滞納処分が規定されている税以外の公課にも準用される。

　国税又は国税滞納処分の例により徴収する債権は執行停止を適用でき，徴収停止の整理から除外されている。

　「自力執行権のある債権については，その賦課徴収の目的に即した別個の徴収緩和制度によるべきである（これらの債権で一定の要件に該当するものについては，国税徴収法153条による滞納処分の執行停止の途が開かれている。）。これらの公課が滞納となった場合には，原則として督促状を発した日から起算して10日を経過した日までに完納されなければ，滞納処分が執行されることとなっているが（国税徴収法47），一定の事由に該当する場合には，滞納処分の執行が停止される（国税徴収法153）（大鹿行宏編「債権管理法講義」大蔵財務協会，2011年，178頁）。」

　執行停止は3年間継続した場合又は即時に納付義務が消滅するが，即時消滅は他の公課への準用は疑問とする見解もある。

　「即時消滅は，滞納処分の執行の停止とは別個の処分であり，債権回収のためになされる滞納処分とは異なる目的（債権管理の費用を最小にするため）でなされるものであるから，これが『地方税の滞納処分の例により処分することができる』という範疇に含まれるとすることに疑問がないわけではない（橋本勇「自治体財務の実務と理論―違法・不当といわれないために」ぎょうせい，2015年，316頁）。」

　しかし，執行停止は滞納処分に至るまでに明らかに徴収できないことを判断

することから，即時消滅も執行停止の範囲に含まれ，税以外の公課に準用できるものと考える。

執行停止と時効についてはどちらか先に到来した場合が優先される。

「滞納処分の執行の停止は，時効の完成を妨げないので，執行の停止期間中においても時効完成すれば納税義務は当然に消滅する（「市町村事務要覧税務編(1)総則」ぎょうせい，加除式，5250頁）。」

国民健康保険料等の時効は2年であり，執行停止は3年の要件であるが，時効完成だけで不納欠損とすることより，執行停止は債務者の状況も明確であるので，できるだけ利用すべきものである。

▶徴収停止とは

債務者との関係では徴収停止は執行停止と同様に行政内部の措置であり，時効中断の効果は生じない。

「徴収停止とは，直接債権者・債務者間の法律関係そのものに影響を及ぼすものではなく，あくまでも債権者である普通地方公共団体の内部において，積極的に債権の実現を図るべき普通地方公共団体の長の義務を一時的に免除するという規定です。したがって，直接的に債務者との関係を何も生じない以上，徴収停止には債権の消滅時効を中断する効力はない（地方自治制度研究会編「地方財務実務提要」ぎょうせい，加除式，6455頁）」

徴収停止は長の徴収義務を一時的に免除するものであり，国の場合は徴収停止後に時効完成して「みなし消滅」の扱いとする。

「時効の援用を要する債権で徴収停止中のものについては，債務者に対して督促するなどの措置は行われず，債務者の時効の援用の意思を確認する適切な機会がないから，（筆者注：債権管理事務取扱規）則30条1号の『みなし消滅』の処理をすることになる（前掲：大鹿，174頁）。」

徴収停止における少額債権（自治法施行令171条の5第3号）は稿を改める。

自治法では徴収停止後の措置は規定されていないが，徴収停止は費用対効果から積極的に管理をしないことになるので時効完成して債権放棄の事由とする

ことができ、「怠る事実」には該当しない。

「徴収停止は、債権の保全、取立てをしないことであり、債権自体は存在するが、徴収停止後の措置については、自治法に規定はない。そのため、徴収停止後、徴収する見込みがないのであれば、債権放棄し、不納欠損処理をすべきである（債権管理・回収研究会編「自治体職員のための事例解説　債権管理・回収の手引き」第一法規、加除式、1602頁）。」

時効中断措置をせずに時効完成させたことは、回収努力をしていなければ、場合によっては損害に当たるとの指摘がある。

「予め徴収停止の措置をとっていないが、客観的にその要件を満たしているときに、コストをかけて債権の回収を試みるというのは経済的でないだけでなく無意味である。そのような場合は、時効中断措置さえ講じていないというのであればともかくとして、現実的な対応をしている限り、時効が完成したことをもって直ちに違法とはいいがたく、最終的には個別事案における具体的な事情によることになる。損害がないという場合もありうるであろう（前掲：債権管理・回収研究会編、865頁）。」

自治法施行令171条の5と国の債権の管理等に関する法律21条は同様の内容であり、同条1項2号においては、債務者が不明で、かつ、見るべき財産がない場合に保全及び取立てを要しないとしている。

「債務者の行方不明又はその承継者である相続人の存否不明あるいは債務者の国外逃亡等により、これらの者から直接弁済を受けることができず、一方その遺留財産には見るべきものがない状態である。債務者の所在不明若しくは相続人の存否不明の程度又は債務者の国外における資産状況、これに対する執行の難易、弁済の誠意等を勘案し、明らかに効率的でないと判断したときは、徴収停止ができるよう配慮した（前掲：大鹿、176頁）」

国の債権の管理等に関する法律施行令20条2号では徴収停止ができる場合として「債務者が死亡した場合において、相続人のあることが明らかでなく、かつ、相続財産の価額が強制執行をした場合の費用及び優先債権等の金額の合計額をこえないと見込まれるとき」とされ、自治法施行規則には同様の規定が見

当たらないが，自治体においても相続人が確定できず，見るべき財産もない場合は徴収停止をとることができるものと考える。

自治法施行令171条の5第1号，第2号の「差し押えることができる財産の価額が強制執行の費用をこえないと認められるとき」とは，同様の規定である国の債権の管理等に関する法律施行令20条では，他の債権者による強制執行，担保権の実行，破産等により優先債権があり，配当が見込めない場合などについて徴収停止ができるとしており，自治法施行令においても同様に考えてよい。

相続人全員が相続放棄すれば，債権者である自治体は利害関係人として相続財産管理人の選任を請求できるが，家庭裁判所の予納金が当該債権額を超えると見込まれる場合は「差し押えることができる財産の価額が強制執行の費用をこえないと認められるとき」と同様に「その他これに類するとき」として徴収停止してよいと考える。

自治法施行令171条の5第2号の要件は，所在不明と強制執行等により配当が見込めないことの両方の要件を備えなければならない。

▶執行停止と徴収停止の違い

執行停止は通知が必要であるが，徴収停止は内部的な整理であるので通知まで必要ない。ただし，執行停止の通知は効力要件ではなく，公示送達までは必要ない（「市町村事務要覧税務編（1）総則」ぎょうせい，加除式，5250頁）。

執行停止は債務者の資力状況を勘案して徴収停止を緩和した措置であるが，徴収停止は費用対効果を問う，いわゆる貸し倒れ的なものを想定しており，長の徴収義務を一時的に免除するものである。

「滞納処分の停止の要件は，集団的反復的に多数発生する公課の画一的能率的処理に資するため，一般債権についての徴収停止の要件に比べて緩和されたもの（前掲：大鹿，178頁）」であり，「（筆者注：自治）法施行令171条の5などに鑑みれば，地方公共団体は，その有する債権を行使することに経済合理性がないと認められる場合には，これを行使しないことができるものとするのが法の

趣旨である（岐阜地判平24・2・9判自357号101頁）」

　税等公課の執行停止が早期に収束を図っていることと比べて，貸付金等の徴収停止の要件は利用の対価の支払義務という点から執行停止よりは厳格な扱いである。徴収停止が免除まで規定していないのは，資力状況は履行延期特約（自治法施行令171条の6）により免除できること（自治法施行令171条の7）と棲み分けている。

> **POINT**
>
> 　税以外の公課において，執行停止は税と同様の要件により3年間継続して，又は即時に免除できる。
> 　徴収停止は費用対効果から保全，請求をしないことになり，時効の進行は妨げず，時効完成を待って債権放棄する。

> **関連項目**

　9　国税徴収法，地方税の例（➡41頁），18　履行延期特約と分割納付誓約（➡87頁），20　少額債権（➡97頁），24　債権管理条例のあり方（➡117頁）

issue 20 少額債権
☞ 徴収停止における少額債権の扱い

▶少額に該当する基準は

　執行停止（地方税法15条の7）は免除（納付義務の消滅）の効果があるのに対し，徴収停止（自治法施行令171条の5）は免除にならないものの，時効の進行は妨げず，徴収困難であることは明らかであるから時効完成して債権放棄するには十分な理由である。

　滞納処分ができる債権では，滞納者の生活を窮迫させ，財産がなく，滞納処分の実益がない場合に執行停止の措置をとることができる。

　地方税の執行停止の判断としては，債務者の資力を考慮した次のような見解がある。

　「滞納者との交渉の中で失業，無職，非課税，自己破産，家賃の滞納，多重債務等のキーワードが関係する状況であるのならば停止することは問題がありません。例えば家賃を滞納する状態で預貯金が存在する可能性はほとんどないと判断できるからです。（中略）停止後の期間満了までの3年間に1年に1回程度の停止事案を見直す機会を設ける決まりをきちんと作れば，執行停止に躊躇することなく業務が進捗することになります（自治体徴収実務研究会編「地方公共団体徴収実務の要点」第一法規，加除式，4670頁）。」

　税等公課以外の債権において徴収見込みのない債権は，時効完成前に徴収停止の措置をとることができる。

　執行停止と徴収停止の要件は一致しないが，徴収停止は債権管理上，費用対効果から徴収見込みがなく，財産価値のないものとして扱うことになる。執行停止と徴収停止の違いについては先に述べた。

　徴収停止は少額債権の扱いがあり（自治法施行令171条の5第3号），執行停止は少額債権の扱いはない。

少額債権に該当する費用対効果の基準（債権額に対する徴収に係る費用の割合）はあるのであろうか。

　自治法施行令171条の5第3号要件の「債権金額が少額で，取立てに要する費用に満たない」ことについては，金額の範囲として解説等に明示されたものはないが，自治法施行令171条の5と国の債権の管理等に関する法律21条は同じ内容の規定である。

　国の解釈では，少額であっても他の機会を利用して徴収できる場合は費用倒れとはされていないことに留意すべきであり，そうでなければ少額債権として扱ってよいであろう。

　例えば，主食費の額がわずかであっても，保育所保育料と併せて主食費が徴収できる場合は少額債権として扱えない。

　このように，少額といえる範囲は金額だけでは該当しないが，地方税においても取立費用等により差押えを保留して差し支えないという見解があるが，地方税法には自治法施行令171条の5のような少額債権は規定されていない。

　「滞納税額に見合わない少額預金（1万円未満）について，通信費，差押え・取立てに要する費用及びその他の事務費に取立額以上の費用を要する場合は，差押えを保留して差し支えない（日高全海「地方税の徴収実務事例集」学陽書房，2005年，49頁）。」

　軽自動車税の未納について，盗難，廃棄による場合は費用対効果から執行停止を可能とする見解がある。

　「実務においては納税者の盗難という実情を考慮し，たとえば滞納額に見合う財産がない，あるいは所有権を留保してはいるが事実上は所有していたとは認められない等を理由に執行停止することが適切と考えます（前掲：自治体徴収実務研究会編，4671頁）。」

▶「取立てに要する費用」とは

　「取立てに要する費用」とは，費用対効果から徴収額に見合わないことが必要である。

法的措置は弁護士に委任せず職員で実施する（指定代理人制度，自治法153条1項）場合は弁護士費用相当は含めないとしても，自治法施行令171条の5第1号及び2号の要件として，裁判所による回収における費用対効果は，支払督促を含め，訴訟費用（印紙代），弁護士費用及び強制執行費用と未納金額の費用比較が必要である。

　自治法施行令における少額の場合，強制執行するまでもなく，費用対効果を考慮したものと解する。

　「債務者の資産内容の悪化の度合は問わない。『取立てに要する費用』とは争訟費用（民訴61以下。非訟事件手続法26以下等），弁護士費用等地方公共団体が負担すべき費用をいい，『強制執行の費用』（民事執行法42）は含まないものと解する（松本英昭「新版逐条地方自治法〈第9次改訂版〉」学陽書房，2017年，1034頁）。」

　さらに，国の少額債権においては，「取立てに要する費用」は訪問徴収にかかる人件費を除いて実際にかかる出張旅費等で費用に見合わない場合とされている。

　「取立てに要する費用とは，督促状の郵送料や臨戸督促に要する出張旅費等であるが，近隣の他の債務者に対する出張臨戸督促の際あわせて臨戸督促ができるような場合，又は同一債務者に対する他の債権の金額と合計して請求すれば，取立てに要する費用を償いうるような場合等は，徴収停止をすべきではない。また，強制執行に要する費用や滞納処分費は含まれない。さらに訴訟費用も含まれない（大鹿行宏編「債権管理法講義」大蔵財務協会，2011年，177頁）。」

　要するに，自治法施行令171条の5第1号及び第2号の要件では訴訟費用，弁護士費用及び強制執行費用の手続費用の比較，同条第3号の少額債権の要件では出張旅費等の比較から徴収額が費用に見合わない場合は徴収停止ができるものと考える。

　自治法施行令171条の5第1号及び2号は，「差し押えることができる財産の価額が強制執行の費用をこえないと認められるとき」とされ，同条第3号の少額債権との棲み分けを図ったものと考える。

　自治体の債権管理において，税の場合を含めて費用対効果から徴収見込みが

ないものとして、債権放棄、不納欠損が認められた裁判例がある（保育料、住宅使用料につき京都地判平22・3・18裁判所ウェブサイト）。

「保育料債権を納期限までに納付しない者があるとき、市長は、期限を指定してこれを督促しなければならず、裁量の余地はないのであるから（地方自治法231条の3第1項）、市が適切な時期に督促を行わずに（したがって滞納処分も行わずに）本件各保育料債権を時効消滅させたことは、このように法が行うことを義務付けている行為を行わなかったという意味において、財務会計行為（怠る事実）の違法性を根拠付ける一つの重要な事情といえる。そして、督促のみによって保育料を納付する者がいないわけではなく、その分は督促を行わなかったことによる損害ということができる。しかし、督促のみによって保育料を納付する者がいるとしても、その数は僅かであると考えられるところ、<u>本件各保育料債権について、督促を行いその後滞納処分を行っても、滞納処分を行う費用の方が滞納処分による回収額を大きく上回ることからすると、結局徴収を怠らなかった方がむしろ市に損失が生じてしまうことになる</u>のであるから（中略）、これを不法行為とするA及び各福祉事務所長らに対する市の損害賠償請求権が発生するとは認められない。」

貸付金につき費用対効果から認められた例もある（大阪高判平25・7・26 D1-Law.com判例体系28212700）。

京都地裁では保育所保育料の時効消滅につき、費用対効果から結果的に市に損害はないとされたが、督促、滞納処分を行わなかったことを「怠る事実」の重要な事実として位置付けている。

「怠る事実」に当たるかどうかは費用対効果だけでなく、債務者の資力状況等によりとるべき措置をとったかどうかも問われることになるものと考える。

公金の管理という観点からすると、少額ではあっても、債権放棄する前に徴収停止の措置はとっておくべきであろう。

なお、端数処理の例示として、50円未満の少額の使用料等を一律50円とする条例の定めを設けることは、住民にとって不利になるもので不適当な扱いとされている（地方自治制度研究会編「地方財政実務提要」ぎょうせい、加除式、2485頁）。

issue20 少額債権

> **POINT**
>
> 　徴収停止における少額債権の判断となる「取立てに要する費用」とは，法的措置をとる場合は争訟費用，弁護士費用も含み，訪問徴収の場合，出張旅費との兼合いで判断する。
>
> 　少額であっても他の機会を利用して徴収できる場合は，費用倒れとされないので少額債権として扱えない。他の機会を利用して徴収できないのであれば少額債権として扱ってよい。

> **関連項目**

　19　執行停止と徴収停止（➡92頁），24　債権管理条例のあり方（➡117頁），38　端数処理及び計算方法（➡187頁）

issue 21 限定承認と相続放棄
☞ 限定承認と相続放棄の違い，債権管理上の手続

▶限定承認とは

　相続における限定承認とは，相続で得た財産の限度内で被相続人の債務を弁済することを留保して相続を承認することである（民法922条）。

　限定承認は相続財産が債務超過になっているか明らかでない場合，事業の承継のため相続財産の一部は残したいという場合に利用される。

　例えば，相続時の被相続人の負債1,000万円，相続財産200万円，相続人をA，B，Cとすると，相続財産200万円を限度として1,000万円の負債の引き受けに相続人A，B，C全員が同意することが必要になる。

　「共同相続人の一部が単純承認の意思を表示するような場合には，他の相続人は限定承認することができません。よって，債務の承継を免れようとする者は相続放棄するほかないということになります（大阪弁護士会自治体債権管理研究会編「Q＆A自治体の私債権管理・回収マニュアル」ぎょうせい，2012年，209頁）。」

　限定承認者は限定承認後5日以内に債権申出の公告を行い，債権者は2か月以内に届出することになり（民法927条1項），債権者としての自治体は時期を失しないように交付要求ないし債権届出をしなければならない。

　「限定承認をした相続人は，相続によって得た財産を限度とする（地方税法9条1項）」とされるので，相続財産は差押えができるが，相続人の固有財産を差し押さえていた場合は解除しなければならない。これは準用するまでもなく，限定承認の趣旨から税以外の公課にも該当する。

　限定承認がなされれば，相続財産の管理と清算が行われ，上記の例でいえば，相続財産200万円を債権者に弁済されると，残った800万円は弁済を受ける見込みがなくなる。相続人は相続財産から支払うことで足り，残額は相続人の固有財産から支払う義務はない（大判昭7・6・2民集11巻1099頁）。

残った800万円は納付責任のない債務であり，相続人の固有財産から自発的に支払えば受け取ることはできるが，自発的に支払う場合は少ないものと思われ，破産による免責債権と同様に権利行使の実行性はなく，財産価値，徴収見込みのない債権になり，債権放棄の対象とするしかないことになる。

　限定承認により清算された残債権を国の「みなし消滅」（債権管理事務取扱規則30条3号）と同様に，自治体の債権放棄の事由として条例に規定されている例が多いが，これは権利行使の実効性がないことによる。

　限定承認において債権者は利害関係人であり，被相続人の最後の住所地管轄の家庭裁判所で財産目録の閲覧・謄写ができる。

▶相続放棄とは

　相続放棄は，相続開始によって生じた相続の帰属をはじめから相続人でないという効果を生じさせる（民法939条）。

　限定承認として相続人全員が同意することは少なく，実際は各相続人で負債を免れるためか，特定の相続人に財産を取得させるために相続放棄が行われることが多いとされる。

　冒頭の例では相続人A，B，C全員の同意は必要なく，各相続人単独で相続放棄ができることになる。

　相続放棄は受理しただけでは効力は確定せず，後日，債権者は相続放棄の無効を主張できる（最判昭29・12・24民集8巻12号2310頁）。

　「家庭裁判所が相続放棄の申述を受理するには，その要件を審査した上で受理すべきものであることはいうまでもないが，相続の放棄に法律上無効原因の存する場合には後日訴訟においてこれを主張することを妨げない。」

　相続人全員が相続放棄した場合は相続財産法人となり（民法951条），相続財産から返済してもらうためには，債権者は利害関係人として家庭裁判所に相続財産管理人の選任を請求することになる（民法952条1項）。

　相続財産法人は相続人のあることが明らかでない場合に無主物となることを避けるため法人（財団）としたものであるが，戸籍上の相続人が行方不明の場

合は該当しない。

相続財産法人が成立すれば相続財産管理人を選任し，相続財産管理人は破産管財人と同様に相続財産の管理，処分を行い，債権者に配分し，清算する事務を行うことになる。

相続財産管理人の選任には，冒頭の事例ではA，B，C以外に相続人がいないか調査され，事案にもよるが，家庭裁判所に清算手続費用として数十万円から100万円ほどの予納金が必要とされる。

債権額と予納金が見合うのであれば，相続財産管理人の選任の請求をすることになる。

「相続放棄の結果，相続人不存在となった場合，相続財産を調査するなどして，家庭裁判所に対して予納金を納めたとしても相続財産から回収し得る見込みがあるのかなどを検討し，相続財産管理人の選任を請求するかどうか判断することになります（大阪弁護士会自治体債権管理研究会編「Q＆A自治体の私債権管理・回収マニュアル」ぎょうせい，2012年，198頁）。」

債権者である自治体の職員は相続財産管理人に選任される資格はあるが，職を離れても個人として責任を負うことになるので弁護士に委任する方がよいであろう。

単純承認，限定承認，相続放棄は相続を知った日から3か月以内にしなければならないが（民法915条1項），相続放棄の期間は債務の承継通知書を送っただけでは足りず，相続人が債務を認識することが期間の起算点とされる（最判昭59・4・27民集38巻6号698頁，東京高決平22・8・10家裁月報63巻4号129頁）。

「熟慮期間は，原則として，相続人が前記の各事実を知つた時から起算すべきものであるが，相続人が，右各事実を知つた場合であつても，右各事実を知つた時から3か月以内に限定承認又は相続放棄をしなかつたのが，被相続人に相続財産が全く存在しないと信じたためであり，かつ，被相続人の生活歴，被相続人と相続人との間の交際状態その他諸般の状況からみて当該相続人に対し相続財産の有無の調査を期待することが著しく困難な事情があつて，相続人において右のように信ずるについて相当な理由があると認められるときには，相

続人が前記の各事実を知つた時から熟慮期間を起算すべきであるとすることは相当でないものというべきであり、熟慮期間は相続人が相続財産の全部又は一部の存在を認識した時又は通常これを認識しうべき時から起算すべきものと解する（最判昭和59・4・27）」

なお、固定資産税では台帳課税主義をとっており（地方税法343条）、登記簿の名義人に課税すればよく、賦課期日の1月1日以降の相続放棄は影響されないとして、義務者は相続財産法人から不当利得返還請求すべきとしている（横浜地判平12・2・21判自205号19頁）。

「原告らの相続放棄によって、亡Aの相続人は存在しないことになったのであるから、原告らは、相続財産法人に対し納税額分の不当利得返還請求を行い、これから弁済を受けることによって、調整を受けることになる。」

また、相続放棄をしたとしても相続人は相続財産から生じる問題、例えば、土地家屋の管理まで責任を免れるわけではない（民法940条）。

▶相続において徴収停止ができる場合

債権額と相続財産管理人の選任に要する費用を比較して、費用対効果から見合わないことが確実であれば、徴収停止（自治法施行令171条の5）をとることになる。

なお、相続財産法人の清算が結了された場合は法人として消滅し、債権債務が成り立たず、破産の処理における清算後の法人格の消滅と同様に残余の債権は消滅し、債権放棄するまでもなく、不納欠損ができることになる。

「相続人がいない場合や相続人全員が相続放棄した場合、相続財産は、相続財産法人となり（民法951条）、債権者は裁判所に対し、相続財産管理人の選任を請求し（民法952条）、相続財産管理人が相続財産を清算することで返済を受けることができ、清算の結了により債権は消滅する（債権管理・回収研究会編「自治体職員のための事例解説　債権管理・回収の手引き」第一法規、加除式、2131頁）。」

限定承認による清算は、破産、会社更生、民事再生等の処理と同様、法的に

整理されたものであるが，相続放棄の場合は，知れたる相続人全員が相続放棄をすれば債務の引受者がなく，財産価値，徴収見込みのない債権にみえるが，相続財産管理人の選任を請求でき，債務を引き受けることができる。

相続財産管理人が選任されていない段階では債務は免除されたものとはならず，そのままでは財産価値のない，徴収見込みのない債権とすることはできないので裁判所の費用を考慮して徴収停止するかどうかの判断が必要である。

自治体の債権管理として徴収停止は活用されていないようであるが，このような場面においても活用すべきものである。

POINT

限定承認は，相続財産を限度として負債の引き受けに相続人全員が同意して整理され，残債務は免責されるので破産免責債権と同様の状態になる。

相続放棄は相続人全員が相続放棄しても相続財産法人となり，徴収見込みがあれば相続財産管理人の選任を請求し，選任費用が債権額に見合わなければ徴収停止し，時効完成を待って債権放棄する。

関連項目

19　執行停止と徴収停止（➡92頁），24　債権管理条例のあり方（➡117頁）

issue 22 連帯債務と連帯保証

☞ 連帯債務と連帯保証の違い，債権管理上の留意点

▶多数当事者の債務

多数当事者の債務には，①分割債務，②不可分債務，③連帯債務，④保証債務があり，次のように説明される。この稿では便宜上，債権は省き，主に債務の面から説明する。

「債権・債務の当事者が複数生ずる場合としては，典型的には2つの場面がある。第1に，人の結合（広い意味では団体）が当事者となる場合，第2に，担保のために債務者の数を増やす場合である。（中略）ⅰ）分割債務，ⅱ）不可分債務，ⅲ）連帯債務は第1の場面に関する制度であり，ⅳ）保証債務は第2の場面に関する制度である。しかし，ⅱ），ⅲ）は担保の機能をも果たす（内田貴「民法Ⅲ〔第2版〕債権総論・担保物件」東京大学出版会，2004年，333頁）。」

▶連帯債務と連帯保証の違い

連帯債務と連帯保証はどのように違うのか，時効の場面においてその違いを考えてみたい。

連帯債務は，連帯債務者の一人に生じた事由は他の債務者に影響を与えず（相対的効力），民法434条から439条までは他の債務者に効力を及ぼす（絶対的効力）。連帯債務者の一人が承認しても他の連帯債務者の時効は中断しない（改正前民法440条）。

債権者が連帯債務者の一人に「支払期限を猶予」しても，他の連帯債務者の支払期限は猶予されない。ただし，履行の請求（督促）による中断は他の連帯債務者に対して時効中断が及ぶとされる（改正前民法434条）。

民法改正により請求の絶対効の規定である434条は削除されたので，改正後

は連帯保証人に対する請求は主たる債務者に対して時効中断はされない（改正後の「中断」は「更新」になるが意味は変わらない）。

　民法改正により，地方税法10条（連帯納税義務）は民法436条，437条及び441条から445条までの規定を準用すると改められ，連帯納税義務者の一人の請求，免除及び時効は絶対的効力から相対的効力に改められたので，他の連帯納税義務者に効力を生ぜず（改正民法441条），別途に請求（督促）するなり，時効更新の事由が必要になる。

　連帯債務者の一人の消滅時効が完成すれば，他の連帯債務者は，時効が完成した者の「負担部分」だけ「債務を免れる」ことになることに対し，連帯保証では一人が免れても他に影響しないので保証債務の額はそのままである（最判昭43・11・15民集22巻12号2649頁）。

　「複数の連帯保証人が存する場合であつても，右の保証人が連帯して保証債務を負担する旨特約した場合（いわゆる保証連帯の場合），または商法511条2項（多数当事者間の債務の連帯）に該当する場合でなければ，各保証人間に連帯債務ないしこれに準ずる法律関係は生じないと解するのが相当であるから，連帯保証人の一人に対し債務の免除がなされても，それは他の連帯保証人に効果を及ぼすものではない」

　また，連帯債務者間の相互に主従の関係はないが，主債務と連帯保証は主従の関係にある。

　「連帯保証とは，保証人が主債務者と連帯して債務を負担する特約のある保証である。（中略）<u>複数の保証人同士が連帯するのではなくて，保証人が主たる債務者と連帯するのである</u>（池田真朗「スタートライン債権法」日本評論社，1995年，242頁）。」

　例えば，連帯保証人が主債務の時効完成後に主債務について時効援用すれば主債務は消滅し，付従性から保証債務も消滅することになる（大判昭8・10・13民集12巻2520頁）。

　反対に，時効完成後の主債務者が時効の利益を放棄して支払ったとしても，保証人に対してその効力を生じない（大判大5・12・25民録22輯2494頁）ので保証

人は依然として主債務の時効を援用できることになる。

「たとえ，主債務者が，時効の利益を放棄したとしても，保証人は，自らの時効の援用権の行使を妨げられない（債権管理・回収研究会編「自治体職員のための事例解説　債権管理・回収の手引き」第一法規，加除式，866頁）。」

以上のような性質から，債権者にとっては連帯保証の方が連帯債務より債権管理はしやすいことになる。

「連帯債務であれば，たとえば債務者の一人に時効が完成すると他の債務者の負担も減ってしまうが，連帯保証なら保証人に時効が完成しても主債務者の債務には影響しない。（中略）連帯保証なら，（契約時に連帯保証人の保証意思を十分確認したうえで）主債務者だけを相手にして債権を維持・管理していけばいい（前掲：池田，243頁）。」

主債務者が時効完成後に時効の利益を放棄して支払うことは，主債務者の意思であるから，保証人の意思は改めて問うことになる。

この主従関係は，保証債務には適用されても，連帯債務には適用されず，連帯債務者の一人に判決が確定した場合の時効の延長においても，他の連帯債務者には及ばないとされている（東京高判昭45・4・2判時607号44頁）。

「主たる債務の消滅時効期間が判決の確定に伴つて10年に延長されるときには，これに応じて保証人の債務の消滅時効期間も同じく10年に変ずるものと解するのが相当であり（最高裁昭和43年（オ）第519号昭和43年10月17日判決最高裁裁判集民事92号601頁参照），連帯保証債務が保証債務として同条（民法457条）の適用を受けることはいうまでもないから，もし控訴人の本件求償金債務が連帯保証債務であれば，右債務の時効期間が10年に変ずると解すべきである。ところが，<u>民法457条1項は保証債務の従属性に基づく規定であつて，連帯債務には適用されない</u>」

連帯債務は客観的には一つであり，他の連帯債務者も10年の時効延長を認めてよいとする説もある。

「連帯債務は現在の通説においては単一の債務ではなく，複数の債務とされているものの，誰か1人の弁済があれば全部の債務は消滅するので，客観的に

は1つというべきものであり，主観的にも一定の範囲で，連帯債務者の1人について生じた事由は，他の連帯債務者にも影響を及ぼす。（中略）民法174条の2の趣旨は，公の手続で権利の存在が認められた以上短期の消滅時効にかからせる理由がないというものであり，この立法趣旨からいって連帯債務の法的性質を考えると，その1人に対しその存在を明らかにする確定判決があった以上，民法174条の2を適用しても差し支えない（弁護士酒井廣幸「〔新版〕時効の管理」新日本法規出版，2007年，86頁）」

　しかし，上記東京高裁の判決理由は連帯債務の相互には主従の関係はないとしており，連帯債務者の一人に判決が確定した場合，他の連帯債務者の時効は10年に延長されないとみる方が無難であろう。

　「連帯保証と主債務の関係であれば，主従の関係に立つため，連帯保証債務は主債務の附従性に従うことになるが，連帯債務同士の場合は，そのような主従関係にはないことから，上記東京高判の判旨は是認できる（中略）。連帯債務者の一人に対する確定判決による時効中断の期間延長の効果は，その判決の当事者間にのみ生じ，他の連帯債務者との関係においては，その効果を生じず，その債権は依然として短期消滅時効に服するものと解される（高木多喜男ほか「時効管理の実務」金融財政事情研究会，2007年，69頁）。」

　「連帯保証債務の場合については，すでに昭和43年（オ）519号，同年10月17日最高裁第一小法廷判決（判例集不登載本誌228号100頁）があり，消滅時効期間延長を認めているが，（中略）しかし，単なる連帯債務の場合ならば，本判決の見解は異論のないところではなかろうか（判タ253号168頁解説）。」

　同様に，連帯債務者の一人の差押えにより，他の連帯債務者に時効中断は及ばないと考えられる。

　時効との関連でいえば，連帯保証は上記東京高裁判決のように主債務に生じた事由は保証人に影響を及ぼす（付従性）が，保証人が債務を承認しても，主債務の時効は中断しないので主債務者は依然として時効を援用できる。

　また，債権者が主債務の一部を免除した場合，（連帯）保証人もその付従性により主債務の免除の限度まで減免されるとしている（札幌高判昭57・9・22判タ

487号166頁)。

「整理会社の連帯保証人の保証債務についてはこれを主たる債務の免除部分につき付従性を有しない債務とする旨の異議を留めるなど，特段の意思を表示することなく右整理計画案に同意したときは，民法の一般原則に従い，保証人の債務もその付従性に基づき，右<u>主たる債務の免除の限度まで減免されるものと解すべきものである</u>」

主債務が時効完成した場合，付従性により保証人についても時効完成したことになるが，後は主債務者，保証人が時効を援用するかどうかの問題となる。ただし，保証人が主債務の時効完成につき知った上で時効の利益を放棄して支払うことはでき，また，知らずに支払えば信義則上から時効援用権を失うのは主債務者の場合と同様である。

破産手続との関連では，主債務について破産管財人が選任された場合，破産手続が終結すると判決と同様の効果として時効中断するとされており，保証人の時効は破産手続終結後から新たな時効が進行することになる。

管財人が選任されない同時廃止の場合は，主債務の時効は影響を受けないので保証人の時効は中断しない。

日常家事債務における債務承認については「28　日常家事債務」の稿を参照されたい。

POINT

連帯保証と主債務は主従の関係にあるが，連帯債務者間では主従の関係はない。

主債務の時効は付従性から連帯保証に影響を及ぼすが，連帯保証の時効は主債務に影響を与えない。

関連項目

27　破産免責債権と時効（➡132頁），28　日常家事債務（➡137頁），46　保証人の保証限度額（➡228頁），47　保証債務と債権放棄（➡233頁）

issue 23 連帯債務と不真正連帯債務

☞ 父母の一方に課した保育所保育料を配偶者に請求できるか

▶保育所保育料の徴収の仕組み

　子ども・子育て支援法により認定こども園が設置できるようになり，園と保護者の直接契約とする制度が取り入れられた。しかし，依然として保育所保育料（この稿において「保育料」という）は賦課決定により成立し，地方税の例により滞納処分ができる仕組みがとられている。保育料は滞納処分のみ児童福祉法56条6項から8項まで及び子ども・子育て支援法附則6条7項に規定され，滞納処分手続は地方税の手続が準用できることになる。

　認定こども園の保育料は，公立の場合は第一義的には園が徴収することになるが，未納の場合，園が市町村に滞納処分を請求して，市町村は代行徴収として滞納処分ができ，私立の場合は従来と同様に滞納処分ができる（児童福祉法56条8項（筆者注：現行7項））。代行徴収として滞納処分ができる仕組みについては，次のような解説がある。

　「請求をする市町村，審査をする市町村，強制徴収する市町村は同一であり，常識的とは言いがたい仕組みであるが，これは，（児童福祉法56条8項（筆者注：現行7項））同項が保育所の設置者が市町村である場合と民間である場合とを分けて考えていないことによる（中略）私立の保育所における保育については，当分の間，市町村が当該保育所に委託料を支払うこととされ，保育所にとって保育料の徴収漏れが発生する余地はないので，私立の保育所が児童福祉法56条8項（筆者注：現行7項）によって市町村に請求することはないことになる（債権管理・回収研究会編「自治体職員のための事例解説　債権管理・回収の手引き」第一法規，加除式，1103-4頁）。」

　保育料の督促及び延滞金は，児童福祉法に規定がないため，一般法である自

治法231条の3第1項及び第2項により督促手続を行い，時効は自治法236条1項により5年が適用される。

還付（充当），書類の送達及び公示送達についても地方税の例による（自治法231条の3第4項）。

保育料を扶養義務者である夫に請求したが，未納になった場合，配偶者である妻に請求できるのであろうか。

▶保育所保育料は日常家事債務か，連帯債務か

日常家事債務（民法761条）は夫婦の日常生活に係る債務に連帯責任を認めるものであり，保育料についても日常家事債務に該当するという考えもある。しかし，児童福祉法は連帯債務の規定がなく，幼稚園の授業料と違って，保育料は賦課決定であり，請求の根拠を日常家事債務に求めるには無理がある。

次の見解は日常家事債務に該当するかどうかの検討はされていないが，連帯債務ではないとする。

「（筆者注：保育料は）根拠法である児福（筆者注：児童福祉）法に連帯納付義務の規定を設けていない以上，条例でいかに規定しても，連帯納付義務を父母に課することはできません。したがって，少なくとも児福法で連帯債務を定めた規定がない以上，保育料の賦課決定を複数の者に行ったとしても，それは分割債務になるに過ぎないと考えます（大阪弁護士会自治体債権管理研究会編「地方公務員のための債権管理・回収実務マニュアル　債権別解決手法の手引き」第一法規，2010年，149頁）。」

また，当初決定した扶養義務者の世帯主（父）に対して，未納があるからといって賦課決定を母に対して遡及決定はできないとする。もっとも，同書では民法の扶養義務者と児童福祉法の扶養義務者の範囲を同義と解している（前掲：大阪弁護士会自治体債権管理研究会編，148頁）。

▶保育所保育料は不可分債務か

保育料は児童福祉法56条により扶養義務者が負担するものとされている（最

判平2・7・20集民160号343頁）

「市町村長は，（筆者注：児童福祉）法56条1項により徴収すべき費用について扶養義務者等が負担能力を有しないときは，同条2項により負担を軽減ないし免除すべきものとされているのであって，これにより経済力の乏しい者が保育を受ける機会を失うという事態は回避され得るものである。」

保育料は，親権を行い，児童を監護する扶養義務（民法820条）から改めて賦課通知することで双方に請求ができるとする見解がある。

「ここで保護者というのは，親権を行う者，未成年後見人その他の者で，児童を現に監護する者を意味する（児童福祉法56条8項（筆者注：現行7項），子ども・子育て支援法6条）から，母が現に監護する者に該当する限り，支給認定保護者ではないとしても，児童福祉法56条8項（筆者注：現行7項）又は子ども・子育て支援法附則6条3項（現行7項）による滞納処分の相手方となることになる。したがって，父母双方とも保育料の負担義務者であるから，母に対して賦課して，母から保育料を徴収することができる（債権管理・回収研究会編「自治体職員のための事例解説　債権管理・回収の手引き」第一法規，加除式，1127頁）。」

上記解説では扶養義務から父母双方に児童を監護する義務があるとしており，この見解によれば父母の婚姻中に発生した債務であるから父母双方が負担すべきことになる。

「監護教育の費用負担は扶養義務の履行としてなされることになるが，父母の婚姻中は，それは婚姻費用として父母の間で分担されることとなり（760），離婚や認知の場合に父母の一方が親権者として定められたときには，少なくとも形式上は父母は877条によって費用負担をなすべきこととなる（於保不二雄，中川淳編「注釈民法（25）親族（5）」有斐閣，1994年，90頁）」

前記「自治体職員のための事例解説　債権管理・回収の手引き」では扶養義務から父母双方の負担とし，解釈上，不真正連帯債務とされる。

「婚姻中の保育料は，父母も含めて扶養義務者であればどちらに決定してもよいのであるから，どちらか一方に対してのみしか賦課できないという理由はなく，両者に対して同時に賦課することも，両者に順次賦課することも可能で

あると考えられる。もちろん，いずれか一方が納入した場合は，他者のそれに対応する納入義務が消滅することは当然であり，それは両者の債務が不真正連帯債務であることから説明できる。一方に賦課した以上他者に賦課できないとすることは，両者がそれぞれ扶養義務者として納入義務を負うことを否定することになるし，そのように解すべきとする実質的な理由もない。一方，給食費，水道料金については私債権と考えられ，その性質からしても通常は日常家事債務として扱ってよい（前掲：債権管理・回収研究会編，683頁）。」

不真正連帯債務の典型的な例として共同不法行為に関して損害賠償を請求する場合であり（最判昭45・4・21判時595号54頁），同様に，生活保護費の返還金に対して世帯構成員に請求できる場合があると考える。

不真正連帯債務は次のように説明される。

「法律が『連帯』債務であると規定している場合でも，債権の効力を強めるべき場合には，広義の弁済に相当する事由を除いて絶対的効力事由を制限する解釈をすべきことが，以上のような解釈態度から支持されている。そのような連帯債務は，民法の規定する連帯債務そのものではない，という意味で，不真正連帯債務とか，全部債務と呼ばれている。（中略）連帯債務と不真正連帯債務の概念は，截然と線引きできるものではなく，連続的なものだと言えよう。しかも，いわゆる不真正連帯債務が当事者の合意で成立することは余りなく，通常は法律上当然に発生するから，合意がある場合には，合意に従いつつ，通常は連帯債務（ないし不可分債務）として処理すれば足りる（内田貴「民法Ⅲ〔第2版〕債権総論・担保物権」東京大学出版会，368頁）」

不可分債務の効力は次のとおりとされる。

「不可分債務は，連帯債務と似ており，債権者は債務者の1人に対して全部の履行を請求することができる（430条→432条）。しかし，連帯債務についての絶対的効力事由の規定が適用されないから，不可分債務の1人の行為またはその1人に生じた事由は，弁済およびこれに準ずる事由のほかは，他の債務者に対して影響しない。その結果，434条（連帯債務における請求の絶対効）を除いて債権の効力がそれだけ強くなる（前掲：内田，374頁）。」

他に例としては，不動産共有物の引渡債務は性質上により該当し（最判昭44・4・17民集23巻4号785頁），相続財産の建物の使用貸借終了を理由とする明渡請求権の例がある（最判昭42・8・25民集21巻7号1740頁）。

保育料の性質として扶養義務から不真正連帯債務とした裁判例はないが，児童福祉法56条の扶養義務は民法の扶養義務と同義であり，扶養義務は，通常，父母双方にあるのでどちらにも保育料は請求できると考えてよい。

拙著（「自治体のための債権回収Q＆A現場からの質問〔改訂版〕」第一法規，2015年，33頁）では父母の一方に課した保育所保育料につき，賦課決定後は義務者の配偶者から徴収できない旨を述べたが，保育料は児童福祉法の趣旨から，扶養義務として他方の配偶者に対しても請求は可能であり，いずれ書き改めたい。

POINT

保育料は賦課決定の債権であり，日常家事債務（連帯債務）に該当しないものと考える。

保育料は，児童を監護する扶養義務から不真正連帯債務として他の扶養義務者に請求できるものと考える。

関連項目

28　日常家事債務（➡137頁），32　生活保護費返還金の扱い（➡157頁）

issue 24 債権管理条例のあり方

☞ 債権放棄の規定範囲

▶債権管理条例の規定の仕方

　自治体の債権管理に関して条例を制定しているところが多いが，規定の仕方はおおむね二つに分類できる。

　一つは私債権の債権放棄を中心として規定するもの，一つは私債権の債権放棄に加えて，債権管理の方法を自治法施行令に倣って引き写したものが多い。本来的には財務事務は画一的なことから，法律ないし施行令，規則で一律に規定されることがふさわしく，条例は法令に規定されていない事項を定めることが必要であろう。

　「債権管理条例を制定する目的はどこにあるのかが議論されることがあるが，債権管理に当たって，債権の発生から消滅に至るまできめ細かな配慮や対応を行っていこうとするのであれば，債権放棄だけでなく，自治法，自治令が規定していない事項を規定するために制定すべき意味があろう（「自治体法務NAVI　VOL48」第一法規，本多教義，7頁）。」

　また，自治体によって債権放棄の事由が様々であるのは，望ましいものではない。

　債権放棄の対象は，権利行使として実効性のない，「財産価値のない」，「徴収見込みのない」債権といってよいが，どのような債権がそのような評価に値するといえるのであろうか。

　国の債権管理において権利行使の実効性のない債権は，「みなし消滅」（債権管理事務取扱規則30条各号）の扱いとして処理されるが，自治体の場合は議決事項（自治法96条1項10号）との兼合いで債権放棄の扱いを経て不納欠損することになる。しかし，このような権利行使の実効性のない債権として扱う事由は国と自治体で変わるものでもない。

▶法律上の処理が済んだもの

　債権放棄の事由は，一つは法律上の処理が済んだもの，一つは事実上として権利行使の実効性のないものに分類することができる。

　法律上の処理が済んだ債権として典型的な例は，破産による免責（破産法253条）債権であり，納付責任は免除されるが債権は消滅したものとはされず，債務者の自発的な返済は可能である（自然債務）。しかし，自発的な返済では完済まで期待できず，権利行使の実効性のない債権であることには変わりない。

　債権者としては免責されたら破産法の趣旨から請求という権利行使ができず，権利行使ができなければ時効の進行も観念できないことから実効性がないことになる（最判平11・11・9民集53巻8号1403頁）。

　相続の限定承認により弁済見込みがない，会社更生，民事再生により切り捨てられた債権も破産免責と同様に弁済の見込みがないものであり，このような債権を債権放棄の事由とすることに異論はないであろう。

　もっとも，このような法律上の処理が済んだ債権については，「債権放棄等の手続を経ることなく直ちに不納欠損を行うことも可能（大阪弁護士会自治体債権管理研究会編「Q＆A自治体の私債権管理・回収マニュアル」ぎょうせい，2012年，422頁）」とする見解もあるが，破産免責債権は自然債務とすることが通説でもあり，明確にする意味からも条例による債権放棄として規定しておくことが望ましい。

▶事実上として権利行使の実効性のないもの

　事実上，権利行使の実効性のない債権の例として時効完成した債権が挙げられ，請求しても債務者から時効援用されたら消滅することになる。ただし，援用後に弁済した場合は返還を求めることはできないとされる。

　「債務の存在しないことを知りながら債務の弁済として給付をなした場合には，給付したものの返還を請求することはできない（705条）。これを非債弁済という。このような場合は実質上贈与と解されるから，あとで債務がなかったことを主張しても返還請求できないこととしたのである。したがって，贈与と

は解されない事情のある場合には返還請求できる（内田貴「民法Ⅱ債権各論」東京大学出版会，1997年，561頁）。」

　時効完成した債権を放棄することは，場合によっては，徴収努力を怠り，「怠る事実」とされるであろうし，そのような評価は条例制定しても変わるものではない。

　徴収停止した債権は税等公課の執行停止と違って免除という効果はないが，時効の進行は妨げないので国の「みなし消滅」の扱いと同様，時効完成を待って債権放棄することになる。

　徴収停止した債権は徴収停止の要件から財産価値のない，徴収見込みのない債権でもあり，債権放棄しても「怠る事実」に問われることはない。

　行方不明の場合は，事実上，権利行使の実効性のない債権に値し，7年を経過して失踪宣告されることもあり（民法30条1項，特別失踪の場合1年，同条2項），一般の時効10年（改正前民法167条）より短い期間であっても債権放棄できる場合があるものと考えるが，失踪宣告以外の送達先不明の場合は，調査によっては送達先が判明する場合もあり，時効完成を待って債権放棄する方がよいであろう。

　国において行方不明の場合は時効完成に含めて「みなし消滅」（債権管理事務取扱規則30条1号）の扱いであるが，債権放棄として事由は明確であるので時効完成とは別に条例に規定しても差し支えないであろう。

▶資力のない者に対する債権放棄

　条例の債権放棄の事由に生活保護により資力のない場合を設けている例が多いが，自治法施行令171条の7は「10年を経過した後において，なお，債務者が無資力又はこれに近い状態にあり，かつ，弁済することができる見込みがないと認められるとき」に免除でき，国の債権の管理等に関する法律32条と同様の内容である。

　「10年という期間は，特定の債務者についてみれば，あるいは長いようにも感ぜられる場合があるであろうが，本条（筆者注：国の債権の管理等に関する法律

32条1項）が各省各庁を通ずる国の全般の債権について適用される免除の基準であり，国の財産を保全するためには，この程度の期間的余裕は必要である（大鹿行宏編「債権管理法講義」大蔵財務協会，2011年，227頁）。」

　税等公課では生活保護により資力のない場合は直ちに免除とせず，執行停止により資力のない状態が3年続いて免除する（地方税法15条の7第4項）ことと税等の時効5年（地方税法18条，自治法236条）のあり方を自治法施行令171条の7と比較すると，履行延期特約による免除要件の10年は民法改正前の一般時効10年（改正前民法167条）を基にしたものと考えられ，履行延期特約の要件の免除期間は均衡を欠くものとはいえない。

　自治法施行令171条の7は民法改正により見直されなかったが，条例の規定例である「生活保護により資力のない状態」は，同条より早い段階で債権放棄することを許容することになりかねず，自治法施行令171条の7を条例に引き写している場合は矛盾することにもなる。

　このような事由は，自治法96条1項10号の議会の裁量権から条例で定め得るとする見解がある。

「自治法96条1項10号と自治令171条の7を整合的に解釈すれば，自治法96条1項10号が優先し，同条項に基づいて定めた条例は，自治令171条の7と異なる定めをしていても自治法14条に違反しないものと解される。自治法96条1項10号は，債権放棄について議会に広い裁量権を付与しているのである。そして，条例に特別の定めをすれば，議会の議決を要しないとしているのである。議会は自治令171条の7の定めに縛られることなく，議会の裁量権に基づいて広い範囲で債権放棄に関して議決することができる（東京弁護士会弁護士業務改革委員会自治体債権管理問題検討チーム編「自治体のための債権管理マニュアル」ぎょうせい，2008年，254頁）。」

　しかし，次の判例からはこのような事由の規定は法令に反するおそれがあり，議会の裁量権の範囲内とするには疑問がある。

「地方公共団体が有する債権の管理について定める地方自治法240条，地方自治法施行令171条から171条の7までの規定によれば，客観的に存在する債権を

理由もなく放置したり免除したりすることは許されず，原則として，地方公共団体の長にその行使又は不行使についての裁量はない（最判平16・4・23民集58巻4号892頁）」

自治法施行令171条から171条の7までは内部規定とされるが，徴収停止（自治法施行令171条の5）は費用対効果を考慮しており，債務者の資力状況は自治法施行令171条の6及び7で考慮し，自治法施行令171条の7（免除）は171条の5（徴収停止）と比べて合理性のない規定とはいえない。

債権放棄の事由は，債権放棄を行う時点で客観的に権利行使の実効性のない，「財産価値のない」，「徴収見込みのない」債権として評価できなければならない。

> POINT

債権放棄の事由は，法律上の処理が済んだものと事実上権利行使の実効性のないものに分類できる。

資力のない者に対する措置は債権放棄の事由ではなく，履行延期特約を経て免除すべきものである。

> 関連項目

15　時効の援用と債権管理（➡72頁），19　執行停止と徴収停止（➡92頁），25　自治体債権管理における情報の共有（➡122頁），27　破産免責債権と時効（➡132頁）

issue 25 自治体債権管理における情報の共有
☞ 税情報の利用による債権管理・回収

▶税の守秘義務と国税徴収法による利用

　自治体債権の未納解消に向けて一元管理を行う部署を設置する自治体があるが，滞納処分ができる強制徴収公債権と私債権等を同じ部署で取り扱うことには守秘義務の点から疑問とする考えもあろう。

　債権者は長一人であるとしても，債権によって適用される法律が違い，情報利用に制約があるのは致し方ない。

　債権管理には公益性はあるが，税手続によって得た個人情報を私債権等に利用できるとする規定を条例に設けることができるのであろうか。

　国税徴収法により照会，調査の権限を与えられた債権は，所管外であっても相互に情報を入手し，共有することに問題はなく，滞納処分ができない債権は所管を同じくすることで情報共有ができ，地方公務員法34条の守秘義務に触れることもない。

　市徴税吏員と他の自治体職員である府徴税吏員が滞納者の財産情報を共有することは，国税徴収法に基づく調査権の範囲とされ，違法性はないとされた（大阪地判平26・1・23判自392号52頁）。

　税等の情報を私債権に利用するには本人同意があれば問題はないが（行政機関の保有する個人情報の保護に関する法律8条2項1号），税情報はどのような場合に利用できるのであろうか。

　税の守秘義務は，税務職員が知り得た納税者や第三者の秘密を保護することにより，真実の開示を担保して申告納税制度の下でその税務行政の適正な執行の確保を目的としており，第三者には公開されないことを保障して税務行政の適正な執行を確保することを目的としている（東京地判平6・12・16税務訴訟資料（1～249号）206号764頁，控訴審東京高判平7・7・19税務訴訟資料（1～249号）213号

193頁，上告棄却）。

▶併任，条例により税情報を税以外の債権に利用できるとする考え

滞納処分ができない債権に税（強制徴収公債権）情報を利用することは，本来，取得できない情報を利用するという点で債務者に不利益を及ぼす場合があるから，情報を共有することは難しいものがある。しかし，地方公務員法の保護法益は公務であり，任命権者が秘密の範囲を定め，併任等の方法，情報利用を条例に規定すること等により債権回収に必要な情報を共有できる場合があるとする見解がある。

「一般の債権の種類や性質を問わず，情報を利用することができる場合も限定せず，一律に一般の債権の徴収のために税務情報を税務職員以外の職員に提供することはできないであろうが，税務職員が税以外の債権の回収のために税情報を利用できるとする（併任等の方法によって税以外の債権回収を担当させる。）余地はあるように思われる。なお，地方公務員法による保護法益は公務そのものであり，その対象となる秘密の範囲は第一義的には任命権者が定めることになるので，その限りにおいては，債権の回収に必要な情報を共有することができるであろう。また，個人情報保護条例における利用制限は債権管理に関する条例に特例を設けることによって解除できることになる（橋本勇「自治体財務の実務と理論―違法・不当といわれないために」ぎょうせい，2015年，302頁）。」

▶併任においても税情報は私債権に利用できないとする考え

反対に，税務担当部局の職員が私債権等の徴収を兼務しても，税情報の利用は他の部局への情報提供に相当し，応答義務の法的根拠がなく認められないとする見解もある。

「私債権等の徴収を税務担当部局において行う，又は税務担当部局の職員が税の徴収業務と私債権等の徴収を兼務するような場合にあっても，なお私債権等の徴収を行う際には，当該職員は税務担当部局の職員とは別の人格として当該業務を行うものである。このことから，私債権等の回収に税情報を活用する

ことは，設問のような場合（公金の一元管理のために税情報を活用することを検討）においても他の行政部局への情報提供に相当すると考えられる。したがって，私債権等の徴収業務について税情報の活用が認められるかは，当該業務を行う部局あるいは機関に対して情報の提供が認められるか否かにより判断することとなる。（中略）下記のような要件（ⅰ）及び（ⅱ）を満たす場合には，当該情報は前述の『秘密』に該当しないとされ，提供が可能になるものと解される。

（ⅰ）当該他の行政機関に対して債務者本人が報告を行う義務があり，本人にとっては，当該他の行政機関に当該情報が伝わることが『秘密』として保護されるべき位置付けとならないこと。

（ⅱ）当該他の行政機関から，税情報を保有する税務担当部局に対して，『官公署への情報提供請求権』の形で，法令の規定に基づき請求を求めることができること（中略）

（介護保険料，後期高齢者医療保険料，保育料等）は，いずれも自力執行権が付与されている強制徴収債権であり，財産に関する必要な質問及び検査への応答義務が滞納者に対して科されていることから，上記（ⅰ）の要件を満たしているといえる。また，（ⅱ）についても，いずれの債権についても各根拠法において関係機関への情報請求権が認められているところから，こうした要件を具備している。（中略）（水道料金，公営住宅使用料，公立病院の診療費等）私債権については，滞納者に対して質問及び検査への応答義務は課されておらず，加えて『官公署への情報提供請求権』も認められていない。このことから，上記（ⅰ），（ⅱ）双方ともに満たしていないため，その徴収において税情報を活用することは（地方税）法22条の規定に抵触するものであり，認められない（神長賢人（総務省自治行政局選挙部政治資金課）「自治実務セミナー2016.7」34，35頁）」

この見解は先の裁判例（大阪地判平26・1・23）と同様に税情報の利用は国税徴収法の調査権の範囲とする見解であり，滞納処分が認められた債権は，行政限りの回収を行うため，財産調査についても国税徴収法の例により認められたものであり，他の目的のための情報の利用は想定していない。

「必要性がある場合であっても，さらに，行政調査権限が付与された目的と異なる目的に当該行政調査権限を用いてはならない（稲葉馨ほか「行政法第2版」有斐閣，2010年，138頁）」

税以外の公課の情報を私債権に利用することは，税情報ではないから地方税法22条の守秘義務は該当しないが，滞納処分が認められた趣旨から，公課の情報を国税徴収法が適用されない私債権に利用することは本来の目的に反する。

税情報の利用に特例を設け，税情報の守秘義務が解除されるためには，原則的には法律によることになる。

税情報の開示は，「税務行政の適正な執行を確保するという法の目的を達成するために必要であり，かつ，右納税者ないし第三者の秘密保持の利益との衡量において社会通念上相当であると認められる場合においては，その限度において，右の守秘義務は解除される（東京高判平9・6・18訟月45巻2号371頁）」とされている。

では，本人にとって不利益にならない情報の利用は認められるのであろうか。

生活保護の情報共有は本人同意を前提に認めている（「生活困窮者対策等における税情報の活用について」（平成23年3月3日総行政第29号総務省地域力創造グループ地域政策課長，総税市第11号総務省自治税務局市町村税課長連名通知）。

税務情報を生活困窮者対策等の施策に活用するため，本人の同意を前提に当該施策の担当課等に提供する場合は，本人の同意を得られているか，当該施策の実施に必要な範囲での提供かどうかを確認するなど，地方税法22条及び地方公務員法34条により守秘義務が課せられていることを留意の上，対応することが適切としている。しかし，生活困窮により税等の徴収緩和，執行停止した場合，私債権の管理のため税等と同様の措置を行う目的で情報を利用しても，事実上，債務者の不利益にならないから目的外利用に当たらないとする見解もある。

「自治体の個人情報保護条例の中には，実施機関の内部における個人情報の相互利用について『相当の理由があると認められる場合』であること，及び，

『本人又は第三者の権利利益を不当に侵害するおそれがないと認められるとき』という要件を充足する場合には『目的外利用の制限』の適用を受けないことを定めている例があります。『滞納者及び滞納額』に関する情報は，徴収を緩和するために有効な情報ですし，私債権の権利行使は強制徴収公債権の権利行使よりも劣後しますので，この情報を私債権所管課（A課・融資担当課）に提供したとしても，格別xさん（筆者注：個人）の権利利益を『不当に』侵害するおそれがないと考えられます。よって，『目的外利用の制限』の適用を受けないと解されます（大阪弁護士会自治体債権管理研究会編「Ｑ＆Ａ自治体の私債権管理・回収マニュアル」ぎょうせい，2012年，117頁）。」

　債務者本人に不利益にならない利用は，違法性まで問われることはないものと考える。

POINT

　国税徴収法の利用が認められた債権は税情報を利用することができる。

　税情報を私債権に利用するには併任，条例規定によってできるとする考え方と，併任によっても利用できないとする考え方があるが，本来，取得できない情報を目的外利用がどの様な場合に利用が許されるのかは裁判例を待たなければならない。

関連項目

24　債権管理条例のあり方（➡117頁），30　照会の根拠（➡147頁）

issue 26 破産における契約の継続
☞ 破産申立てされた場合の契約のあり方

▶破産免責債権の扱い

　破産申立てされた場合，債権管理の手続上としては交付要求，債権届出が必要である（自治法施行令171条の4）。破産において税外債権の交付要求，債権届出をする場合は，税の様式を参考にして，破産開始決定後，いつまでに提出すべきか破産管財人に確認すればよいであろう。

　破産免責許可が決定されれば，破産者は破産債権についてその責任を免れ（破産法253条1項），債権者としては強制的な請求はできなくなるが，債務者の真に自発的な支払いは禁じられていないため，受け取ることはできる。

　「免責許可決定が確定すると，破産債権が有している訴求力と執行力が失われ，破産債権者は任意の弁済を求めることができるにとどまる（「例題解説新破産法」法曹会，2009年，383頁）」

　免責債権を履行延期特約，納付誓約することは，債務者の経済的更生という点でも破産法の趣旨にも反するので債権者側から納付を促すことはやめておくべきものであろう（横浜地判昭63・2・29判タ674号227頁）。

　「破産法366条の12により免責された債権は，全く消滅するものではなく，自然債務になるといわれており，自然債務は，債務者において任意に支払を約束したときは，履行を強制できる債務になるといわれている。（中略）破産法による破産者の免責規定は，免責により破産者の経済的更生を容易にするためのものであるから，破産者が新たな利益獲得のために，従前の債務も併せて処理するというような事情もなく，債権者の支払要求に対し，単に旧来の債務の支払約束をし，支払義務を負うことは，破産者の経済的更生を遅らせるのみで何らの利益もないものであり，したがって，破産者にとって何らの利益もない免責後の単なる支払約束は破産法366条の12の免責の趣旨に反し，無効であるも

のと解する」

　免責債権について破産者の任意の支払いは有効であり，贈与や寄附ということでもない。しかし，このような免責債権は，権利行使としての請求ができないだけでなく，時効の観念もなくなり（最判平11・11・9民集53巻8号1403頁），徴収見込みのない債権になり，自発的な支払いがなければ債権放棄の対象とするしかない。

　主債務者が破産免責を受けた場合は，主債務者に請求できなくなるため，保証人だけの管理でよく，保証人についても破産免責された場合は債権放棄せざるを得ない。破産免責債権と時効については稿を改める。

▶破産と継続的契約

　水道料金は電気，ガスと同様に日常的，継続的な供給契約であり，管財事案の場合，このような債権は解約のあった場合に破産手続開始後その契約終了に至るまでに生じた請求権は債権の性質から財団債権として扱われ（破産法148条1項8号），裁判所の許可なく優先的に弁済を受けられ，住宅使用料についても同様である。

　財団債権は破産手続を経る必要がなく，「債権届出も債権調査の手続もありませんので，管財人が財団債権として認識すれば，それが財団債権である以上，弁済が必要（野村剛司ほか「破産管財実践マニュアル［第2版］」青林書院，2013年，416頁）」であるので，破産管財人に連絡するだけでよいであろう。

　ところで，債務者が履行しない場合は相当の期間を定めて催告し，応じない場合は解除できるとされるが（民法541条），給水契約の相手方が破産申立てした場合，給水契約を解除できるのであろうか。

　水道，電気，ガス等の日常的な供給，賃貸借は継続的な契約であり，債権債務の関係を長期間生じさせるものであるから，破産申立てがあっても契約の解除は一定の制限を受けることになる。

　「継続的契約は，賃貸借だけでなく，他人に雇われて働き給料をもらう雇用契約や一定の報酬を得て建物を建築する請負契約などもそうであるが，<u>当事者</u>

の間に債権債務関係をかなりの期間生じさせることから，一時的契約と同じようなかたちでは，契約関係を解消させることはできない（石田喜久夫「民法の常識」有斐閣，1993年，54頁）」

継続的契約の解除は「やむを得ない事由」，「合理的理由」が求められ，このような理由がない場合は6か月以上の猶予期間が必要とされる（東京地判昭57・10・19判時1076号72頁ほか）。

また，生活必需のサービス提供をする公営事業という性質から契約において制限を受けるとする見解もある。

「行政上の契約は，生活必需サービスを確保するため，締結強制制度が置かれていることが多い。（中略）水道法15条は『正当な理由』がなければ水道の供給を拒否できないとする。公益事業が経営する電気，ガス，交通でも同様である。これに該当するかどうかは，拒否理由が水道法上正当化できるかどうかを精査しなければならない（阿部泰隆「行政法解釈学Ⅰ」有斐閣，2008年，417頁）。」

「水道法15条1項にいう正当の理由とは，供給者側の問題としては，事業の運営上給水が困難であるときであり，相手方の事情としては，料金を支払わない，といった，もっぱら水道事業固有の問題に限定されるべきである（塩野宏「行政法Ⅰ〔第4版〕」有斐閣，2005年，219頁）。」

給水契約は破産により当然に終了することはなく，破産管財人が給水契約の継続を選択した場合，過去の水道料金の滞納を理由に将来の給水を拒むことはできない（破産法55条1項）。

給水契約は生活に必要な継続的契約であるから，財産がない場合であっても破産管財人の受任弁護士又は本人に連絡すれば申立日が属する月の翌月以降の分は本人の自由財産から支払う場合がある。

「（筆者注：破産法55条）1項により，破産管財人が給水契約の継続を選択した場合または解除されるまでの間（破産法53条），<u>地方公共団体は，破産手続開始の申立前の水道料金の滞納を理由として，破産手続開始後に給水を拒否することはできない。</u>もっとも，同条2項により，破産手続開始の申立ての日の属する期間内の給水に係る水道料金（1カ月検針であれば1カ月分，2カ月検針であれ

ば2カ月分)は優先的に弁済される(破産法151条)。なお,実務上,自然人の破産の場合は,破産管財人が,破産者に対して,自由財産(破産法34条参照)から滞納分を含む水道料金を支払うよう促すことも少なくない。(中略)水道法15条3項は,『給水契約が有償,双務,継続的供給の関係にあることに着目して認められたもの』であり,『広い意味での同時履行の抗弁権』であると解されている(水道法制研究会『新訂水道法逐条解説』281頁)。特に『料金を支払わないとき』についていえば,双務契約における同時履行の抗弁権(民法533条本文)そのものである。そうすると,破産法55条1項が,同時履行の抗弁権について破産における特則を定めている以上,水道法15条3項により,破産手続開始の申立前の水道料金の滞納を理由として,破産手続開始後に給水を停止することはできない(債権管理・回収研究会編「自治体職員のための事例解説 債権管理・回収の手引き」第一法規,加除式,1723頁)。」

同様に,給水停止は契約解除まで含むものではないとされる。

「給水停止は,給水契約を解除するものではなく,給水を停止することができる事由が解消すれば直ちに給水を開始しなければならない(水道法制研究会「第四版水道法逐条解説」(公財)日本水道協会,2016年,338頁)。」

生活に必要な水の供給という点から給水義務を消滅させるのは適当でないという考え方からか,料金不払いによる給水契約解除に関する裁判例は見当たらない。

公営住宅の場合,「そもそも賃料は財団債権として保護されれば十分であるので,賃貸人側に一方的な解約権を付与する必然性はなく,むしろ破産法53条の原則的な規律(筆者注:双務契約における管財人の履行又は解除)をこの場合にも適用すれば十分である(山本和彦「倒産処理法入門第2版補訂版」2006年,67頁)」という考え方である。

公営住宅の場合,破産申立てに限らず,未納という債務不履行から「信頼関係の破壊」に当たる場合は契約解除を行い,明渡しを求めることができるが,入居継続の意向のある場合が多く,本人の自由財産から支払うことも多い。

「免責決定を受けたとしても,入居者は従前の未納状態(債務不履行状態)そ

のものが解消されるわけではありませんので，入居者の家賃滞納を理由として市営住宅の明渡しを請求することは法律上可能です（大阪弁護士会自治体債権管理研究会編「地方公務員のための債権管理・回収実務マニュアル」第一法規，2010年，171頁)。」

　公営住宅法32条1項2号（3か月の明渡要件）は，民法541条の履行遅滞等の契約解除の要件を加重したもので軽減する趣旨ではなく，契約解除の前提条件として履行の催告手続をせず明渡請求はできないとされており（大阪地判昭34・9・8下民10巻9号1916頁)，明渡請求できるかどうかは破産申立前の未納状況が「信頼関係の破壊」に値するものかどうかが問われることになる。

> POINT

　継続的契約の場合，破産を理由とする解除はできず，継続するためには破産申立以後の納付が必要である。

　継続的契約の解除は破産申立てに関係なく，破産申立前からの未納が続くなどの理由が必要である。

　水道料金の未納に対しては給水停止できるが，給水契約の解除までは認められない。

　公営住宅においても未納状態が「信頼関係の破壊」に値するものかどうかで解除が認められる。

> 関連項目

24　債権管理条例のあり方（→117頁)，27　破産免責債権と時効（→132頁）

issue 27 破産免責債権と時効

☞ 破産により免責された債権は時効の観念がない

▶破産制度とは

　破産制度の目的は債権債務の整理であって，債権者等の利害と債務者と債権者の間の権利関係を調整し，債務者の財産を公平に清算するとともに，債務者の更生を図ることにあり（破産法1条），法人の場合，財産の分配（配当）が終わり，清算が終われば法人格は消滅する（最判平15・3・14民集57巻3号386頁）が，個人の場合の残債務については免責制度がある。

　相続財産法人についても法人の破産と同様に清算結了すれば法人格を失い，債権債務は成り立たないことからそのまま不納欠損できるが，清算していない財産がある場合は，法人としては消滅していない。

　「清算していない財産が存在することが分かったのであれば，破産債権者との関係で，会社はいまだ消滅しておらず，破産債権は存在すると考えられる（債権管理・回収研究会編「自治体職員のための事例解説　債権管理・回収の手引き」第一法規，加除式，911頁）。」

　個人において財産がないことが明らかな場合は，破産開始決定と同時に免責決定がなされる（同時廃止）。

　近年では，自己破産を利用しやすいように，低額な手数料による少額管財事件制度があり，約20万円の財産（現金・預貯金・自動車・生命保険の返戻金・退職金など）がある場合は，裁判所によっては同時廃止ではなく少額管財事件として扱うことも増えている。法人の場合は管財事件として扱われ，同時廃止にはならない。

▶破産免責債権の取扱い

　債権届出については，当該債権が債権者一覧表になくても，破産開始決定の

前の債権は過失がない限りは免責される（破産法253条1項6号　東京地判平15・6・24金法1698号102頁）。

「債権者名簿に記載されなかった債権について，債権の成立については了知していた破産者が，債権者名簿作成時に債権の存在を認識しながらこれに記載しなかった場合には免責されないことは当然であるが，債権者名簿作成時には債権の存在を失念したことにより記載しなかった場合，それについて過失の認められるときには免責されない一方，それについて過失の認められないときには免責されると解する」

破産手続参加は民法147条の請求であるから時効中断が認められ（最判昭47・3・21集民105号305頁），破産における債権届出は破産手続参加として扱われるので時効中断になり（改正前民法152条，破産法111条）また，債権届出に異議が出されても時効中断には影響しない（最判昭57・1・29民集36巻1号105号）。

「執行力のある債務名義又は終局判決を有しない破産債権者は，破産債権の届出により破産手続に参加し破産債権者としてその権利を行使していることになるのであつて，債権調査期日において破産管財人又は他の債権者から異議が述べられても，破産債権者は依然として権利を行使していることに変りはなく，右異議は，単に破産債権の確定を阻止する効力を有するにとどまり，これによつて破産債権届出の時効中断の効力になんら消長を及ぼすものではない（最判昭57・1・29）」

主債務者への債権届出は，付従性から保証人に時効中断の効力が及ぶので配当の有無にかかわらず届出すべきであり，連帯保証人の破産は，主債務者が支払っていても，破産開始時の連帯保証債務の残額を債権届出できる。

債権調査を待っていては時効完成する場合があり，債権調査を待たずに自治体自ら債権届出する必要がある。

「破産手続における債権届出は，『請求』（改正前民法147条1号，152条）の一態様として時効中断事由となります。主債務者に対する時効中断の効力は保証人にも及びます（民法457条1項）。したがって，保証人がいる場合には，配当がなくても債権届出をする実益があります（大阪弁護士会自治体債権管理研究会編

「Q&A自治体の私債権管理・回収マニュアル」ぎょうせい，2012年，262頁，連帯保証人の破産については275頁)。」

　債権申出して配当がなければ，債務者の資産がないことが明らかであり，徴収停止の理由になる。

> 【実務における交付要求について】
> Q：強制徴収手続が開始されたが，あきらかに配当の見込みがないと判断される場合でも交付要求をしなければならないのでしょうか。
> A：差押えの場合は無益な差押え（国税徴収法48）の禁止や第三者の権利の尊重（国税徴収法49）が規定されていますが，強制徴収手続に対する交付要求については，換価代金等の配当が完了する時点で配当の有無があきらかになるので交付要求だけはしていた方がよいでしょう。
> 　また，<u>強制徴収手続が完了したのちに地方税法第15条の7第1項第1号の規定に基づいて滞納処分の執行を停止する場合に裁判所の配当計算書を添付することは極めて有効な調査資料になりますし</u>，また，思いがけない他の地方公共団体等の私債権に優先する公課，公租債権がある可能性がありますから交付要求はしておくべきだと思います。
> （自治体徴収実務研究会編「地方公共団体徴収実務の要点」第一法規，加除式，1813頁）

　なお，改正民法においても破産手続の参加は時効の中断と同様に更新事由になるが，確定することなく終了した場合は6か月の時効の完成猶予になる（改正民法147条1項4号）。

　民事再生手続等（民事再生法94条，会社更生法135条）により切り捨てられた債権は破産免責と同様である。

　破産手続と違って，不動産競売における債権届出は時効中断しない（最判平1・10・13民集43巻9号985頁）。

　「強制競売手続において催告を受けた抵当権者がする債権の届出は，その届出に係る債権に関する『裁判上の請求』又は『破産手続参加』に該当せず，また，これらに準ずる時効中断事由にも該当しない（中略）<u>債権の届出は，執行裁判所に対して不動産の権利関係又は売却の可否に関する資料を提供することを目的とするものであって，届出に係る債権の確定を求めるものではなく</u>，登

記を経た抵当権者は，債権の届出をしない場合にも，不動産に対する強制競売手続において配当等を受けるべき債権者として処遇され（民事執行法87条1項4号），当該不動産の売却代金から配当等を受けることができる」

免責された債権は，面会を強要した場合は罰則が適用される（破産法275条）。

破産免責債権は，債務としての責任は免れるものの（破産法253条），多数説では債権は消滅したものとされていないとしており，主債務者とは別に，保証人が主債務の時効を主張できるかが問題になる。

主債務者の破産に対して保証人が主債務の時効援用ができるか争われた事案では，免責債権は時効を観念することができず，保証人は主債務の時効援用はできないとされる（最判平11・11・9民集53巻8号1403頁）。

「理論的には，債権者としては免責債務の存在確認の訴えを提起し，また免責債務の存在につき主債務者の承認を得ることによる時効の中断を観念することはできるだろう。しかし，これらはいずれも更生の理念に反する恐れがあり，また，前者（訴え）はコストパフォーマンスの点でも難がある。しかも「承認」の扱いは別の問題を含んでいる。このような事情から，判決は，実際には保証人だけを相手にして時効の管理をすれば足りるという現実的な対応優先の便宜的解決を提示したのだと解する（金山直樹「時効における理論と解釈」有斐閣，2009年，545頁）」

破産者自身から保証人に請求しないで欲しいと申出があり，破産者が今後もあえて支払う意思があるなら破産免責債権であることを認識した上で支払う旨の書面が必要であろう。

「（免責債権につき）支払を受ける際には，『自治体から事実上強制された』と後から言われることのないよう，十分な注意が必要です。このためには，例えば，『支払義務のないことは認識しているが債務者の気持ちとして支払うものである』旨の確認書を徴収することも一つの方法でしょう。（大阪弁護士会自治体債権管理研究会編「Q&A自治体の私債権管理・回収マニュアル」ぎょうせい，2012年，255頁）。」

破産による免責，会社再生，民事再生により切り捨てられた債権（会社更生

法204条1項，民事再生法178条1項）等を国の「みなし消滅」と同様に債権放棄の事由としているのは，権利行使の実効性がないことによる。

　租税等公課は免責されないが（破産法253条1項1号），債務者の資力状況によっては徴収猶予（地方税法15条）ないしは執行停止（地方税法15条の7第1項）して差し支えない。

　一方で，自治法236条3項は時効に関して民法の規定を準用するとしているが，同条1項の適用を受ける債権（非免責債権である租税等公課を除く）について破産免責により時効の進行を観念できないとすれば，債権放棄が必要であろうか，自治法236条2項が「時効の援用を要せず，また，その利益を放棄することができない」としているところから債権放棄まで必要ないと考えるが，次の見解は同様の疑問を示している。

　「免責により主債務たる公債権の強制的実現ができなくなる場合には，同様に消滅時効の進行を観念しえないのではないかとも思料される（前掲：債権管理・回収研究会編，883頁）。」

POINT

　破産により免責された債権は請求という権利行使ができないため，時効の観念はなく，債務者の自発的な納付は受け入れられるが，権利行使の実効性はなく，債権放棄することになる。

関連項目

　24　債権管理条例のあり方（➡117頁），26　破産における契約の継続（➡127頁）

issue 28 日常家事債務

☞ 自治体債権に日常家事債務が認められる場合

▶日常家事債務とは

　日常家事債務（民法761条）は，婚姻による共同生活のための行為（日常家事）から生じた債務について取引上，第三者保護の観点からも，夫婦は連帯責任を負うとするものであり，自治体債権では光熱水費の水道料金，教育費の公立学校授業料（幼稚園保育料），住宅使用料などが該当することになる。

　「日常家事債務として発生した債務は，発生時点において連帯債務となっているものであるから，仮にその後離婚したとしても，債権者の同意があるか，一方が死亡して相続人が不在であるとか，破産した場合などの事情がない限り，連帯債務のままである（債権管理・回収研究会編「自治体職員のための事例解説　債権管理・回収の手引き」第一法規，加除式，2153頁）。」

　日常家事債務に該当するかどうかは，夫婦の社会的地位，職業，資産，収入等だけでなく，その法律行為の種類，性質等を考慮すべきとされる（最判昭44・12・18民集23巻12号2476頁）。

　「民法761条にいう日常の家事に関する法律行為とは，個々の夫婦がそれぞれの共同生活を営むうえにおいて通常必要な法律行為を指すものであるから，その具体的な範囲は，個々の夫婦の社会的地位，職業，資産，収入等によって異なり，また，その夫婦の共同生活の存する地域社会の慣習によっても異なるというべきであるが，（中略）同条が夫婦の一方と取引関係に立つ第三者の保護を目的とする規定であることに鑑み，単にその法律行為をした夫婦の共同生活の内部的な事情やその行為の個別的な目的のみを重視して判断すべきではなく，さらに客観的に，その法律行為の種類，性質等をも充分に考慮して判断すべきである。」

▶**保育所保育料は日常家事債務に該当するか。**

　子どもの養育という点から債権を問わず，保育所保育料は日常家事債務に該当するという見解がある。

　「日常の家事処理に伴って発生する債権は，実質的に夫婦共同の債務と評価できることに，連帯債務が生じる根拠があることからすれば，公債権，私債権を問わず子どもの養育に不可欠な保育料は，保育園保育料，幼稚園保育料を問わず，日常家事債務として両配偶者ともに連帯して支払う義務を負うというべきです（弁護士瀧康暢「自治体私債権回収のための裁判手続マニュアル」ぎょうせい，2013年，30頁）。」

　反対に，保育所保育料は連帯債務や不可分債務に該当する規定がないから父母双方に課することはできないとする見解もある。

　「<u>当該金銭債務が連帯債務や不可分債務になるという特段の規定がない限り，分割債務になるのが原則です（民法427条）</u>。次に根拠法である児（童）福（祉）法に連帯納付義務の規定を設けていない以上，条例でいかに規定したとしても，（筆者注：保育所保育料につき）連帯納付義務を父母に課することはできません（大阪弁護士会自治体債権管理研究会編「地方公務員のための債権管理・回収実務マニュアル」第一法規，149頁）。」

　しかし，保育所保育料は扶養義務から父母双方に納付義務があるものと解するなら，未納になればもう一方の配偶者にも全額を請求できることは「23　連帯債務と不真正連帯債務」で述べたとおりである。

▶**日常家事債務として認められない場合**

　日常家事債務は，夫婦のいずれが名義人でも，実質的には夫婦共同の債務として相互に代理権限を有するものとされ，原則として貸付金は少額であっても日常家事債務として認められない場合が多いが，生活困窮に伴う借金は認められ，奢侈，嗜好品の購入のための借金は認められず，裁判例では金額の多寡についても該当するかどうか重要な要素である。

　日常家事債務は，共同生活をしている事実に着目した規定であるから，内縁

の夫婦にも適用されるが（東京地判昭46・5・31判時643号68頁），債権成立時において婚姻が破綻ないし破綻しかけている場合は，共同の日常家事債務は存在せず，連帯責任は生じないとされる（大阪高判昭49・10・29判時776号52頁）。

「長期間別居し，生計を異にしていたものであって，当時，夫婦の共同生活は破綻に帰していたものと推認されるのであるから，夫婦の日常の家事に属する行為はありえないものと解すべきである。」

別居していても婚姻関係が破綻していない場合は，日常家事債務は成立する（東京地判平10・12・2判タ1030号257頁）。

「本件契約締結当時，被控訴人夫婦は同居していなかったものの婚姻関係が破綻していたわけではないから，この別居は右判断（日常家事債務に該当するかどうか）を妨げるものではない。」

同居しているだけでは婚姻が継続しているかどうかの判断にはならない。

▶日常家事債務における債務承認

日常家事債務における契約者本人以外の債務承認については連帯債務が相対的効力であるところから，本人に及ばず，本人の債務承認を得る必要があるとの見解がある。

「債務承認は，連帯債務者間でも相対効（（筆者注：改正前）民法440条）しかないので，債務承認をした本人以外の債務者には効力が生じないのが原則となる。（中略）当該第三者が債務承認することについて代理権限を有していれば，その効果が本人に及ぶことも考えられる。前記最高裁（筆者注：最判昭44・12・18民集23巻12号2476頁）が判示するように，日常家事債務の承認について夫婦が代理権を有するのであれば，日常家事債務についても代理行為が成立するように思える。しかし，民法761条は，あくまで『日常家事によって生じる債務』の連帯を定めたにすぎず，既に生じている連帯債務に関する法律行為についてまで代理権を有すると考えることはできない。結局，配偶者の債務承認は，当該配偶者のみに法律効果を発生させるものであるため，別途契約者本人からも債務承認をとるなどして，契約者本人の時効を中断する必要がある（前掲：債権

管理・回収研究会編,684頁)。」

　そもそも,日常家事債務は,夫婦は互いに代理権を持つと考えられてきたことからの規定であり(旧民法801条1項,民法804条1項),相互に契約締結の代理権を有するとするなら承認における代理権まで外す理由はないものと考える。

　民法761条は「同条は,その実質においては,さらに,右のような効果の生じる前提として,夫婦は相互に日常の家事に関する法律行為につき他方を代理する権限を有する(前掲最判昭44・12・18)」ことから,夫婦の共同生活から発生する債務については相対的効力ではなく,絶対的効力を有するものと考え,配偶者の承認についても認められてよい。

　「(筆者注:民法761条の)連帯責任は債権法にいう連帯債務ではあるが,夫婦という関係から債務者と債権者との間で生じた事由はすべて絶対的効力を認めるのが適当であろう(佐藤義彦ほか「民法Ⅴ〔第4版〕有斐閣Sシリーズ」有斐閣,2012年,33頁)。」

　同様に,民法432条以下の連帯債務と異なり,761条は夫婦の一体性から,同一内容の債務を併存的に負担するとする見解がある。

　「(筆者注:民法761条にいう)この連帯責任は432条以下の連帯債務と異なり夫婦の一体性からみて,夫婦がまったく同一内容の債務を併存的に負担し,一方について生じた相殺,免除,時効などの事由は夫婦双方に無制限に効力が及ぶと解する(吉田恒雄,岩志和一郎「親族法・相続法〔第4訂補訂〕」尚学社,2016年,62頁)。」

　また,日常家事債務には個別的な委任がなくても承認として認め得るとする見解もある。

　「日常の家事に関する債務については,個別具体的な委任がなくとも,妻は夫の代理人として債務承認をなし得る場合があります。例えば,市営住宅家賃債務であれば,日常の家事に関する債務に含まれると解し得ると思われます(大阪弁護士会自治体債権管理研究会編「Q&A自治体の私債権管理・回収マニュアル」ぎょうせい,2012年,90頁)。」

issue28 日常家事債務

POINT

　日常家事債務は夫婦としての共同生活から連帯債務が認められるが，取引上のものであり，賦課決定による債権には適用されず，私債権に限られるものと考える。

　日常家事債務における承認は相対的であり，契約者本人の承認を必要とする考えもあるが，夫婦の共同生活から一方に生じた事由は他方にも生じるものとして本人にも効力が及ぶものと考える。

関連項目

　22　連帯債務と連帯保証（➡107頁），23　連帯債務と不真正連帯債務（➡112頁）

issue 29　過料の額と遡及期間

☞ 過料の額の算定，遡及期間の基準

▶自治法における過料の例

　自治体の使用料等における過料は，詐欺その他不正の行為により，分担金，使用料等の徴収を免れた者については，条例でその徴収を免れた金額の5倍に相当する金額以下の過料を科することができる（自治法228条3項）。

　不正使用した使用料に加えて，時効による遡及期間も含めて多額の過料を決定するには慎重な判断が求められる。

　不正に免れた期間が約4年7月に及ぶ1,881万円の下水道使用料に対し，3倍の5,643万円の過料を科したが，情状面の事実関係が明らかでなく，道府県民税の不正の100万円を超える場合，3倍を上限とする地方税の過料（地方税法72条の110第2項）についても比較考慮され，分割納付の合意と履行の事情があり，適正な使用料の確保という行政目的のためには不正免脱金額の2倍で足りるとした例がある（名古屋地判平16・9・22判自266号68頁）。

　「どの程度積極的に本件の不正免脱行為を推進していたかという情状面における最も重要な事実関係は，必ずしも十分に解明されているとはいえない（中略）（原告は，）被告の調査にも全面的に協力していること，不正免脱に係る下水道使用料については，分割払によって納付する旨の合意が成立し，現在，原告はこれを履行していることなどの事情を総合考慮すると，下水道の使用料の徴収を免れるための不正を防止し，適正な使用料の徴収を確保するという行政目的を達成するためには，原告に対して不正免脱金額の2倍に相当する3762万5000円の過料を科すことで足りる」

　「過料について，重加算金ないし脱税の罰金の上限を超える金額の過料を科すには，それを正当と認めるに足りる情状（の悪質さ）の存在を必要と解する旨を判示している（「判例タイムズ　1203号」判例タイムズ社，144頁当該判例解説）。」

この裁判例では、過料は行政罰として情状面、行為の態様も考慮して判断すべきとしているが、現行の簡易な弁明手続では情状を考慮することは無理があると思われる。

　「情状の考慮は、刑事裁判のような手続であれば可能であるが、単に弁明の機会の付与にとどまる過料の処分手続においては不可能なことが多い（碓井光明「地方公共団体の科す過料に関する考察」明治大学法科大学院論集、77頁）。」

　一方で、長の裁量として過料の額を下水道使用料の時効5年を超えて過去8年分の額を対象として、下水道使用料の1.6倍を認めた例もある（さいたま地判平26・12・17判自400号84頁）。

　「認定した1.6倍という過料の倍率は、単に、被告において、当時、既に時効が完成したものと考えていた過去8年分の使用料を過料として回収するために決定したものであり、（中略）過料の倍率を定めるに当たって、使用料の請求の際に遅延損害金が付されていないことを考慮しているものの、（中略）市長には、政策的、専門的見地から本件条例10条2項の範囲内で過料処分に係る金額を決定することができる裁量権が与えられているところ、同項の過料処分は、使用料の徴収を不正な手段により免れるという不正行為を防止することを目的とするものであることから、（中略）原告が行った不正行為の態様、期間及びその他の事情を総合考慮して、過料の倍率を決定することができる」

　事案にもよるが、過料の額は何倍までを妥当とするのか、類似事案についても参考にする必要がある。

▶過料の遡及期間

　過料の遡及期間については、2012年10月に徴収を免れた金額と過料を算定した際、2000年8月から2011年11月までの約11年間を対象としたが、本来は水道料金の消滅時効期間（2年間）までとすべきで、行政罰の趣旨を超えて違法と認定し、処分を命じた12年10月から過去2年間のみを認め、それ以前の期間分として算定した過料を取り消した例がある（大津地判平27・2・3判例集未登載）。

　自治法228条3項の「その徴収を免れた金額」は時効の分は含まないとされ

る（松本英昭「新版逐条地方自治法〈第9次改訂版〉」学陽書房，2017年，836頁）。

同様に，過料を科し得る期間として，「本来の使用料納付義務が時効により消滅しているのもかかわらず，過料としての責任はなお追及しうるということは，消滅時効の趣旨及びこれとの均衡上からも問題のあるところ（地方自治制度研究会編「地方財政実務提要」ぎょうせい，加除式，2671頁）」とする考えもある。

地方税は賦課し得る期間として除斥期間を規定している（地方税法17条の5）が，税以外の公課はこのような規定がなく，自治法236条は消滅時効だけでなく除斥期間も含むとして，権利を行使できる時，不正を知ってから5年の請求期間ということになるであろう。

一方で，給水契約を締結せず供給を受けた水道水に対する料金は民法703条の不当利得として10年間遡ることができ，不正な手段によるときは不正免脱の事実から3年，請求時点から過去20年分が請求できるとする見解もある（債権管理・回収研究会編「自治体職員のための事例解説　債権管理・回収の手引き」第一法規，加除式，1709頁）。

また，過料は免れた使用料，料金だけでなく，公の施設の不正使用という面から制裁の対象とする見解もある。

「水道料金の請求（水の売買代金の請求）というよりも，公の施設である水道施設の不正利用に対する制裁という観点から考えるべきものなので，自治法228条3項が適用され，過料の制裁の対象になるものと理解される（前掲：債権管理・回収研究会編，1725頁）。」

過料は不正免脱行為の発生を防止し，適正な使用料収入の確保，維持管理又は行政事務遂行の円滑化を図る目的の行政罰であり，財務会計上の行為ではないとされる（徳島地判平2・11・16判時1398号57頁）。

自治法228条3項の趣旨から過料は秩序維持，制裁の対象としての行政処分ではあるが，過料の額は当該債権の時効の範囲内で決定すべきもののようである。

なお，大津地裁は遡及期間2年と併せて3倍の過料を2倍に修正したが，時効による遡及期間と不正行為の態様を考慮して決定すべきもののようである。

過料を行政で科すことで脱刑罰化しており，争いがある場合は刑事訴訟の略式手続を用いるべきとする見解もあり，不正免脱の態様も含めて，多額な過料には裁判所としては抑制的な態度をとっているようである。

「過料が脱刑罰化した行政犯に対する処罰の受け皿として積極的に活用されるという状況になるとすれば，問題がある。軽微とはいえ懲罰的なものであるとすれば，その手続については，争いがなければもちろん行政手続でよいものの，争いがあるときは，ドイツの秩序違反法のように，刑事訴訟の略式手続を用いることも検討すべきであろう（村上順・白藤博行・人見剛編「別冊法学セミナー新基本法コンメンタール地方自治法」日本評論社，2011年，市橋克哉執筆部分，79頁）」

▶過料を科す権限

水道料金は地方公営企業管理者が徴収するが，過料は長が科すことになり，一般会計で収入することになる。

「過料を科する権限は，普通地方公共団体の長に専属するもので，他の機関はこれを有しない（自治法180条の6第3項，地方公営企業法8条1項4号参照）（松本英昭「新版逐条地方自治法〈第9次改訂〉」学陽書房，2017年，528頁）」

過料を科すことは公権力の行使であり，サービスの提供者たる管理者には適さない事務であるとされる。

「公営企業の料金，手数料等の徴収は管理者の権限ですが，料金徴収を不当に免れたような場合に過料を科す権限は長に留保されています。過料は行政罰の一種であり，このような公権力の行使は，専ら財・サービスの提供を旨とする公営企業の経営責任者たる管理者が行うには適さない性格の事務だと考えられます（細谷芳郎「図解地方公営企業法」第一法規，2013年，50頁）。」

なお，簡易水道料金の不正利用につき，使用者のみならず，同居の者が不正利用した場合であっても使用者に対して過料を科すことができる（最判昭61・5・29判自64号54頁）。

POINT

過料は時効による遡及期間と不正行為の態様及びその他の事情を総合的に考慮して金額を決定すべきものと考える。

裁判例では，過料はおおむね2倍までの額が多い。

関連項目

 2 公の施設の使用料（➡6頁），12 訴訟当事者（➡56頁）

issue 30 照会の根拠
☞ 「法令で定める事務」により照会できる場合

▶自治体の私債権での調査方法

自治体債権には国税徴収法により滞納処分ができる債権もあれば，民間で扱うものと同様の私債権もある。

滞納処分ができる債権は，国税徴収法により調査範囲も広く，照会先に応答義務が課され，強制力を伴うので調査の実効性はあるが，自治体の私債権での宛先不明，相続人，資産調査に利用できるのは，実務上，住民票，戸籍，不動産登記及び商業登記などの照会に限られる。

公営住宅法34条等の照会権限が法律に規定されていなければ，調査できる範囲はさらに限られる。

水道料金について住民基本台帳法12条の2により他自治体に債務者の住所を照会したところ，同条による請求は照会の根拠として適当でないとされ，回答を拒否された例もあるということを聞く。

水道料金の債務者の住所・居所確認に関して，この規定により回答を求めることはできないのであろうか。

▶住民基本台帳法による照会

住民基本台帳法12条の2は「国又は地方公共団体の機関は，法令で定める事務の遂行のために必要である場合には，市町村長に対し，当該市町村が備える住民基本台帳に記録されている者に係る住民票の写し（中略）の交付を請求することができる。」とされている。

請求に当たっては，同条2項4号により，「請求事由（当該請求が犯罪捜査に関するものその他特別の事情により請求事由を明らかにすることが事務の性質上困難であるものにあつては，法令で定める事務の遂行のために必要である旨及びその根拠とな

る法令の名称)」を示すことが必要になる。

　水道料金の債権管理に係る調査が「法令で定める事務」に該当するのかどうかは，下記解説によれば独自条例による貸付金についても公用請求は可能であり，「法令」には政令，省令，条例のほか，地方公共団体の規則や規程も含まれるとしている。

　「住民基本台帳法12条の2は『国又は地方公共団体の機関は，法令で定める事務の遂行のために必要である場合』には，市町村長に対し，住民票の写し等を交付するよう請求することができると定めています（いわゆる『公用請求』）。例えば，公営住宅は，自治体が公営住宅法に基づいて管理するものであり，その賃料回収業務は『法令で定める事務』であるため，公用請求が可能です。これに対して，<u>自治体が，独自条例に基づいて貸付を行っている場合が問題となりますが，上記『法令で定める事務』にいう『法令』には，こうした独自条例も含まれると解されますので，このような場合でも公用請求は可能だと考えられます</u>（市町村自治研究会編「ここが変わった!!　住民基本台帳の閲覧・住民票の写し等交付制度～Q&A改正住民基本台帳法」日本加除出版，2009年，161頁）。」

　また，住民基本台帳法12条の2の「地方公共団体の機関」については，執行機関のみならず，附属機関，議会まで含まれ，同条の規定上，照会の主体は地方公共団体の長とされていないので水道事業管理者も含まれるものと解する。

　水道料金の請求に係る住民基本台帳法12条の2に対する照会根拠としては，給水条例を記せば足りるであろう。

　戸籍法10条の2第2項についても「法令の定める事務を遂行するために必要がある場合」としていることから，住民基本台帳法12条の2と同様である。

▶郵便法8条と照会規定

　郵便局に転居届が出されている場合，転居先の照会は郵便法8条により回答できないことも聞くが，この照会は行政扶助の問題とする見解がある。

　「郵便法第9条（現行8条）第2項の規定により郵便の業務に従事する者は，郵便物に関して知り得た他人の秘密を守らなければならないが，本事案は実質

的に行政扶助の問題と考えられるので，相手方郵便局長に協力を依頼する（日高全海「地方税の徴収実務事例集」学陽書房，2005年，8頁）」

　一方で，郵便事業会社が転居届に関わる情報の守秘義務と弁護士法23条の2に基づく照会に対する報告義務の優劣関係は法律上保護される利益を有するものでないとし，損害賠償までは認めなかったものの，報告義務確認の請求は差戻しとなった（最判平28・10・18民集70巻7号1725頁）。

　「23条（弁護士法23条の2）照会を受けた公務所又は公私の団体は，正当な理由がない限り，照会された事項について報告をすべきものと解されるのであり，23条照会をすることが上記の公務所又は公私の団体の利害に重大な影響を及ぼし得ることなどに鑑み，弁護士法23条の2は，上記制度の適正な運用を図るために，照会権限を弁護士会に付与し，個々の弁護士の申出が上記制度の趣旨に照らして適切であるか否かの判断を当該弁護士会に委ねているものである。そうすると，<u>弁護士会が23条照会の権限を付与されているのはあくまで制度の適正な運用を図るためにすぎないのであって，23条照会に対する報告を受けることについて弁護士会が法律上保護される利益を有するものとは解されない</u>。したがって，23条照会に対する報告を拒絶する行為が，23条照会をした弁護士会の法律上保護される利益を侵害するものとして当該弁護士会に対する不法行為を構成することはない」

　差戻し審の名古屋高裁では，報告義務確認請求は郵便法8条の守秘義務だけでは弁護士法23条の2の照会は拒絶できず，照会事項により報告する不利益と報告を拒絶することで犠牲となる利益の比較衡量を必要とし，当該事例において住所や電話番号は社会生活を営む上で一定の開示が予定される情報であり，結果，動産の差押えに必要な住所の開示は認められたが，電話番号は必要がないとして開示は認められなかった（名古屋高判平29・6・30金法2078号68頁）。

　「（弁護士法）23条照会の制度は，事件を適正に解決することにより，国民の権利を実現するという司法制度の根幹に関わる公法上の重要な役割を担っているというべきである。そうすると，<u>照会先が法律上の守秘義務を負っているとの一事をもって，23条照会に対する報告を拒絶する正当な理由があると判断す</u>

るのは相当でない。(中略)報告を拒絶する正当な理由があるか否かについては，照会事項ごとに，これを報告することによって生ずる不利益と報告を拒絶することによって犠牲となる利益との比較衡量により決せられるべきである。(中略)本件照会事項は，個々の郵便物の内容についての情報ではなく，住居所や電話番号に関する情報であって，(中略)憲法21条2項後段の『通信の秘密』や郵便法8条1項の『信書の秘密』に基づく守秘義務の対象となるものではない。また，住居所や電話番号は，人が社会生活を営む上で一定の範囲の他者には開示されることが予定されている情報であり，個人の内面に関わるような秘匿性の高い情報とはいえない。(中略)電話番号を知る利益について，被控訴人の守秘義務に優先させるのは相当でない。」

　この判決によると，国税徴収法による調査権限を有しない場合であっても，官公庁等に対する照会規定があれば，ＤＶ被害者等住所の照会につき一定の配慮を有する場合は別としても，転居先の回答を求めることができるものと考える。

　また，弁護士法23条の2による預金照会では，メガバンク(三井住友，三菱ＵＦＪ，みずほ銀行)，ゆうちょ銀行が照会に応じるようになり，今後の活用と他の金融機関等への拡充が望まれる。ただし，回答に応じるのは債務名義取得後であって，債務名義取得前の段階では回答を拒否されることが多いようである。

　なお，照会規定があっても，国税徴収法のような罰則規定がない場合，実務上は本人同意がなければ照会に応じないとする例もあるが，法の趣旨から照会に応じるかどうかを決めるべきものである。

　「行政上の必要により，第三者から個人情報を収集することを許容する規定もある(生活保護法29条では，福祉事務所は生活保護申請者・扶養義務者の資産・預金などを官公署，銀行等に問い合わせることができる。老福法36条も同旨。ただし，公住法34条では銀行は除かれている)。ただし，この調査に対する非協力を処罰する規定はないので，生活保護の実務では被保護者の同意書を添付して(昭和56・11・17厚生省社保第123号)，銀行などの回答を確保するという手間のかかるこ

とをしている。同意書がないと銀行は問い合わせに応じない。この制度の基本は，貯金はプライバシーだから，というのであるが，生活保護では自助努力，補足性の原則上，貯金も何もないという証明をして初めて保護費が支給されるのである。貯金の有無の調査に応じないで，その証明はできないはずである（阿部泰隆「行政法解釈学Ⅰ」有斐閣，2008年，491頁）。」

> POINT

　自治体が，独自条例に基づいて貸付を行っている場合であっても，『法令で定める事務』に当たり，住民基本台帳法，戸籍法による照会が可能である。
　住所，電話番号は，社会生活を営む上で一定の範囲で開示を予定されている情報であるので，照会権限の規定によっては回答を求めることができる場合がある。

> 関連項目

　25　自治体債権管理における情報の共有（➡122頁），39　送達の要件（➡192頁）

issue 31 誤払いによる返還金の考え方

☞ 返還金の債権管理，受益的処分の取消制限

▶徴収金扱いの返還金

　生活保護費返還金は，生活保護を決定した後，要件を欠く場合に取消決定して発生することになる。

　不実の申請その他不正な手段により受給した生活保護費の返還金は徴収金扱いとされ，滞納処分ができるように改正されたが（生活保護法78条），不正受給に該当せず，予期し得ない収入があった場合等による返還金は，現在のところ，徴収金の扱いとはされていない（同法63条）。

　生活保護法63条，78条の返還金については，取消決定を経て発生するので自治法231条の3の規定により督促手数料及び延滞金についても徴収できることになる。

　生活保護受給者である世帯主に生活保護費を誤って振り込んだ場合，同居世帯の親族にも返還請求できるが，未納により督促を発した場合，督促手数料及び延滞金を徴収できるのであろうか。

▶誤払いによる返還金

　前述の返還金は，発生原因として行政側が誤って振り込んだものであり，国保資格喪失後の保険診療によって発生した返還金と同様に取消決定を経ることなく誤払いとして返還を命ずることになる。

　国保資格喪失後の保険診療により発生した返還金について時効は国民健康保険法110条1項が適用されるのではなく，自治法236条が適用されるとする考え方があるが，取消決定を経ない誤払いの扱いとしては疑問ではある。

　誤払いの返還金の督促は自治法施行令171条が適用されるが，同条は行政処分による債権に適用される自治法231条の3第1項の歳入を除くことから，自

ずと私債権又は誤払いの返還金に限られることになる。

「履行期限までに履行しない者があるときは，期限を指定して督促しなければならない（（自治法施行）令171条）。（自治）法231条の3第1項の歳入に係る債権が除かれているのは，同項に督促の手続が定められていることによるものである。同項では，『分担金，使用料，手数料及び過料その他普通地方公共団体の歳入』の督促手続を定めている。そこにいう『その他の普通地方公共団体の歳入』を公法的収入に限定する解釈をとるならば，本条（自治法240条）に基づく政令（自治法施行令171条）による督促は，私法的収入に係る債権に限定されることになる。（中略）（自治法施行令171条の）<u>督促の対象は私法上の収入ならびに歳出の誤払いの返納金に係る債権に限られるとみるほかはない（自治省行政課編・改正地方自治法詳説310頁）。</u>（成田頼明ほか「注釈地方自治法」第一法規，加除式，5105頁）」

徴収金に該当しない児童手当の返還金は，児童手当法に特別の規定がなければ民法の不当利得とする見解があり，取消決定を経ない，誤払いの返還金についても該当することになる。

「返還金に係る債権について，何ら児童手当法等に規定がないのであれば，『不当利得』について返還するよう民法703条に基づき，請求しているものと考えられます。そうだとすれば，その歳入は民法に基づく私法上の歳入ということになりますので，自治法に規定する『その他の普通地方公共団体の歳入』には含まれず，自治令（筆者注：自治法の誤りと思われる。）第240条第2項及び自治令第171条，第171条の2に基づき，督促や強制執行等の手続を行うことになります（地方自治制度研究会編「地方財務実務提要」ぎょうせい，加除式，2940頁）。」

冒頭の誤払いの返還金は自治法施行令171条が適用され，督促手数料，延滞金は徴収できず，返還を命じた後に納付がなければ，返還を命じた時から5％の遅延損害金（民法改正後は3％基準）が請求できることになる。

生活保護費，児童手当は公法上の債権といえるが，誤払いによる場合は民法が適用されるという考え方は，自賠法に基づくてん補金請求権が私法上の債権に準じて遅延損害金が発生するとした例が参考になるであろう（大阪高判平

16・5・11裁判所ウェブサイト，前出「7　延滞金と遅延損害金」の稿）。

　時効に関しても，行政側が誤って支出したことにより同居の親族が得た不当利得であるから，民法703条により一般時効の10年（改正前民法167条）が適用されるとする考え方が自然な解釈であろう。

　不当利得であるので直ちに返還を命じ，時効は返還金発生後の翌日から起算するものと考えるが，納付がなければ督促状を発付して時効中断することになり（自治法236条4項），督促状が送達された翌日から時効を起算することになる。

▶受益的処分の取消しによる返還の範囲

　福祉関係の返還金は行政が誤った場合，どこまで返還を求め得るのか問題になる。

　不正受給の場合，督促手数料及び延滞金を含めて全額の返還請求することは問題がないが，受益的処分の取消しは制限され，取消しによって相手方の信頼を害し，不利益を及ぼすことから慎重に判断すべきとする考え方がある。しかし，一方で，民法703条の「法律上原因のない」利得であるため返還を求め得る範囲が問題になる。

　「受益的処分の取消し・撤回は相手方の信頼を害し，事実上不利益を及ぼすことになるので，その許否については，慎重に判断すべきである。基本的には，当該処分の取消し・撤回によって相手方が受ける不利益を上回るだけの必要性が認められる場合に，取消し・撤回が認められる。ただ，虚偽の申告に基づいて生活保護決定がなされた等，本人に帰責性が認められる場合には，取消し・撤回が制限されるいわれはない。その際，取消しの効果を遡及させるとして，既払いの生活保護費の返還範囲を現存利益にとどめるか，悪意の受益者として利息まで付して返還させるか（民法703条・704条参照）といった点についても，本人の帰責性の程度等を含めて総合的に判断することになる（櫻井敬子，橋本博之「行政法［第3版］」弘文堂，2011年，105頁）。」

　また，このような取消権の制限は線引きが困難であるとの指摘がある。

「抽象的に言えば，法律による行政の原理と私人の信頼保護という2つの利益が衝突し，ここに取消権の制限が必要となってくるが，具体的場合においてどのような線を引くかは困難な問題がある（吉野夏己「紛争類型別行政救済法」成文堂，2009年，191頁脚注）。」

生活保護の返還金は，生活保護の趣旨が最低限の生活の維持を図ることを目的としており，その返還金は債務者の生活状況を考慮して返還を求めることから徴収に関して緩和できるものと理解できるが，児童手当の場合は寄附（児童手当法20条），学校給食費との相殺（同法21条），保育料との相殺（同法22条）も規定されていることから生活保護費の返還金と比べて制限的な考えには立たないものと考える。

一方で，児童扶養手当は一人親に対する支給であり，児童手当と違って，寄附，学校給食費との相殺，保育料との相殺規定はなく，児童手当よりは受益的処分の取消し制限は働くものと考える。

民法703条は「その利益の存する限度において」返還する義務を負うとされているが，「現存する利益」とはどのようなものであろうか。

「（筆者注：利得で得た）その金銭を例えば生活費にあてた，というのであれば，通常の場合，利得は（生活の向上に反映されて）なお現存している，と評価される（池田真朗「スタートライン債権法」日本評論社，1995年，129頁）。」

障害年金の不当利得返還の場合，受益的処分の取消しは制限されるが，相手方権利利益の保護を比較考量することなく取消しを放置することは許されず，民法703条の現存する利益は本来得られない年金の受給により生活費の支出をしなくて済んだことから現存する利益はあるとされた（東京高判平16・9・7判時1905号68頁）。

<u>「本来過払金は一括返還をするのが原則であるにもかかわらず，内払調整という分割返済の方法による返還を求めるに止めていることは，返還請求を受ける被控訴人の不利益，生活への影響に配慮したものということができ，被控訴人が前裁定の取消しによって受ける不利益を緩和する措置の一つであるということができる。</u>（中略）<u>民法703条の『利益の存する』場合とは，単に利益が有</u>

形的に現存する場合だけでなく，その利益が利得者のために有益に費消された結果，減少すべき財産がその減少を免れたような場合も含むと解すべきである。」

また，同判決では内払調整の規定については再裁定による減額分も調整として認められるとしている。

「同条（筆者注：厚生年金保険法39条，年金の支払の調整）の趣旨からすると，同条2項後段にいう『年金を減額して改定すべき事由』に，算定の基礎とされていなかった被保険期間が存在することが判明し，再裁定処分によって年金額が減額されるべきであったという事由も含まれるものというべきである。」

POINT

取消しを経て発生する返還金は時効を含めて自治法の適用を受けるが，取消しを経ない，誤払いの返還金は民法上の不当利得によるものと考えられる。

受益的処分の取消しによる返還は，相手方の信頼を害し，不利益を及ぼすことから返還範囲は制限され，相手方の帰責性も考慮しながら判断することになる。

関連項目

6　督促手数料の徴収の可否（➡26頁），7　延滞金と遅延損害金（➡31頁），32　生活保護費返還金の扱い（➡157頁），33　国民健康保険法65条の意味（➡162頁），34　国民健康保険資格喪失による返還金の時効（➡167頁）

issue 32 生活保護費返還金の扱い

☞ 生活保護費返還金は誰に請求するのか

▶生活保護費返還金が生じる場合

　生活保護費の返還金は生活保護法63条及び78条により，また，単なる誤払いにより生じる場合がある。

　生活保護法63条の場合は「生命保険の解約返戻金，年金等の遡及受給，収入申告の遅延等の事例（東京弁護士会弁護士業務改革委員会自治体債権管理問題検討チーム編「自治体のための債権管理マニュアル」ぎょうせい，2008年，217頁）」により発生し，同法78条による返還金は不正利得の場合に発生する。

　生活保護費受給の要件としては，最低限度の生活を維持するものであって，これを超えないものでなければならず（最判平16・3・16民集58巻3号647頁），認定額を超えた額は返還しなければならない。

　「生活に困窮する者が，その利用し得る資産，能力その他あらゆるものを，その最低限度の生活の維持のために活用することを要件とし，その者の金銭又は物品で満たすことのできない不足分を補う程度において行われるものであり，最低限度の生活の需要を満たすのに十分であって，かつ，これを超えないものでなければならない（同法（筆者注：生活保護法）4条1項，8条）。」

　事例として，婚姻関係にない男女2人を同一世帯として生活保護に認定していたが，収入額が認定要件の額を超えていたため生活保護費の返還が生じ，全額返還が終わる前に世帯主が死亡した。

　このような場合，返還金の請求先として，相続人に変更するのか，当該同一世帯として生活保護に認定している女性に変更するのか，変更する場合，通知などが必要であろうか。

▶生活保護費返還金の請求対象

　生活保護費は世帯単位に支給されるのであり（生活保護法10条），生活保護を受けた世帯主は保護受給の代表者であり，保護の効果は世帯主だけでなく，世帯の構成員全体に及ぶ（福岡高判平10・10・9判時1690号42頁）。

　「世帯主は，当該世帯ないしその構成員のいわば代表として，当該処分等の名宛人となるものということができる。しかして，右処分等の効果は，その名宛人である世帯主にとどまらず，世帯の構成員全体に及ぶから，世帯主はもとより，それ以外の構成員も，その取消しを訴求する利益ないし原告適格を有する」

　この判決理由と同様に，生活保護費は「世帯単位」で支給することから，生活保護法63条による返還義務は世帯の構成員全体に及び，不真正連帯債務の関係になるとする見解がある。

　「生活保護法63条に基づく返還決定又は返還命令において被保護世帯の構成員各自を名宛人とした場合は各別，世帯主を名宛人とした場合であっても，保護開始決定又はその変更処分と同様に，前記返還決定又は返還命令の効力は被保護者である当該世帯の各構成員全員に及び，被保護世帯の構成員各自が同条の返還義務を負うことになるものと考えられる。そして，<u>この返還義務は，誰かが履行すれば，その分だけ全体の債務が減る</u>という関係にあるので，各債務はいわゆる不真正連帯債務になるものと考えられる（債権管理・回収研究会編「自治体職員のための事例解説　債権管理・回収の手引き」第一法規，加除式，1165-3頁）。」

　そうすると，冒頭の問題では当該女性も含んで生活保護に世帯認定していれば，返還金についても当該女性に請求できることになる。

　また，当該女性だけでなく，死亡した世帯主の相続人にも請求ができることにもなる（民法432条）。

　相続の承継通知をしなくても相続人に請求でき，相続人全員に承継通知を兼ねた催告書を送付することで納付を促すことにもなる。

　連帯債務は債務者一人に生じた事由は他の債務者には影響を及ぼさないとさ

れる（相対的効力）。しかし，例外として弁済，相殺，請求，更改，混同，免除，時効については債務者全員に効力を及ぼすとされる（絶対的効力）。

　一方，不真正連帯債務においては不法行為等における債権者を保護するため弁済と相殺しか認められない。

　しかし，連帯債務（連帯保証）に絶対的効力の事由が多いことは，債務者の無資力の危険を分散する人的担保を弱めることになり，債権者の意思に反するとして，民法改正により相対的効力を原則とし（改正民法441条，連帯保証も同様，改正民法458条），請求，免除，時効は絶対的効力から相対的効力に改められた。

　例えば，請求は主債務者が行方不明の場合，改正前は連帯保証人に督促（請求）することで主債務についても時効中断したが，改正後は主債務者に時効更新（中断）は及ばない。ただし，特約によって絶対的効力を生じさせることは可能とされている（改正民法441条ただし書，458条）。

　生活保護法78条による返還金は不正行為を行った者に対するものであるから，不正に関与しなかった世帯員は民法719条の共同不法行為と同様，不真正連帯債務の関係にはないものと考える。

▶生活保護費返還金の時効

　生活保護法63条，78条により生活保護費の返還を求める場合，この場合の返還金は不当利得の一種ではあるが，取消しを経て成立する債権である。

　したがって，当該返還金の時効は，「時効に関し他の法律に定めがあるものを除くほか（自治法236条1項）」とあることから5年とする扱いでよいと思われる。

　当該返還金は民法703条の不当利得とは違って，「公法上の不当利得」として説明されることもあるが，取消しは元の行政処分を前提としているから民法の時効にはなじまないということである。

　また，公法上の法律関係であっても民法の不当利得が適用される場合がある。

「民法に定められた法規範が，行政上の法律関係に適用されたケースとして，課税処分が違法・無効でなくても，一定の場合には法律上の原因を欠く不当利得として救済される可能性を認めた判例（最判昭49・3・8民集28巻2号186頁）がある。この判例では，事案につき救済のないことが『正義公平の原則にもとる』と述べられており，<u>信義則的構成によって不当利得の成立を認める解釈が示されている</u>（櫻井敬子，橋本博之「行政法［第3版］」弘文堂，2011年，35頁）。」

単に誤払いしたものを返還させる場合は，国民健康保険の資格喪失同様，取消処分を前提とする関係ではないため，民法703条の不当利得により改正前民法167条の時効10年として扱ってよいものと考える。

「（筆者注：国民健康保険の）受給資格を失った場合，上記公法上に関係が消滅しているのであり，公法上の関係が消滅した後の保険給付は，法律上の原因のない利得であって，民法703条の不当利得の問題となる。取消処分等の行政処分によって返還請求権が発生する場合には，公法上の関係から発生する不当利得返還請求権であるとして，時効期間は5年であるが（中略），本返還請求権は，保険に相当する給付を受けることによって当然に発生するものと解される（前掲：債権管理・回収研究会編，1159頁）。」

同様に債権の発生原因により法律の適用を分けるべきとする見解がある。

「まずは債権の発生原因，例えば，補助金の返還請求権であれば，補助金の返還請求権の発生原因，すなわち交付決定の取消しという行政処分によって発生したものであるかどうかを検討すべきであり，債権の発生原因が私人間の法律行為，事件とは異なる行政固有のものであれば，一応，公債権と考えることができる。しかし，債権の発生原因が行政固有のものであっても，生じた法律関係が私人間の法律関係と同様のものであれば，私債権と考えるべきであろう（「自治体法務NAVI VOL48」第一法規，本多教義，3頁）。」

これは，過払金の返還請求権が商事時効（改正前商法522条）の5年とされず，民法の不当利得の適用があるとすることと同様の考え方に通ずるものがある。

「会社間の建物賃貸借は，商人がその営業のためにした行為であり，これに

よって発生した賃料債権は商事債権とされます。しかし，この事例のような過払金の返還請求権にも，商事時効が適用されるかと言うと，そうではありません。すなわち，この債権も，会社間の賃貸借に伴って生じたものですが，この『過払金』というのは，民法上は不当利得とされます。不当利得というのは，民法703条に規定があり，『法律上の根拠（原因）がないのに，他人の財産などによって受けた利得』を言います（ただし，これによりその他人に損失が生じることも必要です）（児玉隆晴「やさしく，役に立つ改正民法（債権法）」信山社，2017年，151頁）。」

民法改正により短期消滅時効が廃止され，また，時効は「権利を行使できることを知った時から5年」，「権利を行使することができる時から10年」に改正された（改正民法166条）が，改正されても誤払いの返還金は民法が適用されることには変わりはない。

反対に，受益的処分により返還を求める場合は，本人の資力等を勘案して請求の範囲が制限される場合があることは既に述べたとおりである。

POINT

生活保護法63条による返還金の請求対象は，保護費が世帯支給であるから，不真正連帯債務の関係として返還金の請求は世帯主だけでなく，世帯員全員に及ぶものと考えられる。ただし，生活保護法78条による不正の場合の返還金は関与した者に請求することになる。

取消決定による返還金の時効は自治法236条が適用され，誤払いの場合は民法703条の不当利得が適用されるものと考える。

関連項目

23　連帯債務と不真正連帯債務（➡112頁），31　誤払いによる返還金の考え方（➡152頁），34　国民健康保険資格喪失による返還金の時効（➡167頁）

issue 33 国民健康保険法65条の意味

☞ 国民健康保険法65条と介護保険法22条による返還金の違い

▶国民健康保険法65条による返還金

国民健康保険法65条による返還金は，同条における全ての場合において滞納処分ができるのであろうか。

同条１項の対象は「偽りその他不正の行為によって保険給付を受けた者」であり，保健医療機関等の不正ではなく，２項は１項の場合において，保健医療機関等が診断書を虚偽記載して受診者が不正の保険給付を受けた場合は，保健医療機関等も連帯して徴収金を命ずることとされている。

３項では保健医療機関等の不正は，保険者の給付額を返還させ，40％の加算金を付することができ，２項では徴収金の扱いにされていることから滞納処分できるが，３項は徴収金扱いではなく滞納処分ができない。

▶改正前の介護保険法22条３項の返還金の扱い

介護保険法22条３項の不正の行為による返還請求は徴収金扱いとして滞納処分できるように改正されたが，改正前の介護保険法22条３項は現行の国民健康保険法65条３項と同様に徴収金扱いではない。

同様の問題である改正前の介護保険法22条３項による返還金は私法上の債権と解している例がある（さいたま地判平22・6・30判自345号63頁，東京高判平22・12・22控訴棄却，最決平23・11・10上告棄却・上告不受理）。

判決では，事案の改正前の介護保険法による返還通知は行政処分ではないから私法上の債権としたようである。

<u>「介護保険法22条１項及び２項が，『徴収』という字句を用いて，上記各規定の適用があることを明らかにしているのとは異なり，同条３項は，支払った額</u>

につき『返還させる』ことができると規定するにとどまることに照らすと，同条3項はあえて同条1項及び2項とは別個の法的扱いとする趣旨で上記のように規定していると解すべきであり，同条3項に定められた返還請求は公法上の債権とはせず私法上の債権として規定したものと解するのが相当である。このように解することは，同項に定める返還金及び加算金を徴収金として公法上の債権に位置付けるべく，平成20年法律第42号による改正後の同項が『徴収することができる』と規定していることにも整合する（さいたま地判平22・6・30）。」

上記のさいたま地判と違って，改正前の介護保険法22条3項の返還金は市町村の指定を前提としたものであり，公債権とする見解があり，国民健康保険法65条3項の扱いと同様であると考える。

「指定居宅サービス事業者等は市町村が指定するものであり，この指定は行政処分と考えられるから，市町村と指定居宅サービス事業者等との関係は，私法関係と異なる公法上の法律関係であり，2008年改正前の介護保険法22条3項の返還金は公債権であると解する（債権管理・回収研究会編「自治体職員のための事例解説　債権管理・回収の手引き」第一法規，加除式，1172頁）。」

国民健康保険法65条3項の扱いも含めて，取消しを経た債権であれば，自治法が適用されるものとして扱ってよいが，誤払いを原因として返還請求するなら法律上原因のない利得として民法の不当利得により扱う方が適切であろう。

指定取消しを経ていない介護報酬は介護保険法22条に該当しないとした例がある（最判平23・7・14判時2129号31頁）。この裁判例では，介護保険法22条は民法の不当利得の考え方を基に特別に規定されたものと読める。

「介護保険法22条3項は，事業者が上記支払を受けるに当たり偽りその他不正の行為をした場合における介護報酬の不当利得返還義務についての特則を設けたものと解される。そうすると，事業者が同項に基づき介護報酬の返還義務を負うものと認められるためには，その前提として，事業者が介護報酬の支払を受けたことに法律上の原因がないといえる場合であることを要するというべきである。」

次の解説のように，指定を前提とする返還金は，指定の取消しがなければ法

律上の原因がない不当利得とはいえず返還請求できないものと考える。

　「<u>指定の取消しがされていないにもかかわらず，指定があることを前提として支払われた介護報酬の返還を求めることは，指定の効力を否定するものにほかならず，公定力に反するものといわざるを得ない。</u>このような場合，指定の取消しがない限り，介護報酬を受けたことについて法律上の原因がないということはできず，したがって介護保険法22条3項に基づく請求をすることもできないというべきであろう（最判平23・7・14判タ1356号73頁）。」

　ここでいう「公定力」は，指定の取消しがなければ現状不変更の原則が当てはまるということである。

　同じ不正行為による返還金としても，介護保険法は改正されて滞納処分が規定され，国民健康保険法において改正されなかった理由は，国民健康保険法の医療機関等の不正は保険医指定の取消しによることになり，介護保険法による措置よりは不正行為の歯止めになるということであろうか。

　なお，国民健康保険法，介護保険法，生活保護法のいずれの不正による返還金に100分の40を加算するものは，破産法97条5号の加算金等には入らず，不正行為による罰金，過料等の性質と同様，破産者本人に対する制裁であり，破産者の負担を破産債権者の負担に転嫁するわけにはいかないから，一般の破産債権と違って免責対象にならない。

　「罰金等は，破産者に対する制裁であり，本来他の債権者に迷惑を掛けてまで取り立てる性質のものではないので，劣後扱いにしていますが，免責の対象とはならず（破253条1項7号）。手続き終了後に改めて取り立てることが想定されています（山本和彦「倒産処理法入門 第2版補訂版」有斐閣，2006年，60頁）。」

POINT

　国民健康保険法65条2項による返還金は滞納処分できるが，同条3項は徴収金でないため滞納処分はできない。債権の成立として決定・取消処分によるかどうかにより，自治法か民法の適用かを判断すべきものと考える。

関連項目

31 誤払いによる返還金の考え方（➡152頁），32 生活保護費返還金の扱い（➡157頁），34 国民健康保険資格喪失による返還金の時効（➡167頁）

【参照条文】
国民健康保険法
（不正利得の徴収等）
第65条 偽りその他不正の行為によつて保険給付を受けた者があるときは，市町村及び組合は，その者からその給付の価額の全部又は一部を徴収することができる。
2 前項の場合において，保険医療機関において診療に従事する保険医又は健康保険法第88条第1項に規定する主治の医師が，市町村及び組合に提出されるべき診断書に虚偽の記載をしたため，その保険給付が行われたものであるときは，市町村及び組合は，当該保険医又は主治の医師に対し，保険給付を受けた者に連帯して前項の徴収金を納付すべきことを命ずることができる。
3 市町村及び組合は，保険医療機関等又は指定訪問看護事業者が偽りその他不正の行為によつて療養の給付に関する費用の支払又は第52条第3項（中略）若しくは第54条の2第5項の規定による支払を受けたときは，当該保険医療機関等又は指定訪問看護事業者に対し，その支払つた額につき返還させるほか，その返還させる額に100分の40を乗じて得た額を支払わせることができる。

介護保険法（現行）
（不正利得の徴収等）
第22条 偽りその他不正の行為によって保険給付を受けた者があるときは，市町村は，その者からその給付の価額の全部又は一部を徴収することができるほか，当該偽りその他不正の行為によって受けた保険給付が第51条の3第1項の規定による特定入所者介護サービス費の支給（中略）であるときは，市町村は，厚生労働大臣の定める基準により，その者から当該偽りその他不正の行為によって支給を受けた額の100分の200に相当する額以下の金額を徴収することができる。
2 前項に規定する場合において，訪問看護（中略）これに相当するサービスに従事する医師又は歯科医師が，市町村に提出されるべき診断書に虚偽の記載をしたため，その保険給付が行われたものであるときは，市町村は，当該医師又は歯科医師に対し，保険給付を受けた者に連帯して同項の徴収金を納付すべきことを命ずることができる。
3 市町村は，第41条第1項に規定する指定居宅サービス事業者（中略）が，偽りその他不正の行為により第41条第6項（中略）の規定による支払を受けたときは，当

該指定居宅サービス事業者等から，その支払った額につき返還させるべき額を徴収するほか，その返還させるべき額に100分の40を乗じて得た額を徴収することができる。

issue 34 国民健康保険資格喪失による返還金の時効
☞ 返還金での自治法，民法の適用のあり方

▶国保資格喪失後の受診による返還金

国民健康保険資格喪失後に国保被保険者証を使用して受診した場合，保険給付費の返還を命じることになるが，その返還金の時効について法律の適用をどのように考えたらよいであろうか。

国民健康保険法65条の不正利得徴収金（返還金）については，決定，取消処分により発生する。

被保険者の資格の取得及び喪失に関する事項は届出によるため，事後的に返還金が発生することとなり，資格喪失したことに伴う返還金は国民健康保険法65条に該当しないとしても，私債権ではなく滞納処分ができない公債権として認識すべきであろうか。

資格喪失後の受診は国民健康保険の取消処分を行うものではなく，喪失前の被保険者証により保険給付という利得を得たものである。当該債権の捉え方により不納欠損や債権放棄の方法が異なる。

▶時効は自治法が適用されるとする考え方

国会答弁（平成25年8月13日付け，大久保勉参議院議員質問による答弁書第11号内閣参質184第11号）によると，国民健康保険給付費の返還は国民健康保険法65条の問題というよりも同法8条（市町村），同法21条（組合）により国保資格を喪失した場合であり，その返還金は，自治体では自治法236条により時効は5年，国保組合では民法703条の不当利得に該当し，改正前民法167条の時効10年になるとしている。

「国民健康保険の被保険者が，国民健康保険法（昭和33年法律第192号。以下「国保法」という。）第8条又は第21条の規定により被保険者資格を喪失したにもか

かわらず、喪失前の被保険者証を用い、保険者から保険給付を受けたとき（国保法第65条第1項の適用がある場合を除く。）は、当該保険者（以下「保険者」という。）は、当該保険給付（以下「資格喪失後給付」という。）に要した費用について、当該給付を受けた者に対する返還の請求（以下「返還請求」という。）を行うことができる。厚生労働省としては、従来から、保険者の返還請求の権利は国保法第110条に規定する権利に該当せず、保険者が市町村又は特別区である場合には、当該市町村又は特別区は、地方自治法（昭和22年法律第67号）第236条第1項に基づき、資格喪失後給付を行った日の翌日から5年間、返還請求を行うことができ、保険者が国民健康保険組合である場合には、当該国民健康保険組合は、民法（明治29年法律第89号）第167条第1項に基づき、資格喪失後給付を行った日の翌日から10年間、返還請求を行うことができると解し、保険者に対し助言を行っているところである。」

この説明では保険者が自治体であるから返還金は自治法が適用されると読めるが、それ以上の理由は明示されておらず、誤払いの返還請求は取消処分を経る必要はなく、その時効を自治法の範囲とすることに疑問がある。

▶時効は民法が適用されるとする考え方

資格喪失後の受診による返還金は取消しを経るものではなく、民法703条の不当利得と変わらず、受給資格を喪失して法律上原因のない利得を得たものであり、時効は改正前民法167条により10年という見解もある。

「保険給付の受給資格を得ると、有資格者は保険給付を受ける権利を取得し（国民健康保険法76条）、保険者に対して保険料を負担する義務を負うことになるが（国民健康保険法36条）、この権利義務関係は、国民健康保険法という法律に基づいて直接発生するもの（公法上の関係）である。他方で、受給資格を失った場合、上記公法上の関係が消滅しているのであり、公法上の関係が消滅した後の保険給付の受給は、法律上原因のない利得であって、民法703条の不当利得の問題となる。別の言い方をすると、取消処分等の行政処分によって当該返還請求権が発生するのではなく、保険に相当する給付を受けることによって当

然に発生するものと解される。したがって，その時効は，民法167条によって10年となる（債権管理・回収研究会編「自治体職員のための事例解説　債権管理・回収の手引き」第一法規，加除式，1158頁）。」

　税関係においても不当利得返還のために課税処分を取り消す必要がない場合とされた裁判例もある（東京高判昭42・12・26民集28巻2号214頁）。また，所得なき課税の不合理を是正するために不当利得による救済もありうるとした裁判例もある（名古屋高判昭52・6・28判時876号99頁）。

　「私法上の不当利得にあつても，強いて給付行為が無効あるいは取消されなくても成立し得るのであつて（例えばある目的のため交付した金員について目的不到達になつた場合など），公法関係において異なる考えをとらなければならない理由はない。従つて本件において単に課税処分の存在，有効をもって法律上の原因であるとし，不当利得の成立を否定するのは誤つた考え方であり，利得を返還するのに原処分が遡つて無効となると考える必要も，これを取消す必要もないわけである。したがつて行政処分の公定性と牴触したり，法的安定性が害されることにはならない。（東京高判昭42・12・26）」

　公定性は現状不変更と捉えてよく，行政上の法律関係であっても民法の適用は妨げられるものではない。

　「民法に定められた法規範が，行政上の法律関係に適用されたケースとして，課税処分が違法・無効でなくても，一定の場合に法律上の原因を欠く不当利得として救済される可能性を認めた（櫻井敬子，橋本博之「行政法［第3版］」弘文堂，2011年，35頁）」例がある（最判昭49・3・8民集45巻3号164頁）。

　「貸倒れの発生とその数額が格別の認定判断をまつまでもなく客観的に明白で，課税庁に前記の認定判断権を留保する合理的必要性が認められないような場合にまで，課税庁自身による前記の是正措置が講ぜられないかぎり納税者が先の課税処分に基づく租税の収納を甘受したければならないとすることは，著しく不当であつて，正義公平の原則にもとるものというべきである。それゆえ，このような場合には，課税庁による是正措置がなくても，課税庁又は国は，納税者に対し，その貸倒れにかかる金額の限度においてもはや当該課税処

分の効力を主張することができないものとなり，したがつて，右課税処分に基づいて租税を徴収しえないことはもちろん，既に徴収したものは，法律上の原因を欠く利得としてこれを納税者に返還すべきものと解する」

なお，このような税関係では「今日では法改正により更正請求を求める仕組みが採用されているので，不当利得に基づき直接請求はできない（吉野夏己「紛争類型別行政救済法」成文堂，2009年，23頁）」とされる。

▶国保資格喪失による返還金の法律の適用

厚生労働省の見解では，国保資格喪失後の受診による返還金は自治法236条が適用されるということであるが，「受給資格を失った場合，上記公法上の関係が消滅している」ので法律上原因のない利得であるとする考え方が整然としており，単なる誤払いとすれば，民法703条の不当利得により，改正前民法167条の時効10年と判断することもできる。しかし，同返還金について自治法が適用されるとしても時効期間が5年と民法より短くなることから債務者にとっては不利益にならないため争われることはないであろう。

自治体の請求権の時効は5年としても，「消滅時効は，権利を行使することができる時から進行する（改正前民法166条1項）」とされ，資格喪失後の受診が分かってから5年間ということになる。しかし，不正によっては自治体の請求としての権利行使を妨げられている場合は，その事由が消滅した時が権利行使できる時期となるので，いつまで遡ることができるのかが問題になる。

該当債権の時効は自治法236条が適用されるとしても，不正の行為による場合，損害賠償として取消権の期間20年（民法126条）及び不法行為の時から20年（民法724条）から，公債権，私債権に関係なく請求時点から20年前の分まで遡及できることも否定できない。

このことは，私法上の債権から民法，公法上の債権から自治法が適用されるという論理ではなく，場面，性質により法律の適用があるものとする裁判例からも解釈できる。

次の例においても債権の性質を考慮して法律の適用を判断したものといえ

る。ただし，この判例は地方公務員の手当は「公法上の金銭債権」という表現を使っているが，正確には職員の日直手当請求権は自治法236条2項の「普通地方公共団体に対する権利」ではあるが，労働の対価として労働基準法に服するというべきであろう。

「地方公共団体の職員の日直手当は，職員の時間外労働の対償たる性質を有するものであるから，労働基準法にいう賃金であると解すべきであり（労働基準法11条参照），（中略）地方公共団体の職員の日直手当請求権は，いわゆる公法上の金銭債権ではあるが，右労働基準法115条の規定により，2年間これを行使しなければ時効によつて消滅するものといわなければならない（最判昭41・12・8民集20巻10号2059頁）」

POINT
法律の適用は時効を含め問題となる場面ごとに判断される。返還金は債権の原因となった法律関係として，決定，取消しを経たものか，単なる不当利得かにより法律の適用が違うことになる。

関連項目
1　債権管理に関する裁判例の傾向（➡1頁），31　誤払いによる返還金の考え方（➡152頁），32　生活保護費返還金の扱い（➡157頁），33　国民健康保険法65条の意味（➡162頁），36　時効の起算点（➡177頁）

issue 35 補助金の性質

☞ 給付行政における補助金支給は行政処分か,贈与契約か

▶自治体における補助金

　法律に基づかず,市町村単独で助成要綱により各種補助金を支給することがあるが,補助金申請はいつまで遡及できるのであろうか。また,返還が生じた場合の時効につきどの法律が適用されることになるのか。

　国の補助金については行政処分とされ,取消しを経た返還金は補助金等に係る予算の執行の適正化に関する法律21条で滞納処分ができるが,同法は地方公共団体には適用されず,行政処分か贈与契約か問題とされる。

▶補助金を行政処分とする場合

　法令により公権力の行使として権利義務が設定されれば行政処分に該当するが,補助金交付の根拠となった要綱は法律又は条例等の法令の委任によるものではなく,行政庁の内部の規則にすぎず,補助金の支給,不支給決定に処分性は付与されないとした例がある（東京地判平12・3・23判自213号33頁参照）。

　「非権力的な給付行政の分野においても,立法政策として,一定の者に補助金等を給付する要件を定めるとともに,支給申請及びこれに対する支給・不支給決定という手続により,行政庁に申請者の受給権の存否を判断させることとした場合など,法令が特に補助金等の支給・不支給決定に処分性を与えたものと認められる場合には,補助金等の支給・不支給決定は右の『行政処分』に該当するが,法律や条例の委任がなく,単に行政庁の内部の規則だけで補助金の交付・不交付の決定に処分性を付与することはできないものと解される。」

　反対に,条例による乳幼児医療費助成は,要件審査に基づく一方的な被助成資格の認定（ないし不認定）と見るべきとして行政処分として認めた例がある

（名古屋地判平16・9・9判タ1196号50頁　確定）。

「行政庁の当該行為が処分性を有するか否かは，その根拠となる法令の目的，要件，手続，効果などを個別具体的に検討し，当該行為を行政庁の優越的な意思の発動として行わせ，私人に対してその結果を受忍すべき一般的拘束を課することとしているか否か，またこのような意思の発動を適法とするための要件を定めて行政庁がこの要件の充足の有無を判断して行動すべきことを要求しているか否かを総合的に判断して決すべきものであり，つまるところ，当該法令の解釈問題に帰するというべきである。」

労働基準監督署長の行う労災就学援護費の支給は，保険給付の労働者災害補償保険法23条の補完であり，要綱に基づくとしても処分性を有するとしている（最判平15・9・4集民210号385頁）。

「労働基準監督署長の行う労災就学援護費の支給又は不支給の決定は，法を根拠とする優越的地位に基づいて一方的に行う公権力の行使であり，被災労働者又はその遺族の上記権利に直接影響を及ぼす法的効果を有するものであるから，抗告訴訟の対象となる行政処分に当たるものと解する」

しかし，「上記判決の射程の範囲は不明確であり，原告の訴訟形式選択のリスク（筆者注：処分取消しか贈与契約に基づく損害賠償かどちらで行くべきか予測ができない）は軽減されていない（吉野夏己「紛争類型別行政救済法」成文堂，2009年，195頁）」との批判がある。この事例では法律に基づくものと構成したが，一般的には要綱に基づくものには処分性を認めるのは困難である。

行政の行為が処分性を有するかどうかは，例として，東京都大田区ゴミ焼却場設置事件の判決（最判昭39・10・29民集18巻8号1809頁）があり，この最高裁判決を踏まえて次のような要件とする見解がある。

「①当該行為が公権力の行使に当たること（公権力性），②法的効果を有すること（法的効果），③その効果が国民の権利・義務に関わること（外部性），最後に，上記の判旨（筆者注：最判昭39・10・29）からは明らかではないが，④その効果が一般的抽象的なものではなく，個別具体的なものであること（成熟性または個別具体性）が要件とされていると解される（稲葉馨ほか「行政法第2版」有斐

閣，2010年，199頁）。」

　名古屋地裁（平16・9・9）は，助成の停止は申請者との間で合意解除しなければならないものではなく，行政の一方的判断で資格を奪うことを肯定するためには行政処分と解釈するほかないとしている。

　支給の根拠として法令，条例か，要綱か，当該根拠規定により所得要件等を定めて一方的に支給するのか，それとも贈与契約の申込み，承諾に当たるのかを判断することになるが，地方公共団体の公金を原資として個人に支給する場合は条例により所得要件等を定めていることが多く，行政処分に該当するものがないわけではない。

　「交付決定という形式がとられていても，補助金の交付根拠となる条例等において，地方公共団体が，公権力の行使として一方的に権利義務の範囲を画することができる規定が設けられているかどうかによって判断されている（東京地判平12・3・23判自213号33頁参照）（債権管理・回収研究会編「自治体職員のための事例解説　債権管理・回収の手引き」第一法規，加除式，2103頁）。」

▶補助金を贈与契約とする場合

　補助金の支給につき，贈与契約とされたものは次のとおりである。

　都下市町村が震災時における初期消火及び飲料水確保のための三角バケツを各家庭に配布する事業について都知事がした補助金交付決定の根拠となる東京都補助金等交付規則は，事務執行上の内部的な定めに過ぎず，相手方を拘束するものではないとした（東京高判昭56・11・25裁判所ウェブサイト）。

　また，自治法232条の2による市街地再開発組合に対する補助は，行政処分を付与する特段の規制がない限り，負担付き贈与契約であるとした（名古屋地判昭59・12・26判時1178号64頁）。

　さらに，社会教育団体に対する補助金の交付決定は事務執行上の内部手続にすぎず，処分性が与えられるものではなく，自治法242条の2第1項2号の行政処分に当たらないとした（東京高判平1・7・11判タ717号135頁）。

　身体障害者療養施設への補助金につき，地方公共団体の補助金の支給（自治

法232条の2）は，私法上の贈与の性質を有し，公権力の行使という性格は希薄であり，<u>公権力の行使には補助金支給を申請することのできる地位に権利性を付与したと認めるに足りる法令の規定が必要であり，市補助金交付要綱は条例や命令ではなく，内部規則であって，法令としての拘束力があるとはいえない</u>とした（大阪高判平18.11.8裁判所ウェブサイト）。

　これらの判決はほとんど負担付贈与契約に該当し，贈与する代わりに相手に一定の作為，不作為を求め，一定の条件のもとに補助金を使用することとされている。

▶補助金支給の解釈

　以上の裁判例，文献から考えると，条例により所得要件を設けて一方的に交付決定し，個人に申請権を与えたものとして評価できる場合は行政処分に当たるものと解する。行政処分による補助金に返還金が発生すれば広義の不当利得に該当するが，民法703条により時効10年（改正前民法167条）とするのでなく，返還金は元の行政処分の取消しによるものであり，時効は自治法236条の5年とする考え方が素直な解釈といえるであろう。

　誤支給の返還は取消処分する必要がないため，民法703条の不当利得に該当するものとして差し支えない（仙台高判平27・7・15判自405号34頁，他用途による返還として取消し不要として返還できるとした）。

　「補助金交付決定の取消決定が行われていない時点においても，他用途に使用された場合に合理的な理由なく補助金の返還を求めないことは，補助金交付決定の取消しを行わないことを含めて，地方自治法242条1項所定の『財産』に属する補助金返還請求権の管理を怠る行為に該当する」

　民事では意思によって贈与するのも自由であるが，行政では財政上の統制から考えても所得をはじめ要件を決めて助成する形がほとんどであり，法令の規定を考慮して判断すべきものである。

　反対に，行政処分に該当しない補助金の給付を申請者が求めるには，給付訴訟を提起するしかない。

「(筆者注：内部規則や要綱等の給付) 基準に依拠した申請は『法令』に基づくものとはいえず，行政事件訴訟法の定める不作為の違法確認訴訟・義務付け訴訟（(行政事件訴訟法) 3条5項・6項2号）を提起することはできない。そこで，補助金の交付を希望する者は，平等原則などを媒介として，端的に補助金を求める給付訴訟を提起すべきことになる（櫻井敬子，橋本博之「行政法［第3版］」弘文堂，2011年，76頁）。」

POINT

　自治体の補助金は，法令（条例を含む）に基づき個人に申請権を与え，一方的に決定する場合は処分性が認められ，要綱による一定の作為，不作為を求める場合は贈与契約であるとしている。

　処分性のある補助金の返還金は取消しを経ることから時効は自治法に服するものと考えてよい。

　取消しによる返還請求の遡及期間は5年，契約に該当するものは10年と考えてよい。

関連項目

　32　生活保護費返還金の扱い（→157頁），33　国民健康保険法65条の意味（→162頁），34　国民健康保険資格喪失による返還金の時効（→167頁），36　時効の起算点（→177頁）

issue 36 時効の起算点
☞ 補助金返還金の時効はいつから進行するのか

▶補助金は行政処分とするもの

　国の補助金は行政処分とされるが（補助金等に係る予算の執行の適正化に関する法律21条，25条），自治体の補助金は行政処分か贈与契約か判断が分かれ，要綱による支給であっても法律を具体化し，一定の受給要件を定めて支給する補助金の決定は行政処分とされている（大阪高判昭54・7・30行集30巻7号1352頁）。

　「給付制度の総体について，その制度の趣旨，目的を探り，そこから該申請に対し，被控訴人が行政庁として応答をなすべきことが一般法理上義務付けられると認められる場合においては，本件申請（制度）は，行訴法3条5項にいう『法令に基づく申請（制度）』となり，これに対する被控訴人の応答（支給・不支給の決定）は自ずと処分性を具備する」

▶補助金に行政処分は認められないとするもの

　市の規則及び要綱は事務執行上の内部手続にすぎず，これらに基づく社会教育団体に対する補助金の交付決定は自治法242条の2第1項2号の行政処分に当たらない（東京高判平1・7・11判タ717号135頁）。

　身体障害者療護施設設置に伴う補助金の申請について，交付要綱は内部規則であり，法令としての拘束力はなく，条例等の法令の形式ではなく要綱という方式を選択している以上，法令と同視するような解釈は取りえず，補助金交付申請に対する市長の拒否は，行政処分とは認められない（大阪高判平18・11・8裁判所ウェブサイト）。

　要綱や通達の内部的基準による補助金支給は行政処分でないとする見解が多い（「35　補助金の性質」を参照）。

　「給付行政における行政主体と私人の関係は，基本的に，規制行政における

ような命令・強制の関係はなく，対等・平等な関係として捉えることができる。(中略)要綱や内部的基準による給付は，法律上の制度ではないので，給付拒否や給付の変更の決定を取消訴訟で争うことは認められないことになろう（東京高判平成元・7・11行集40巻7号925頁参照）(曽和俊文・山田洋・亘理格「現代行政法入門第3版」有斐閣，2015年，233頁)。」

▶時効起算の原則

　自治体の補助金は行政処分か，贈与契約か見解が分かれるとしても，返還はいつまで遡及できるのであろうか。

　時効の進行は権利を行使することができる時から進行するとされる（改正前民法166条1項）。

　「具体的には，期限や停止条件付の債権の場合，期限が到来し，あるいは条件が成就したときから進行を開始する。また，時効期間の計算には，(筆者注：民法)140条の初日不算入の原則が適用される（内田貴「民法Ⅰ〔第2版〕補訂版総則・物権総論」東京大学出版会，2000年，307頁)。」

　また，自治法が適用される債権であっても，自治法236条3項では「消滅時効の中断，停止その他の事項（前項に規定する事項を除く。）に関し，適用すべき法律の規定がないときは，民法（明治29年法律第89号）の規定を準用する」とあるので時効の起算点は民法によることになる。起算点は改正民法166条1項でも変わりはない。

　「消滅時効の起算点に関しては，自治法236条3項により民法の規定が準用され，公債権と私債権のいずれも，『権利を行使することができる時』（民法166条1項）が消滅時効の起算点になります（大阪弁護士会編「Q&A自治体の私債権管理・回収マニュアル」ぎょうせい，2012年，80頁)。」

　「時効の中断，停止のほか，時効の遡及効，時効の起算点等の事項を指す（村上順・白藤博行・人見剛編「別冊法学セミナー新基本法コンメンタール地方自治法」日本評論社，2011年，占部裕典執筆部分，309頁)」

　返還金はいつ発生するのか特定できないから納付期限を設定できず，時効起

算はいつになるのか問題になる。時効起算は当該支給の翌日からとする考え方と取消し又は解除からとする考え方がある。

▶当該支給の翌日からとするもの

生活保護費の返還金の時効の起算点については，生活保護費支給の翌日を起算点とする見解がある。

「(生活保護)法63条による返還金の場合，資力発生の事実があったとき以降であれば，いつでもその返還請求権を行使することができるので，<u>生活保護費の支給の翌日が消滅時効の起算点となります</u>（改正前民法166条1項）（「生活保護手帳別冊問答集2012」410頁）（弁護士瀧康暢「自治体私債権回収のための裁判手続マニュアル」ぎょうせい，2013年，258頁)。」

▶取消日の翌日からとするもの

次の見解は取消通知又は契約解除がなされた翌日から時効が進行する見解である。

「公債権である補助金返還請求権の場合は，交付決定の取消しをしたときが，『権利を行使することができる時』であるから，交付決定の取消しをした翌日である。私債権である補助金返還請求権の場合においては，<u>契約解除として交付決定を取り消して初めて不当利得返還請求権が生じるから，やはり，交付決定の取り消しをした翌日である</u>（債権管理・回収研究会編「自治体職員のための事例解説 債権管理・回収の手引き」第一法規，加除式，2104頁)。」

「本債権（筆者注：児童手当の過誤払金返還請求権）は公法上の不当利得返還請求であるから，上記取消処分が過誤払金受給者に到達した時に返還請求権が発生し，そのときから遅滞に陥る（東京弁護士会自治体債権管理問題検討チーム編「自治体のための債権管理マニュアル」ぎょうせい，2008年，224頁)」

▶いつから時効を起算すべきか。

権利を行使することができるときから時効は進行する（改正前民法166条1項）

が，法律上の障害があれば時効は進行しないが，事実上の障害に過ぎない場合は進行する。

債権者が権利行使の可能性を知らなくても時効の開始，進行を阻止しない（大判昭12・9・17民集16巻1435頁）。

「権利者の不知については法律に特別の規定（426条・724条・884条等）が存在し，このような短期消滅時効を認めるにあたっての特例以外の場合には，権利者の知・不知は時効起算点とは無関係である（遠藤浩ほか「民法注解財産法第1巻民法総則」青林書院，1989年，767頁）。」

返還金の時効起算は，行政処分の場合は取り消すまでは生じないが，誤払いによる返還金であれば実際に誤払いした時点で返還請求ができ，誤払いの翌日が時効の起算日であると考える。しかし，生活保護費の返還金の時効の起算を当初の支給日の翌日からとすると，取消し，解除は原因として意味をなさないことになる。

また，前記判決（大判昭12・9・17）を引用しながら，「不当利得返還請求権は，一般に，その発生と同時に行使することが可能であるから，消滅時効の期間は，直ちに進行を開始するものとされている（京都地判平16・6・4兵庫県弁護士会ウェブサイト）」とし，同様に前記判決（大判昭12・9・17）を引用して，「不当利得返還請求権の時効の起算点は，不当利得返還請求権の行使が可能な時点であり，権利者は，不当利得の成立と同時に権利行使が可能であるから，不当利得返還請求権の時効の起算点は，個々の取引により不当利得が生じた各時点からである（長崎地裁島原支部判平18・7・21判タ1220号211頁）」としたものがある。

原則的には権利者の知・不知に関係なく不当利得返還請求権が発生した時点，すなわち，取消し，解除の翌日から時効が進行するものと考えてよい。

過払金返還請求権の時効起算は過払いの発生時点とする（水戸地裁日立支判平20・1・25判時2008号114頁）。

「過払金返還請求権の性質は不当利得返還請求権であると解され，それは原告による個別の弁済によって生じたものであり，その発生と同時に権利行使が可能なものである」

上記地裁判決はいずれも過払金返還請求の例であり、その後、複数の貸付けがある場合、一方で生じた過払いを他方に充当できる問題もあり、過払金返還請求権の時効起算点は継続的取引の終了時点とされた（最判平21・3・3集民230号167頁）。通常の返還金請求権の時効起算は返還請求権が発生した時点とすることには変わりない。

「通常、不当利得返還請求権は、不当利得が発生し不当利得返還請求権が成立すると同時に履行期が到来するので（大判昭12・9・17民集16巻1435頁等）、不当利得返還請求権の成立時と履行期の到来は一致し、履行期の到来が民法704条所定の利息の発生要件であるか否かについては問題とされる余地がなかった（最判平21・3・3判タ1301号116頁）。」

民法改正により時効期間は「権利を行使することができることを知った時」から5年（主観的起算点）又は「権利を行使することができる時」から10年（客観的起算点）に改められ、通常は主観的起算点と客観的起算点は契約により支払期限を認識しているので同一時点になる。しかし、不当利得返還請求権は主観的起算点と客観的起算点は不一致の場合であり、主観的起算点と客観的起算点のどちらか時効完成の早いものが優先されることになったので、上記の両説は解消された形になった。

> POINT

補助金返還請求権の時効は補助金支給の翌日から進行するという考えがあるが、時効の進行は権利を行使し得る時からであり、取消し、解除があるまでは返還請求という権利行使ができないのであるから、時効は取消し又は解除の翌日から進行するものと考える。

> 関連項目

34　国民健康保険資格喪失による返還金の時効（➡167頁）、35　補助金の性質（➡172頁）

issue 37 納付義務者と預金口座名義人

☞ 納付義務者と預金口座名義人が違う場合の口座振替

▶納付義務者と口座名義人が相違する場合

　口座名義人と納付義務者が異なる場合は口座引き落しができるのであろうか，その際，委任状等の提出を求めるべきであろうか。納入義務者は指定金融機関等に預金口座を設けているときは，当該金融機関に請求して口座振替の方法により当該歳入を納付することができる（自治法施行令155条）。

　「この制度は，住民が地方税，使用料等の納付を行う際に，金融機関等の窓口に出向くことなく，金融機関に設けてある自己の預金口座から納付するという，住民の利便を考慮して設けられた制度（越智恒温監修，会計事務研究会編「会計事務質疑応答集」学陽書房，1994年，77頁）」である。

　「歳入は，金融機関が指定されている場合は，口座振替の方法により納付することができ，指定金融機関，指定代理金融機関，収納代理金融機関又は収納事務取扱金融機関に預金口座を設けている納入義務者に限り行うことができる（昭38.12.19通知）（地方財務制度研究会編「地方財務ハンドブック＜第５次改訂版＞」ぎょうせい，2014年，112頁）。」

　口座名義が違う場合，納入義務者でない者の口座から納入義務者の固定資産税や国保料を引き落とす例は多い。

　例えば，固定資産税では，納税管理人は設定せずに，土地と家屋の名義が違っていても，義務者の依頼により親子関係から一方の納税義務者自身の預金口座から合わせて引き落としている場合，また，国民健康保険料では子が国保被保険者で親に保険料が課されている場合に義務者の依頼により子の預金口座から引き落とす例がある。

▶同意がある場合

　通知及び解説では，納入義務者と口座名義人が違う場合は口座振替を認めていない。

　理由として，当初の同意が変わったりすると，納入義務者及び関係者等に混乱を招くおそれがあるとされる。

　「指定金融機関等に係る口座振替の方法による歳入の納付，郵便振替の方法による歳入の納付は，指定金融機関等に預金口座を設けている納入義務者に限り行うこととされており（昭和38年12月19日付け行政課長通知），設問のAの妻の国民年金保険料，Aの長男Cの軽自動車税及び国民年金保険料をAの預金口座から納付することはできないものです。これは，他人の預金口座からの納付を認めることとすれば，今回のように夫婦，親子間だけでなく，他人であっても本人の同意があればよいのではないかということにつながるものであり，これらの場合，地方公共団体において，<u>当事者の意思を確認するという事務が必要になるだけでなく，当初同意していたものの，事情が変わって同意しなくなった場合で既に口座振替されていた場合どうするか等，納入義務者及び関係者等の住民に混乱を招くおそれがあること</u>，また住民が指定金融機関等に預金口座を設けることに特段支障があるわけではないことなどを勘案して，右の行政課長通知を示しているものと考えられます（地方自治制度研究会編「地方財務実務提要」ぎょうせい，加除式，2809・2頁）。」

　口座振替による地方税の納付手続について（昭和42年6月27日自治府第74号自治省税務局長通達）によれば，指定預金口座は「納税者の指定した本人名義の預金口座とする」としている。

　同様に，口座振替は納入義務者が預金口座を設けていることが必要とする見解もある。

　「口座振替の制度は，証紙による収入の方法によるとされた以外の全ての歳入について利用することができ，現金又はそれに代わるものでの収納よりも，効率的で誤りが少なく，納入義務者にも便利であるとして活用されている。しかし，納入義務者が指定金融機関，指定代理金融機関若しくは収納代理金融機

関に預金口座を設けていることが必要であり，個々の納入義務者が当該金融機関に請求するものであるから，地方公共団体としては，納入義務者にその手続をとるように要請するしかない（橋本勇「自治体財務の実務と理論―違法・不当といわれないために」ぎょうせい，2015年，281頁）。」

　納付義務者本人の名義であれば全く問題はないが，納付義務者以外は認めないとする取扱いはいささか硬直的な扱いであり，様式も含めて納入義務者が口座名義人を指定していれば委任があり，納入義務者の同意があったものとみなしてよいと考えられ，還付する場合についてもあらかじめ申請書に還付が生じた場合に指定された預金口座に還付する旨を記載しておくか，改めて還付口座の申請書を送ることで足りるものと考えられる。

　口座振替の依頼書の表示は，例えば，「口座振替における納入義務者と口座名義人が異なる場合，口座名義人から引き落とすことについては納入義務者の責任において口座名義人の了承を得ていることになり，納付の責任は納入義務者が負う」ものとする旨を明示していれば問題がないと思われる。

　納入義務者本人の口座でなければ委任状を求める自治体の例もあるが，依頼書への記入で委任とみなすとする自治体の例もある。

　一方で，賦課決定によらない住宅使用料，水道料金，学校授業料は，日常家事債務として夫婦の連帯納付義務があるとされる（民法761条）。

　税，国保料などの賦課決定による債権と違って，日常家事債務に当たる債権は，契約者が夫名義であっても，妻は夫の代理権を有することから納付することができ，妻に請求もできることになる。

　日常家事債務は日常生活における夫婦の連帯債務から契約者が夫名義であっても妻が納付することができ，また，債務承認においても妻ができること（異論はあるが，432条以下の連帯債務と異なり夫婦の一体性からみて相対的効力ではなく，絶対的効力を有すると解する）から，申し出があれば妻の預金口座から引き落とすことについては先の行政課長通知（昭和38年12月19日付け行政課長通知）の理由にも抵触しないものと考える。

　また，「他人であっても本人の同意があればよいのではないかということ」

は第三者弁済に当たるものでもあるが，改正民法においては「正当な利益を有する者（物上保証人，担保不動産の第三取得者，借地上の建物の賃借人等）」以外の親族，債務者会社の第二会社的立場の会社等の第三者弁済は債権者が知らなかった場合は有効とされる（改正民法474条2項）。

「利害関係のない第三者からの弁済がなされる典型的な例としては，例えば，債務者本人が失踪，行方不明となったときに，その親や配偶者が代わりに住宅ローンを弁済したい，親が子に代わって債務を弁済したい，あるいは社員が不祥事を起こしたような場合に，その親族が被害弁済をしたいといったようなケースが考えられる。このような場合においては，金融機関は債務者の意思を知らないことが通常と考えられることから，事後的に債務者の反対の意思が判明する可能性を考慮して，第三者からの弁済の申出を受けることを躊躇することがあり得るが，改正法においてはその懸念はほぼなくなる（債権法研究会「詳説改正債権法」（財）金融財政事情研究会，2017年，291頁）」

なお，民法改正前は口座振込の弁済は規定がなかったが，金銭債務の消滅時期が明らかでなく，債権者が払戻請求権の取得時に効力を生ずるとし（改正民法477条），払戻請求権をいつ取得するかについては，入金記帳時になるものと思われる。

▶債務引受

なお，親族が債務を引き受ける場合は債務引受であって，民法改正により債務引受が明文化された（改正民法470条～472条の4）。

債務引受は，債務者と連帯して引き受ける併存的債務引受と債務者が交代することになる免責的引受があるが，免責的引受は「債務が同一性を保ちつつ新債務者に移転（内田貴「民法Ⅲ〔第二版〕債権総論・担保物件」東京大学出版会，241頁）」することであって，債務者に通知が必要であることと，債務者が交代することは従前の債務者の免除を意味することから議会の議決を必要とする指摘がある。

「免責的債務引受の場合，債務者の集約が可能なため，債権管理コストを削

減できるが，民法改正により債務者の合意が不要となり要件が緩和されたとはいえ，債務者への通知が必要となる（その前提として債務者の確定が必要）。また，債務の免除という側面に着目すると，議会の議決事項である『権利を放棄すること』（地方自治法96条1項10号）に該当するという解釈もあり得るため，債権管理の手法としては必ずしも使い勝手はよくない（弁護士荻野泰三「民法が変わる！自治体実務への影響とその対応」自治実務セミナー2018.2, 51頁，同趣旨として大阪弁護士会自治体債権管理研究会編「Q＆A自治体の私債権管理・回収マニュアル」ぎょうせい，2012年，233頁）。」

POINT

納付義務者と預金口座名義人が違う場合であっても，書類上，同意があったものとみなすことができる場合は口座引き落しが可能と考える。

納付名義人と口座名義人が違う場合は口座振替申請書にあらかじめ同意とみなす，異議をとどめない旨を記載しておくことで足りるものと考える。

関連項目

16　一部納付と時効の援用（→77頁），28　日常家事債務（→137頁），41　将来債権の差押え（→203頁）

issue 38 端数処理及び計算方法
☞ 自治体債権における端数処理の扱い

▶税における端数処理のあり方

端数処理は債権によって扱いが違うのであろうか。地方税の端数処理の仕方は自治体の各種使用料だけでなく、私債権においてもできるのであろうか。

地方税においては債権額全体で千円未満を切捨て（地方税法20条の4の2第6項）、また、地方税の確定金額に百円未満の端数があるとき、又はその全額が百円未満であるときは、その端数金額又はその全額を切り捨てる（同条3項）等の規定があるが、債権管理に関して一般法である自治法には端数処理は規定されていない。

地方税では定型的な大量の債権をより簡易、迅速に処理する必要から端数処理が定められたものであるが、税以外の債権において法律の範囲を超えて条例で端数処理を定めることは適切ではない。

▶税以外の公課の端数処理

国等の債権債務等の金額の端数計算に関する法律では、「地方団体の徴収金並びに地方団体の徴収金に係る過誤納金及び還付金（これらに加算すべき還付加算金を含む。）」は適用されないとし（同法7条4号）、地方税以外の公課（保育所保育料等）は除かれ、同法は私債権に適用があるとされる。

この法律における「徴収金」は地方税に限らず、地方税以外の公課も含んでこの法律から除かれるものと解され、同法は自治体の私債権に適用されることになる。

「この『地方団体の徴収金』は地方税のみを指すとは解されません。国との兼合いからは、地方税のみに限られる趣旨と解されないこともありません。しかしながら、法文解釈上、地方税のみに限られるとすれば、国と同様、地方税

と表現すべきであるといえます。あえて国と異なり、『地方団体の徴収金』としたのは、地方税と同様な分担金、負担金、使用料、手数料など公法上の収入を含む趣旨と解するのが適当と解されます。したがって、この端数計算法の適用となる対象は、地方公共団体の私法上の収入のみです（地方自治制度研究会編「地方財務実務提要」ぎょうせい、加除式、8206頁）。」

地方税以外の公課（保育所保育料等）の端数処理は自治法に規定がなく、延滞金は自治法231条の3の規定を受けた条例により定め、端数処理も条例で定めることになる。

上記の解説のように滞納処分ができる税以外の公課は、端数処理において滞納処分手続のように税手続の準用を認める規定はないが、条例で定めることにより地方税と同様に扱ってよい趣旨であると考える。

地方税法は制度として枠組みを規定しているところもあり、端数処理は条例の定めがあれば別によることもできる（地方税法20条の4の2第6項）が、税以外の公課については条例の規定がなければ、そのまま準用できず、国等の債権債務等の金額の端数計算に関する法律により1円未満の切捨とするしかない。

「地方公共団体における、その他の公法上の収入金について、条例又は規則で端数処理について規定されていないときは、国等の債権債務等の端数処理に関する法律に準じて取り扱うのが適当です（越智恒温監修、会計事務研究会編「会計事務質疑応答集」学陽書房、1994年、68頁）。」

同様に、それぞれの収入の端数処理を条例、規則で規定すべきとする見解がある。

「端数計算法の適用除外している歳入のうち、地方税の端数計算については、地方税法第20条の4の2に規定されていますが、その他の公法上の収入（分担金、使用料、加入金等）については、それぞれの条例又は規則に規定すべきものと考えます。なお、条例又は規則に明文の定めのない場合にあっては、端数計算法の規定に準じて取り扱うのが適当でしょう（地方自治制度研究会編「地方財務実務提要」ぎょうせい、加除式、8206頁）。」

上記の見解はいずれも条例又は規則の定めとあるが、収入、金銭の取扱いに

関することでもあり，規則よりは条例で定めるのが適切であろう。

　税以外の公課の督促手数料及び延滞金は，自治法231条の3に基づく督促及び延滞金徴収条例が規定され，これらの規定は滞納処分ができないものも含んで行政処分により成立する公債権に適用されることになり，私債権には適用されない。

　延滞金計算は元々納期限の1月を超えるまでは年7.3％（日歩2銭），1月を超える部分は14.6％（日歩4銭）であり，通算して計算した後に端数を切り捨てるものとされている（地方自治制度研究会編「地方財務実務提要」ぎょうせい，加除式，2920頁）。

　計算の1か月は暦に従い大，小の月でも同様に扱い，土日は計算期間に含め，閏年であっても計算基礎は365日になる。

　なお，1月2日，3日は休日に当たる（最判昭33・6・2民集12巻9号1281頁）が，12月29日から31日まではいずれも休日扱いとしていなかった（30日につき官庁の休日ではあるが，一般の休日ではない。最判昭43・9・26民集22巻9号2013頁）が，民事訴訟法95条3項で「国民の祝日に関する法律に規定する休日，1月2日，1月3日又は12月29日から12月31日までの日に当たるときは，期間は，その翌日に満了する」とし，民法142条ではこのような規定はされていないものの，同様の解釈とされ，行政機関の休日に関する法律1条でも同様に規定している。

　時効完成の日が休日に当たる場合，民法142条により満了日は翌日になるとする例があり（東京高判昭37・2・19金法303号4頁），反対に，時効制度の性質から長く権利を放置していた場合は保護する必要がないとして否定する例（大阪地判昭48・9・4判時724号85頁）もあり，扱い方は分かれるが，翌日を満了日とする方が無難ではあろう。

　毎月の分割払の契約において，返済期日を「毎月X日」とした場合，X日が休日のときはその翌営業日を返済期日とする黙示の合意があったとされている（最判平11・3・11民集53巻3号451頁）。

　延滞金の率は，現在は，特例基準割合によることになり，前年の12月15日ま

でに財務大臣が指定し，官報に告示される。

　下水道受益者負担金は延滞金を徴収でき，その率は14.5％であり（都市計画法75条4項），道路占用料の延滞金も同じ率である（道路法73条2項）が，これは利率等を日歩建てで表示している全ての法律の規定を一括して年利建ての表示に改めたものであり，14.5％の率は日歩4銭に相当するが，金融機関の適用金利等の体系との関連を考慮して，特別の事情のある場合のほかは，0.25％の整数倍としたものである。

　税における14.6％は例外であり，収入の面から考慮して0.25％の整数倍にしなかったものと推察される。

　もちろん，条例では法律に規定する率を超えることができないのはいうまでもない。

>　第63回国会　本会議第14号　昭和45年3月30日（月）　利率等の表示の年利建て移行に関する法律案（内閣提出，参議院送付）
>　○毛利松平君　「この法律案は，利率等を日歩建てで表示しているすべての法律の規定を一括して年利建ての表示に改めるものでありまして，改正の対象としている法律は，国税通則法，地方税法，土地収用法，道路法，農地法等58法律であり，改正する条項は164カ所であります。また，この改正により，新たに規定する年利建ての割合は，公定歩合その他金融機関の適用金利等の体系との関連を考慮して，特別の事情のある場合のほかは，0.25％の整数倍の数値とし，現に日歩建てで定められている割合を年利建てに改めるにあたっては，国民負担の軽減等の原則に基づいて端数の調整を行なうこととしております。」

▶私債権の端数処理

　一方で，私債権に該当するものは徴収金には該当せず，国等の債権債務等の金額の端数計算に関する法律で措置されるべきものであり，1円未満切捨ての端数処理になるものと考える。

　私債権では必ずしも大量処理とはいえず，税等公課と同様に端数処理することは適当ではない。

　端数処理においても，税等公課の例から行政特有の債権と私債権の扱いに違

いが現れたものといえる。

相続により分割し，残額として端数1円が生じた場合，不納欠損は認められる（国等の債権債務等の金額の端数計算に関する法律2条2項）。

POINT

税以外の公課は，延滞金も含めて税に準じて端数処理を条例で定めることが適切である。

条例で端数処理が規定されていない公課，私債権の端数処理は，国等の債権債務等の金額の端数計算に関する法律により1円未満切捨てとする。

関連項目

7　延滞金と遅延損害金（➡31頁），20　少額債権（➡97頁）

issue 39 送達の要件

☞ 送達の効力と公示送達の可否

▶到達主義

納付義務者に書類を送達することは，意思表示であるから原則として到達してはじめて効力を生ずる（改正前民法97条）。

「意思表示の効果を主張する者は，表意者が相手方に対し意思表示をしたこと及び意思表示が相手方に到達したことを主張立証しなければならない（遠藤浩ほか「民法注解財産法第1巻民法総則」青林書院，1989年，448頁）。」

民法の規定は特別な法律の規定がなければ行政に関する法律にも適用され，行政上の書類は特別な場合を除いて，普通郵便で送達する場合がほとんどであり，内容証明付郵便により送達するのは，費用も含めて実際的ではない。ここでは送達の効力と公示送達の要件について考えてみたい。

なお，民法改正前は隔地者に対する意思表示は到達主義とされていたが，民法改正により隔地者に限定することなく，原則は到達主義であることを明確にし（改正民法97条1項），到達を妨げた場合は到達とみなすとした（改正民法97条2項）。

▶送達の効力

国税においては，住所，居所が複数のときは，書類と緊密な関係のある住所，居所に送達することになり，送達があった日は「通常到達すべきであった時」であり，そのときの郵便事情と地理的事情等を考慮して合理的に判定される時をいうとされ，配達可能な日をもって到達した日とされる。

送達の効力については，名宛人の住所，居所の範囲に入り，名宛人の了知可能な状態に置かれた場合は送達されたものとされ，社会通念上，送達を受けるべき者の支配下に置かれたと認められるときに生じる。

「到達とは，相手方が意思表示を了知し得べき客観的状態を生じたことを意味する。(中略)意思表示は，表意者の意思に基づいて発せられれば，到達経路が表意者の意図したところと異ってもよい（前掲：遠藤ほか，449頁)。」

名宛人が不在の場合，たまたま居合わせた者に渡したとしても，了知可能な状態に置かれたものとして到達は認められた例がある（最判昭36・4・20民集15巻4号774頁)。

「たまたま右事務室に居合わせた者で，右催告書を受領する権限もなく，その内容も知らず（中略）社員らに何ら告げることがなかつたとしても，<u>右催告書はBの勢力範囲に入つたもの，すなわち同人の了知可能の状態におかれたものと認めていささかも妨げなく</u>，従つてこのような場合こそは民法97条にいう到達があつたものと解する」ただし，わきまえのある成人に渡したならともかく，未成年者に渡した場合は効力を問われるであろう。

地方税では未成年者に納税通知書を送達する場合は有効とされるが，行政処分であっても相手方が了知できなければ効力は発生しないとされることからも問題がないとはいえない。未成年者が納付義務者の場合，親権者宛に，成年被後見人の場合成年後見人に送付する方が無難ではあろう。

民法改正では，「法律行為の当事者が意思表示をした時に意思能力を有しなかったときは，その法律行為は，無効とする」とされた（改正民法3条の2)。

医薬品の申請に関し，行政処分としての承認は申請者に到達した時に効力が発生するとされた例がある（最判平11・10・22民集53巻7号1270頁)。

「(医薬品の）承認は，医薬品の有効性，安全性を公認する行政庁の行為であるが，これによって，その承認の申請者に製造業等の許可を受け得る地位を与えるものであるから，申請者に対する行政処分としての性質を有するものということができる。そうすると，承認の効力は，特別の定めがない限り，当該承認が申請者に到達した時，すなわち<u>申請者が現実にこれを了知又は了知し得べき状態におかれた時に発生すると解する</u>」

また，長期の不在により受領し得ない状況でもなく，受領の意思があれば受取方法を指定できたから，内容証明郵便は到達したものと認めた例がある（最

判平10・6・11民集52巻4号1034頁）。

　「被上告人は，本件当時，長期間の不在，その他郵便物を受領し得ない客観的状況にあったものではなく，その主張するように仕事で多忙であったとしても，受領の意思があれば，郵便物の受取方法を指定することによって（中略），さしたる労力，困難を伴うことなく本件内容証明郵便を受領することができたものということができる。そうすると，本件内容証明郵便の内容である遺留分減殺の意思表示は，<u>社会通念上，被上告人の了知可能な状態に置かれ，遅くとも留置期間が満了した時点で被上告人に到達したものと認めるのが相当である</u>。」

▶公示送達の可否

　税等公課の公示送達は名宛人の住所，居所が不明の場合，行政限りで掲示することで送達されたものとみなす制度である（地方税法20条の2，自治法231条の3第4項）。

　公務員の任免は官報による公示は認められないとされている（最判昭29・8・24刑集8巻8号1372頁）。

　「特定の公務員の任免の如き行政庁の処分については，特別の規定のない限り，意思表示の一般的法理に従い，その意思表示が相手方に到達した時と解するのが相当である。即ち，辞令書の交付その他公の通知によって，相手方が現実にこれを了知し，または相手方の了知し得べき状態におかれた時と解すべきである（中略）公務員の任免は法令の公布とは自らその性質を異にするばかりでなく，官報による公示は特定の相手方に対する意思表示とは到底認めることができない」

　一方で，兵庫県公報による懲戒免職処分の掲載は上記判決と同様に効力は生じないとしながら，このような方法は法令の規定がないとしても慣例として行ってきたことから，本人は兵庫県公報により懲戒免職処分を了知し得たものとして有効とした例がある（最判平11・7・5裁判所ウェブサイト）。

　「所在が不明な公務員に対する懲戒処分は，国家公務員に対するものについ

ては，その内容を官報に掲載することをもって文書を交付することに替えることが認められている（人事院規則1210『職員の懲戒』5条2項）ところ，地方公務員についてはこのような規定は法律にはなく，兵庫県条例にもこの点に関する規定がないのであるから，所在不明の兵庫県職員に対する懲戒免職処分の内容が兵庫県公報に掲載されたことをもって直ちに当該処分が効力を生ずると解することはできないといわざるを得ない。しかしながら，（中略）『辞令及び処分説明書を家族に送達すると共に，処分の内容を公報及び新聞紙上に公示すること』によって差し支えないとしている昭和30年9月9日付け自丁公発第152号三重県人事委員会事務局長あて自治省公務員課長回答を受けて，当該職員と同居していた家族に対し人事発令通知書を交付するとともにその内容を兵庫県公報に掲載するという方法で行ってきたというのであり，（中略）兵庫県職員であった被上告人は，自らの意思により出奔して無断欠勤を続けたものであって，右の方法によって懲戒免職処分がされることを十分に了知し得たものというのが相当であるから，出奔から約2箇月後に右の方法によってされた本件懲戒免職処分は効力を生じたものというべきである。」

この判決は従来から職員の任免を県公報によって周知してきており，本人は十分に了知し得たものとしているが，一般的な公示方法とはいえず，事例判決と捉えた方がよさそうである。

1審（東京地判平27・6・23　D1-Law.com判例体系ID 28241524）では納税管理人を定めておらず，「国外に転出した原告に対する督促状の送達を公示送達の方法によって行うのに先立って，原告に対して電話で住所を確認したり，原告の母に対して原告の住所地を照会したり，外務省に対して原告の所在調査を依頼したり，Y区選挙管理委員会の保管する在外選挙人名簿の調査を行ったりすることが，通常必要とされる調査であったとまでは認められない」とした。しかし，控訴審では，海外に居住した者に対し，納税管理人を定めていなかったとしても公示送達の要件を緩和するものではないとした（東京高判平28・4・21　D1-Law.com判例体系ID 28241525）。

少なくとも，海外居住者に対する通知，督促等で不利益を及ぼす場合は，親

族への聴き取り，外務省への照会，在外選挙人名簿の調査の上で住所又は居所不明の場合は公示送達ができることになりそうである。

「処分行政庁が行った本件各督促に係る督促状の送達は，『住所，居所，事務所及び事業所が明らかでない』とはいえない者に対して，転出先の住所が国外とされていること及び納税管理人が選任されていないことの確認のみで督促状を公示送達の方法により送達したものであって，地方税法20条の2第1項の『住所，居所，事務所及び事業所が明らかでない場合』の要件を欠いたものというべきである。(中略)督促が適法であるか否かは，地方税法20条の2第1項に定める公示送達の要件を満たすか否かの問題であるといえること，督促状の送達手続は，滞納者に納税を促す意義を有し，その権利保護の観点から重要なものであるところ，公示送達は，受送達者が自己への送達を現認することがほとんどなく，権利保護に欠ける面があるため，例外的な送達手続として位置付けられていることを考慮すると，督促状の法的性質から直ちに本件各督促が適法であるとの結論が導かれるものではない。」

また，出国した外国人への納税通知につき，公示送達できる場合は，「当該出国先の住所又は居所が明らかではない場合又は住所又は居所は判明しているが当該出国先の国と国交がない場合，あるいは国際郵便に関する条約関係がない場合等(「市町村事務要覧税務編(1)総則」ぎょうせい，1331頁)」，また，「外国においてすべき送達につき困難な時事用があると認められる場合とは戦乱等の場合(平元・10・1自治税企41号，「地方税法(徴収関係)の取扱いについて」自治省税務局長発)」をいうとされている。

固定資産税の場合，海外居住者には登記での法務局の宣誓供述書等から外国語表記の住所地が判明することがあり，送付は可能であり(「税」2018年3月，42頁以下参照)，納税管理人の選任の有無は公示送達の要件でない。

一般的に公示送達するには，他の公課等が公示送達されていることも含めて，住民票，戸籍，現地調査により知り得る範囲で調査して居所不明であれば要件を欠くものとはいえないであろう。

書記官が公示送達しても，種々の調査手段があるにもかかわらず，これらの

手段を経ることなく，公示送達の要件を欠けば無効である（名古屋高判平27・7・30判時2276号38頁．札幌高判平25・11・28判タ1420号107頁も同趣旨）。要件を欠いても裁判長の許可に基づく公示送達は有効である（東京高判昭48・9・5判時721号32頁）。

> POINT

　送達は，名宛人の住所，居所の範囲として名宛人の了知可能な状態の場合は，送達されたものとみなされる。
　行政限りの公示送達は，滞納処分を認める法令の規定がなければできず，滞納処分ができる債権以外の場合の公示送達は，裁判所の手続を利用することになる。
　調査手段があるにもかかわらず，調査しなかった場合の公示送達は無効とされる。

> 関連項目

　5　督促の効力と要件（➡21頁），9　国税徴収法，地方税の例（➡41頁）

issue 40 議決の時期

☞ 支払督促において異議が出された場合の議決時期

▶支払督促と議決

支払督促自体は「訴えの提起」には該当しないので議会の議決は不要であると解されている。

支払督促は異議を申し立てることができ，仮執行宣言を付した支払督促に異議がない場合は，支払督促は確定判決と同一の効力を有する（民事訴訟法396条）が，既判力がないため確定後も争う余地がある。

支払督促は，請求異議訴訟の異議の事由が限定されておらず，仮執行宣言付支払督促の確定後も訴訟できるとされ，債権者の申立てを認めるかどうかであるから執行力のみ生じるとされる。

「支払督促は書記官の処分であり，また，債権者側の片面的手続であるため，既判力は生じず，執行力が生じるのみである（井上治典編『ブリッジブック民事訴訟法〔第2版〕』信山社，2011年，28頁）。」

支払督促に異議が出されたら支払督促申立時に遡って「訴えの提起」があったものとみなされ（民事訴訟法395条），議会の議決が必要とされる（最判昭59・5・31民集38巻7号1021頁）。

「普通地方公共団体の申立に基づいて発せられた支払命令に対し債務者から適法な異議の申立があり，民訴法442条1項（現行395条）の規定により右支払命令申立の時に訴えの提起があつたものとみなされる場合においても，地方自治法96条1項11号（現行12号）の規定により訴えの提起に必要とされる議会の議決を経なければならない」

▶議決の時期

支払督促申立てを行う場合，議決時期としては次のように示されている。

> ① 支払督促の申立ての前，そのつど議決を経ておく。
> ② 適法な督促異議の申立てがあった場合，「訴えの提起」に必要な議決を経る。例えば，定例会が開催されている場合にはその定例会に提案し，また定例会が開催されていない場合には，裁判所から通常補正命令が発せられるので，その期間に応じて臨時会を招集し提案する。
> ③ 自治法第180条第1項の規定により，「議会の権限に属する軽易な事項」として議会の委任による専決処分の対象とする。
> （地方自治制度研究会編「地方財務実務提要」ぎょうせい，加除式，213・3頁）

①の場合は，異議が出されるかどうか不明の状況において公開の場である議会に提案し，支払督促申立前に議決を得ることは，異議申立てされなければ公開された訴訟にはならず，相手方には不利益な個人情報が残る扱いになるので議決時期として疑問である。支払督促は法的措置の一手段ではあるが，裁判所書記官宛に処分を求める申立てであり（民事訴訟法382条），判決による保護行為を求めるもの，対等な立場で争うものではないため，支払督促申立ての段階では訴えの一部とみなされず，議決は不要と解されている。

「支払督促は，当事者が対等の立場で争った結果発せられるものではありません。これに対して，議会の議決を要する『訴えの提起』の『訴え』は，相手方に対して自己の権利又は法律関係の存否を主張して，当事者対等の立場でその存否を立証し，自己に有利な裁判（判決）求めるためのものですので，支払督促の申立とは，本質的にその構造が異なっています。また，文理的にみても，『支払督促の申立』を『訴えの提起』とは解せられません。ですから，支払督促の申立には，議会の議決は要らないということになります（大場民男編「Q＆A地方公務員のための公営住宅運営相談」ぎょうせい，加除式，2783頁)。」

▶専決処分の意義

議会の議決を要する事件につき，長限りで専決処分ができるが，自治法179条の専決処分は補充的，抑制的な手段とすべきものとされている（甲府地判平

24・9・18判自363号11頁）。

「（筆者注：自治法179条の趣旨は）<u>議決を要する事件に関して必要な議決が得られない場合に地方公共団体の行政事務の停滞を防止する補充的な手段として，地方公共団体の長に専決処分の権限を付与し，もって，執行機関と議決機関との間の適切な調整を図ることを目的としたものである。</u>（中略）地方公共団体の長が同条（筆者注：自治法179条）所定の要件がないのにこれがあるものと誤認して専決処分を行った場合などを除いては<u>違法，無効の問題は原則として生じない</u>ものといえる。しかしながら，専決処分は，本来議会に属する権限を長が代わって行使することを例外的に許容した制度であり，その<u>対象範囲が広範であることや事後的な抑制手段が欠如していること</u>（専決処分が行われた後に議会の承認が得られない場合でも専決処分の効力に影響はないものとされている），さらには<u>議会制民主主義をできる限り尊重すべきであること</u>などにかんがみるときは，あくまで補充的・抑制的な制度として運用すべきであって，地方公共団体の長が，専決処分権が与えられた趣旨を殊更潜脱する目的でこれを行使した場合には，当該専決処分は違法となると解する」

▶議決時期の問題点

議会会期中であれば直ちに議決を得ることになり，閉会中であれば臨時会を招集して議決を得るか，自治法179条により長限りで専決処分を行い，次期議会に報告議案として議会の承認を得ることになる。

自治法179条の専決処分の場合，議会の承認が得られなかったとしても，前記甲府地裁判決のように，専決処分の効力に影響はないものとされている（行政実例昭26・8・15地自行発217号）。

異議申立てがあれば裁判所から申立人に手数料の追納と補正命令が出され（民事訴訟法137条1項），また，請求の趣旨及びその原因を記載した準備書面（訴状に代わる準備書面）を求められ，弁論終結時までに補正に応じなければ却下扱いになる（民事訴訟法137条2項）。

「支払督促時に納めた手数料は訴え提起の手数料の半額であるので，手数料

の追納(補正)が命じられることになるが、その際、支払督促申立段階では経ていなかった議会の議決に関して支払督促申立書の補正を促され、又は命ぜられる可能性がある。そして、その補正ができない場合には(形式的には訴状はないが)訴状却下となると考えられる。また、訴状審査の段階では不問にされたとしても、議会の議決を経ていない訴え提起は不適法であるから、最終的には訴え却下となる(債権管理・回収研究会編「自治体職員のための事例解説　債権管理・回収の手引き」第一法規、加除式、719頁)。」

　また、支払督促、仮執行宣言申立ての異議申立期間はともに2週間であり、4週間以上を空けて議会閉会中であれば自治法179条の専決を行うこともできる。しかし、支払督促の段階で異議申立ては予測できないので、会期に関係なく、あらかじめ○○円以下は長限りで訴えの提起ができるとする専決処分を議会との取決め又は条例に規定されていることが望ましい(自治法180条)。

　議会の委任による専決処分は、議案としてではなく諸般報告として次期議会に提出することになる。

　裁判所の補正命令期間は送達後14日以内であり、臨時議会まで招集の必要性を考慮すれば、冒頭の例では②よりも③の自治法180条による専決処分が求められる。支払督促に限らず訴訟、和解の場合も同様の考え方で整理すればよく、専決処分の日は、権限者(通常は長になる)の意思決定の日とすればよい。

　応訴の場合、議会の議決は必要ないが、応訴事件の和解の全てを専決処分とするところではなく、自治体の利害及び権利義務関係に重大な影響がある場合は議決が必要とされている(東京高判平13・8・27判時1764号56頁)。

　「(筆者注:自治)法96条1項12号は、(中略)<u>民事上の紛争を解決するについては、その紛争解決手段及び内容が地方公共団体の利害及び権利義務関係に重大な影響を及ぼす場合があることにかんがみ、当該和解の可否自体を議会が決するよう定めているものと解される。</u>(中略)(筆者注:自治)法180条1項が、特に軽易な事項に限って長の専決処分にゆだねることができる旨を規定していることからすると、およそ<u>訴訟上の和解のすべてを無制限に知事の専決処分とすることは法の許容するところではない</u>というべきであり、このような議決が

された場合には，議会にゆだねられた裁量権の範囲を逸脱するものとして，違法との評価を受けるものというべきである。」

水道料金，病院診療費等の企業会計に属する債権については，地方公営企業法上，自治法96条１項12号の議決は必要なく，機動的に訴訟等が実施できる（地方公営企業法40条２項）。

自治法180条による専決処分は債権放棄についても定めることができるが，条例による債権放棄を規定する例（いわゆる債権管理条例）が多く，自治法180条による債権放棄を定めている例は少ないであろう。

支払督促は契約書等に合意管轄としても，債務者の住所地管轄とされる（民事訴訟法383条１項）。

POINT

支払督促は申立段階での議決は必要ないが，異議が出されたら訴訟に移行するので議決が必要である。

あらかじめ長限りで条例ないし取決めによる専決処分ができる規定を設けておく方が望ましい。

関連項目

12　訴訟当事者（➡56頁），24　債権管理条例のあり方（➡117頁）

issue 41 将来債権の差押え
☞ 何営業日前の差押通知が有効とされるのか

▶差押債権の表示

　強制執行の財産の表示には、「差し押さえるべき債権の種類及び額その他の債権を特定するに足りる事項並びに債権の一部を差し押さえる場合にあつては、その範囲を明らかにしなければならない（民事執行規則133条2項）」とされ、税等の公課における差押えの特定も同様である（福岡高判昭35・6・28下民11巻6号1375頁）。

　預金の内容は差押手続の要件ではなく、給与額も預金内容と同様に差押手続の必要条件とはされていない。

　「預金残高を含む預金内容については、差押手続の必要条件ではないことから、回答を拒否することが許されるとの見解もあり（日本弁護士連合会調査室編著「条解弁護士法〈第4版〉」弘文堂、2007年、173頁）、実務上、預金者の同意が得られない場合には金融機関が回答を拒否することが少なくない（大阪弁護士会自治体債権管理研究会編「Q＆A自治体の私債権管理・回収マニュアル」ぎょうせい、2012年、173頁）」

　差押えを金融機関に依頼する場合は、その表示に当たってどれくらい前の営業日であれば可能であろうか。

　振り込まれる各種給付金等について、あらかじめ金融機関側に預金差押えを依頼することは将来債権の差押えに当たるのであろうか。

▶3営業日前の仮差押えを肯定した例

　第三債務者（金融機関）は、債務者（滞納者）が払戻請求する度に預金残高と差押金額を比較し、差押債権額を上回る部分にのみ払戻請求に応じるということになる。

金融機関の債権者（自治体側）への支払いは，「債権の準占有者に対してした弁済は，その弁済をした者が善意であり，かつ，過失がなかったときに限り，その効力を有する（改正前民法478条）」とあり，金融機関側に過失がなければ債権者への支払いに効力を有し，対応できるという意見もある。

　差押えが可能な営業日の範囲については，金融機関の業務負担によって見解が分かれる。

　3営業日前を肯定した仮差押決定としては次のとおりであり，肯定した理由はいずれも筆者の知る限り不明である。

・仮差押決定（名古屋地裁岡崎支決平22・10・29消費者法ニュース87号342頁）
・仮差押決定（奈良地裁葛城支決平22・5・24判例集未搭載）
・仮差押決定（高松地裁観音寺支決平21・3・25消費者法ニュース80号347頁）
・仮差押決定（奈良地決平21・3・5消費者法ニュース79号200頁）

▶ 3営業日前の差押えを否定した例

　上記決定とは違って，次の決定は金融機関の預金管理のあり方から対応は困難とし，3営業日前の差押えを否定した（東京高決平20・11・7判タ1290号304頁）。

　「差押債権の特定については，単に差押債権及びその範囲を誤認混同することなく，識別することができるだけでは足りず，第三債務者において，差押債権及びその範囲を過大な調査の負担を伴わずに識別することができることが必要であり，差押債権の特定がこの程度に達していないときは，差押債権の特定を欠くことになるものというべきであって，（中略）払出しの手続は，営業時間内の自行の窓口におけるものだけでなく，営業時間の内外を通じて自行又は提携先の他行のＡＴＭ（現金自動預け払い機）等によるものがあり，その回数も頻繁である可能性があるから，差押命令を受けた銀行としては，通常の営業時間を超えて，預金残高を注視し，これらの払出しの手続がされる都度，直ちに差押債権の額と預金残高を比較して払出しに応ずるかどうかを判断する作業が必要になるのであり，本件記録中の各銀行の別件での調査嘱託に対する回答書によれば，銀行の預金管理システム上，特定の口座への入金状況を自動的に監

視する設計になっておらず，このような作業を行うとすれば，人力に頼らざるを得ないことが認められるから，本件申立てに係る差押命令を受ける銀行が過度の負担を強いられることになる」

「差押債権及びその範囲の特定を要するとする基本的な趣旨に加えて，執行手続上は第三者である第三債務者の執行手続への協力義務は社会的に相当な範囲に限られるべきであることを考慮する必要があるとし，第三債務者に負担を負わせる根拠にさかのぼりつつ，<u>第三債務者において差押債権及びその範囲を過大な調査の負担を伴わずに識別することができることが必要である</u>としている（同判決判タ1290号304頁解説）」

▶差押債権の特定

差押債権の特定は送達の時点でそぐわない事態とならない程度に速やかに，かつ，確実に差し押さえられた債権を識別できるものでなければ特定を欠き不適法とされる（最判平23・9・20民集65巻6号2710頁）。

「民事執行規則133条2項の求める差押債権の特定とは，<u>債権差押命令の送達を受けた第三債務者において，直ちにとはいえないまでも，差押えの効力が上記送達の時点で生ずることにそぐわない事態とならない程度に速やかに，かつ，確実に，差し押さえられた債権を識別することができるものでなければならない</u>」

この判決が出るまでは支店の特定は不要で，全ての支店を対象として適法とされてきたが，預貯金総額を把握することなしに，他の店舗の預貯金に差押えの効力が生ずるかどうか判断できないとした。

また，差押送達後1年を経過するまでの入金によって生ずる場合は特定を欠き不適法であり，金融機関側としては入出金の管理が困難であるとした（最決平24・7・24集民241号29頁）。

「特定の普通預金口座への入出金を自動的に監視し，常に預金残高を一定の金額と比較して，これを上回る部分についてのみ払戻請求に応ずることを可能とするシステムは構築されていないというのであり，他の方法により速やかに

これを実現することも期待することはできないとみられる。そうすると，本件申立てにおける差押債権の表示のうち，将来預金に関する部分については，Z銀行において，上記の程度に速やかに，かつ，確実に，差し押さえられた債権を識別することができるものということはできないから，本件申立てのうち当該部分は，差押債権の特定を欠き，不適法である」

なお，遅延損害金は実際に納付までの計算であり，計算はできるので差押債権は特定されており（名古屋地判昭53・7・20訟月24巻10号1907頁），差押通知書の延滞金は「要す」という表示で足りるとされる。

「国税徴収法施行令27条は，債権差押通知書には差押える債権の種類及び額を記載しなければならない旨規定しているが，前記債権差押通知書には差押えるべき債権の種類は記載してあるものの，遅延損害金の一部である第二次損害金債権についての具体的な金額の記載はない。しかしながら，右規定の趣旨は，差押えるべき債権をできるだけ特定させようとするものであるところ，(中略)本件差押債権の目的たる右の遅延損害金債権はその具体的な金額を一義的に計算することができるのであるから，結局差押債権の特定に欠くところはない」

▶金融機関の対応

預金残高の確認の煩雑さは日ごろの入出金状態にもよるが，3営業日前でも金融機関に残高確認等に過度の負担を強いるものになるのかどうかは，金融機関のシステムいかんで左右されるものと思われる。

預金残高が差押額に達する時点がいつか分からないので，金融機関は口座残高を休日夜間も監視するシステムがなければ，被差押債権の識別ができない。

「債権差押えが，処分禁止効・弁済禁止効を有することから，他の債権と識別可能であることが必要であること，また，<u>執行裁判所として，債権差押命令の発令に先立ち，差押禁止財産にあたるか否か，超過差押えにならないかどうかを判断する上でも必要だからである。債権差押えの特定の有無は，第三債務者が社会通念上合理的と認められる時間及び負担の範囲内で差押えの対象とな</u>

る債権を識別することができるか，債権者が通常行い得る調査手段によってどの程度の特定が可能であるかを考慮して判断される（太平洋法律事務所，弁護士向来俊彦執筆部分より）。」

金融機関側としては入出金の管理が困難であり，特定できないとした最高裁平成24年7月24日決定については，次のような見解があり，現行の金融機関のシステムでは差押えの事前対応は難しい。

「将来預金口座残高が一定額になるまでは預金の引き出し（振替・引き落とし等も含む）ができず，一定額を超えたらその超えた額だけを引き出せるという設定が可能なシステムが構築され，銀行として大きな負担がなくそのような設定ができるようになれば，将来預金の差押えを許してもよいのではないか。しかし，強制執行の対象財産の探索手段が限られている日本の現状では，債権者が預金を，効率的で，実効的に差し押さえることは相当に困難である（「金銭債権の差押え」きっかわ法律事務所企業法務研究会2014・5・20）」

POINT

預金差押えに当たっては預金の特定が必要であるが，事前の特定は入出金が確認できないため，現行の金融機関システムでは対応することが難しく，実務上の課題である。

関連項目

37　納付義務者と預金口座名義人（➡182頁）

issue 42 水道料金の減免の処分性

☞ 条例による水道料金の減免の処分性

▶申請に対する処分

　水道料金の時効については，水の供給と代価の関係から私法上の契約とされ，自治法236条は適用されず，民法173条１号により２年とされた（東京高判平13・5・22判例集未登載，最決平15・10・10）。

　では，水道料金の減免について処分性はあるのであろうか。

　水道料金の減免に対して条例上，申請に係る処分権限を付与されていることから処分性を認めたが，その不服申立てに対する処分理由に不備があり，行政手続条例に規定する理由の提示を欠く違法な処分として，取消しを免れないとした例がある（大阪高判平16・5・27判自271号53頁，原審奈良地判平15・11・12）。

　「本件給水条例34条により，上水道料金の減免申請に係る処分権限を付与されており，上水道料金の減免に関し，本件手続条例８条１項本文に規定する行政庁に当たるものということができ，被控訴人による上水道料金を減免しない旨の決定は，同項本文に規定する『申請により求められた許認可等を拒否する処分』に該当する」

　奈良市水道事業給水条例（昭和33年奈良市条例第14号）34条では，「特別の理由がある者については，この条例によって納付しなければならない料金，分担金，加算分担金，手数料，その他の費用を減免することができる」としている。原審である奈良地裁においても水道料金の減免は申請に対する処分としている。

　「原告と奈良市間の給水契約は，地方公共団体を一方当事者とする私法上の契約にすぎないから，本件申請は，契約の一方当事者である原告が契約条件の変更を申し入れ，相手方当事者がこれに応じられない旨の意思表示をしたにすぎないものとして，本来行政処分には当たらないのではないかとの問題点はあ

る。(中略)本件決定が行政処分であることを前提として，審査請求に対する応答をしていること等に本件給水条例の内容を総合して考慮すれば，本件給水条例34条に基づく，利用者の水道料金等の減免申請に対する管理者の応答につき，本件給水条例が行政処分性を付与していると解する（奈良地判平15・11・12）」

　ある行為が行政処分かどうかの判断は，次のような点を考慮すべきとする見解もある。

　「行政庁の行為であっても，私法上の行為（契約など）や，公共施設の建設のような非権力的事実行為であれば処分性が否定されるという場面であることが多い。そのような場面で，行政庁の行為につき公権力性の有無を判定するには，①その行為によって法律関係を一方的に変動させる法的仕組みになっているか，②根拠法令上その行為につき不服申立て等の行政争訟が認められているか，等が手がかりとなる（櫻井敬子，橋本博之「行政法［第3版］」弘文堂，2011年，283頁）。」

　控訴審の大阪高裁は水道料金の減免について申請に対する処分は認めたが，「奈良市水道事業給水条例第34条に該当しない」という記載は申請に対する拒否処分の理由が明確でなく，処分の取消しを免れないとしている。

　「当該拒否処分が書面によってなされる場合に，書面により示されなければならない理由としては，いかなる根拠に基づきいかなる法規を適用して当該申請が拒否されたのかということを，申請者においてその記載自体から了知し得るものでなければならず，単に，当該拒否処分の根拠規定を示すだけでは，それによって当該規定の適用の基礎となった根拠をも当然知り得るような場合は格別，同条（奈良市行政手続条例8条）1項本文の理由提示として不十分というべきである（大阪高判平16・5・27）。」

▶水道料金の減免のあり方

　各自治体の給水条例においても水道料金の減免規定があり，行政手続条例からすると申請に対する処分とされるので審査基準を示しておく必要がある。また，原審の奈良地裁では生活困窮者には生活保護等の福祉政策がとられてお

り，低廉な価格で供給する水道は生活困窮者に対する料金の減免を認めるべきではないとする。

「原告は，水道事業の公共性等を縷々主張し，生活困窮者に対して水道料金を免除すべきことを主張するが，生活困窮者に対しては生活保護等の社会福祉政策がとられており，基本的にはそれらの制度によってその対策が講じられるべきである上，弁論の全趣旨によると水道料金はもともと比較的低廉な価格で供給されていると認められるから，被告自身が生活困窮を理由とする水道料金の免除制度を設けなくとも，これらの諸政策により，生活困難な受給者が水道料金を支払うことができずに水道供給を停止される事態は十分に回避可能なものと考えられる。そうすると，被告が，一般的に生活困窮者に対する水道料金の減免措置を設け，又は生活減免者の個別の申請によりその料金を減免する措置を講ずるべきものとはいえない。」（奈良地判平15・11・12判自271号56頁）

この判決理由からすると，水道料金の減免は債務者の資力を考慮する必要はなく，漏水など物理的に限られた場合によることになるであろう。

国保料の減免についても恒常的な生活困窮者でなく，一時的な負担能力の喪失が対象とされる（最判平18・3・1民集60巻2号587頁）

「当該年において生じた事情の変更に伴い一時的に保険料負担能力の全部又は一部を喪失した者に対して保険料を減免するにとどめ，恒常的に生活が困窮している状態にある者を保険料の減免の対象としない」

なお，減免は減額免除の略であり，条例において減免に関する規定を設けていれば自治法96条1項10号の「法律若しくはこれに基づく政令又は条例に特別の定めがある場合」として条例に規定する債権放棄と同様に議会の議決は必要ない。

▶減免行為の権限

地方公営企業管理者は減免を行うことができるが，教育委員会はできないので，例えば，実務上は奨学金の減免について自治法180条の2に基づいて教育委員会に事務委任することが必要である。

「使用料の減免措置を行い得るのは，長であって，教育委員会は行い得ないわけです。（中略）減免措置について，自治法第180条の２に基づいて，教育委員会に委任することは可能です（地方自治制度研究会編「地方財務実務提要」ぎょうせい，加除式，2505頁）。」

指定管理者制度において利用料金制をとっていれば，徴収自体が指定管理者の行為であり，自治体の行為ではないため，徴収手続は民事上の手続になり，過料，使用料に対する不服申立てはできないとされている。

「利用料金については，使用料について定めた自治法第228条，第229条及び第231条の３等は適用されず，利用料金を納付しない場合に滞納処分を行うこと，利用料金を納付しない場合に滞納処分を行うこと，利用料金の徴収を免れた場合に過料を科すこと，あるいは利用料金に対する不服申し立てを行うことはできないものです。これらのことは，利用者負担を適正に確保するという観点からからいえば，その担保措置を外すこととなりますが，<u>私法上の債権という構成をとった以上，民間が経営している類似施設との差異が見出せにくいこと，また，公の施設の利用に対する利用者負担の履行は，通常，利用のつど，しかも前払いないしは同時履行で行われるものと考えられるところであり，このような措置をとっても特段の支障はないものと考えられたからです</u>（前掲：地方自治制度研究会，7463頁）。」

利用料金制では減免についても指定管理者の権限で行うことができるが，公の施設の管理から使用料の減免は差別的取扱いができず，使用料に係る条例において減免の考え方等を規定しておくべきとされている。

「利用料金（筆者注：自治法244条の２第８項）については，使用料に見合うものではありますが，従来の使用料と異なり，その収入が地方公共団体ではなく指定管理者に帰属し，債権の性格も私法上の債権と解されることから，利用料金に係る強制徴収，不服申立て，過料の規定の適用はないとされています。このように，利用料金の徴収自体が私法行為と解されることから，その減免についても，公権力の行使の問題ではなく，私法行為の範疇において指定管理者の判断により行うことのできる行為であるということができます。つまり，<u>利用</u>

料金制の場合，その減免行為は指定管理者に地方公共団体の権限を委ねるということではなく，指定管理者が自らの権限に基づいて行うことのできる行為であると解されるものです。ただし，このように解したとしても，公の施設を住民の利用に供するという行政目的は重要であり，利用料金の減免自体についても，例えば差別的な取扱いを行うべきではないという要請はあることから，利用料金に係る条例において，減免の基本的考え方等を規定しておくべきです（前掲：地方自治制度研究会，7465頁）。」

POINT

　水道料金の時効は民法に服するとしても，減免申請に関して条例に規定があれば，減免に対する応答は申請に対する処分として扱われる。
　指定管理者制度の利用料金制では減免は指定管理者が自らの権限で行うことができる。

関連項目

　1　債権管理に関する裁判例の傾向（➡1頁），2　公の施設の使用料（➡6頁），4　延長保育料，学童育成料，病児保育料（➡16頁），35　補助金の性質（➡172頁）

issue 43 徴収委託の対象

☞ 徴収委託ができる範囲

▶徴収委託の範囲

　地方税の収納事務は私人への委託を禁止している（自治法243条）が，「その収入の確保及び住民の便益の増進に寄与すると認められる場合に限り，私人にその徴収又は収納の事務を委託することができる（自治法施行令158条）」とされている。再委託についても法令に規定のないものは禁止されている。

　さらに，自治法施行令158条の2により，「その収納の事務を適切かつ確実に遂行するに足りる経理的及び技術的な基礎を有する者として当該普通地方公共団体の規則で定める基準を満たしている者にその収納の事務を委託することができる」場合は委託禁止を解除されている。

　地方税以外の他の滞納処分ができる公課については，国民健康保険法，児童福祉法のように個別法律に規定がない限りは徴収委託ができない。

　「個別の法律の定めによって私人への委託が認められているものとしては，

○国民健康保険法80条の2及び同法施行令29条の9（現行29条の23）の規定による保険料の徴収

○児童福祉法56条4項及び同法施行令44条の2の規定による保育費用の徴収

○地方公営企業法33条の2の規定による地方公営企業の業務に係る公金の徴収又は収納等があり，地方税法等が定める各種の特別徴収も，私人による収納の一種ということができよう（橋本勇「自治体財務の実務と理論―違法・不当といわれないために」ぎょうせい，2015年，280頁）。」

　納入義務者が委託を受けた私人に納付した時に自治体に対する債務は消滅する。

　「私人に公金の収納の事務を委託した場合にあつては，納入義務者が当該委託を受けた者に対して歳入を納付したときに普通地方公共団体の歳入は納付さ

れたことになるのであり，たとえ当該委託を受けた者が会計管理者又は指定金融機関等に当該収納をした公金を払い込まなかつたとしても，納入義務者の普通地方公共団体に対する債務は既に消滅しており，履行遅滞に陥るものではない（松本英昭「新版逐条地方自治法〈第9次改訂版〉」学陽書房，2017年，1076頁）。」

　徴収委託をした場合，収納の責任はどうなるのであろうか。代理行為として当該地方公共団体のためにした意思表示は当該地方公共団体に効果が及び，委託した地方公共団体の問題とされる。

　「これらの規定に従って委任を受けた私人は，委任をした地方公共団体に代わって当該事務を処理するものであり，その行為は直接当該地方公共団体に効果を生じ（民法99条1項参照），納入義務者が当該私人に納入したときに当該納入義務者の債務は消滅したことになる。その後何らかの理由で当該地方公共団体の指定金融機関等への支払いがなされなかったとしても，それは当該地方公共団体側の問題として処理されるべきことである（前掲：橋本，280頁）。」

　納付の「慫慂（しょうよう）」と事実上の行為である収納は各自治体で広く委託されている。

　納付の「慫慂」は債務者に対する呼びかけともいうべきものであって，事実上の行為であり，督促と違って公権力の行使ではないから委託が禁止されることはない。しかし，分割納付は債務者の対応において債務者の資力状況をみながら分割額と期間を決定することでもあり，住民の便益に資するものとはいえず，地方税と同様に委託はできないものと考える。

　「自主的納付の呼びかけについては，地方税法上規定されている『督促』とは異なり，上述の『納税の慫慂』に当たる行為である。<u>この業務の実施主体については，地方税法上，徴税吏員等に限定する規定はないことから，公権力の行使には当たらず，民間委託は可能である。</u>（中略）徴収猶予の適用については，申請者より提出された書類を踏まえ，要件の有無を判断した上で，納付し，又は納入することができないと認められる金額を限度として，地方団体の長の権限により決定されるものであり，当該事務は公権力の行使に当たると解される。したがって，分納の可否を判断する事務を含む形で，分納相談に係る

対応を一括して民間委託することは不可能である（古内拓（総務省自治行政局都道府県税課）「自治実務セミナー2017.9」21頁）。」

　受託者が債務者の納付意思，自発的に納付できない状況を聴き取ることは問題がないが，預金等財産調査も含めて質問検査は徴税吏員に与えられた権限であるので受託者としてはできない。法務局での不動産登記簿の閲覧等，何人にも認められたものは委託ができるものであろう。

▶徴収委託の範囲の拡大

　コンビニ収納として，現年度分の地方税については徴収委託の対象とすることに問題ないが，延滞金が発生している分割納付用納付書や納期限の翌日から延滞金が発生する可能性のある督促状については，延滞金徴収の判断を要することになり，徴収委託することに問題があるものと考える。

　この問題は税徴収等公権力行使の民間委託の問題として取り上げられ，委託ができる範囲は事実上の行為に限られ，処分性のあるもの，公権力の行使に該当するものは委託できないとされてきた。

　クレジット納付の対象となる歳入は限定されていないが，事実上の行為に限られると考えるのが適当であろう。

　地方税ではクレジット会社による立替払いであり，法的に問題はないが，手数料負担，納付時期の問題を検討すればよい。

　「地方税法20条の6における『第三者納付』の規定から，第三者であるクレジット会社が納税者に代わって地方税を納付すると考えることができ，現行の法制度上も何ら問題はありません（日澤邦幸「覚えておきたい自治体徴収実務の定石」第一法規，2018年，282頁）」

> 問　公金のクレジットカード納付の対象となる歳入の範囲は，どのようになっているか。
> 答　公金のクレジットカード納付をすることができる歳入の範囲については，地方公共団体が住民のニーズ等を踏まえて決定することが適当です。したがって，改正法では公金のクレジットカード納付をすることができる歳入の範囲は限定されていま

せん。(後述省略)
(地方自治制度研究会編「地方財務実務提要」ぎょうせい，加除式，2827頁)

　督促，延滞金及び滞納処分については公権力の行使の典型として明示されてきた。

　「督促状の発行，延滞金の徴収及び滞納処分は私人に委託できない（昭38.12.19通知）(地方財務制度研究会編「地方財務ハンドブック<第5次改訂版>」ぎょうせい，2014年，121頁)。」

　延滞金は負担の公平を図る一種の制裁金，罰金的性質を有する行政処分であり，金額も債務者の状況により減免するかどうかの裁量があり，「住民の便益の増進」に資するものではなく，私人に委託することは無理があるという理由である。

　長崎県から平成27年の地方分権改革に関する提案として「貸付金の元利償還金」は私人委託の対象であるが，違約金は対象外であり，未収金回収業務が非効率になるから違約金も対象に加えられるよう要望があった。

　その時点での所管する総務省の考えとしては税徴収等の公権力行使とは違うが，「民法上も違約金は賠償額の予定と推定すると定められているとおり債務不履行に起因する損害賠償の性格を持つことからして，『住民の便益の増進』に寄与するものとは言いがたく，対応は困難である」とされていた。

　負担金，分担金は件数も含めて多くはないからか，法令上の措置がされない理由は不明である。しかし，静岡県から平成28年の地方分権改革に関する提案を受け，自治法施行令158条1項7号が新たに規定され，使用料等の延滞金，賃貸料，貸付金の元利償還金等に係る遅延損害金の徴収についても委託ができることになった。

　「本改正により，歳入を納付すべき住民にとっても，『元金』と『元金に係る延滞金及び遅延損害金』を一元的に受託者に納付できるようになり，また，地方公共団体にとっても，これらの徴収・収納事務を一元的に私人に委託することで『元金』とは別に『元金に係る延滞金及び遅延損害金』のみを自ら徴収するよりも，能率的で円滑な徴収が可能となった（松葉勇志「自治実務セミナー

2018.4」10頁)。」

　同書では,「学校給食費は,『学校給食の対価』,つまり,材料品・生産品を売り払った場合の代価として,令158条1項4号に規定する『物品売払代金』に該当する（前掲：「自治実務セミナー2018.4」,11頁)」とする。

　学校給食費は授業の一環であり,学芸,技能,教育債権（改正前民法173条3号）であるが,自治法施行令158条の趣旨から「物品売払代金」に相当するものとしてコンビニ納付も含めて委託して差し支えないものと考える。

　委託に当たり,受託者は自治体の代理行為として行うのであるから,代理表示である収納代理としての告示,また,収納での納付書も含めて受託者の明示が必要である（自治法施行令158条2項,158条の2第2項)。

> POINT

　徴収委託ができるものは,住民の便益に資する場合として法令により位置付けされている。

　従来,行政処分としての性質をもつものは徴収委託ができないとされてきたが,委託の範囲が広がった。

> 関連項目

　7　延滞金と遅延損害金（➡31頁),　13　徴税吏員（➡61頁)

issue 44 交付要求と督促

☞ 税外公課の交付要求における督促手続

▶交付要求とは

　交付要求とは，税等公課において「徴収機関が自ら滞納処分を執行しないで，他の執行機関の強制執行に参加して，その換価代金から税（筆者注：公課）を徴収する手続（「市町村事務要覧税務編（1）総則」ぎょうせい，加除式，2384頁）」とされる。

　債務者に破産手続，強制換価手続などが行われ，債務者の財産状態が回復困難な程度に悪化している場合に，債権確保のために交付要求を行うことになる。

　交付要求は差押え等と同様に債務者の意思は問わず，強制的な請求権を行使する滞納処分手続の一種とされる（大阪地判平24・2・17裁判所ウェブサイト）。

　「租税等の請求権に係る交付要求は，既に破産手続が開始されていることから，別個に差押え等の滞納処分を行う代わりに当該破産手続を利用し，これに参加するという形式で行われているというだけで，実質的には，上記のとおり破産者（租税等の請求権の滞納者）の意思にかかわらず，他の債権者に優先して強制的に租税等の請求権を徴収し，満足を得るための行為であって，差押え等と同じく滞納処分の一種である」

　交付要求がされている間は，滞納処分であるから時効中断の効力を有し（地方税法18条の2第1項3号，国税通則法73条1項5号，2項），税以外の滞納処分ができる公課においても同様に時効中断するものと考える。

　配当要求，債権の申出は強制執行，破産手続等によって債務者の財産から弁済を受けることである。

　配当要求は債務名義等を要し，債権申出は債務名義等を要せず，交付要求は税等公課の債権申出であり，納期限が到来していればすることができ，税につ

いては督促の有無は問わず，また執行停止中であってもすることができるとされている。

「配当の要求その他債権の申出をするというのは，強制執行又は破産手続等によって債務者の財産が換価され，精算される際に，自らも当該財産から弁済を受ける権利があることを申し立てることであり，この申立てをしたときは，法令の規定によって当然に弁済を受けることができることになる（橋本勇「自治体財務の実務と理論―違法・不当といわれないために」ぎょうせい，2015年，293頁）」

なお，税等公課以外の債権は交付要求に代えて債権申出することになる（自治法施行令171条の4）。

「自治法施行令171条の4は，（中略）出遅れによる回収困難という事態が生じないようにすべきことを定めている。なお，同条（自治法施行令171条の4）の対象とならない地方税についても，滞納者の財産につき強制換価手続が行われた場合には，交付要求をしなければならない（前掲：橋本，293頁）」

債権者からの破産申立ては訴えの提起と同様に裁判上の請求（改正前民法149条）であり，時効中断を有するとされており（最判昭47・3・21集民105巻305頁），債権届出は破産手続の参加として取下げ，却下された場合は時効中断しないが，改正前民法147条1号の請求として扱われ，時効中断（更新）する（改正前民法152条）。

▶交付要求における督促手続の省略

交付要求においては，督促をしていない国税，地方税について繰上徴収すれば督促手続を省略することができる（国税徴収法82条，第82条関係　交付要求の手続1（1））。

「(督促（納付催告書による督促を含む。）をしていない国税についても交付要求をすることができる。）は，交付要求をすることができる国税は，<u>当該国税が滞納となっていれば足り，当該国税について，督促状又は納付催告書による督促をしていることは要しないことを明らかにしたものである。これは，（国税徴収）法82条第1項が『滞納に係る国税』と規定しており，参加差押えができる要件の</u>

『47条（差押えの要件）の規定により差押えをすることができる場合』((国税徴収)法86条1項)と異なるからである（塚田利彦編「平成25年　国税徴収法基本通達逐条解説」大蔵財務協会，849頁）。」

　地方税の場合，強制換価手続の開始，相続人が限定承認したとき，法人が解散したとき等において繰上徴収ができる場合は督促を省略できる（地方税法68条1項2号，329条ほか）。

　「納期限まで待っていては，その者の納付納入すべき地方団体の徴収金を完全に徴収することができないと認められるときに，納期限の到来を待たず，徴収手続をとることをいう。このことは，納税者が持つている期限の利益を奪うことにほかならないので，地税法はこれができる場合を次のとおり限定している（地方税法13条の2）（前掲「市町村事務要覧税務編（1）総則」，5104頁）。」

　繰上徴収の規定である地方税法13条の2の要件としては，行政の都合で一方的に行うものであるから債務者の財産状態の悪化などの客観的事情がなければならない。

　「繰上徴収は，納税者の利益のために定められている期限の利益を，債権者たる課税庁の都合により，一方的に喪失させる性質を持つものであるので，次のような客観的事態の発生がなければ（他の債権者において強制換価手続が開始されたとき，相続の限定承認等），繰上徴収はできない（地方税法総則研究会編「新訂逐条問答地方税法総則入門」ぎょうせい，1994年，190頁）」

　自治法施行令171条の3の履行期限の繰上は，地方税の繰上徴収と同様に，地方税以外の債権に適用される。

　「この規定（筆者注：自治法施行令171条の3）は，『強制徴収により徴収する債権を除く。』とされていないので，すべての債権に適用されるのであるが，地税法は，滞納処分に関する手続の一環として繰上徴収についての規定（13条の2）をおいているので，結果として，強制徴収により徴収する債権についてはその規定によることになる（債権管理・回収研究会編「自治体職員のための事例解説　債権管理・回収の手引き」第一法規，加除式，656頁）。（東京弁護士会業務改革委員会自治体債権管理問題検討チーム編「自治体のための債権管理マニュアル」ぎょうせ

い，2008年，8頁も自治法施行令171条の4の債権の申出等も含めて同様の見解である。）」

では，国民健康保険料において繰上徴収後，督促手続を経ずに交付要求ができるのであろうか。

督促手続のない滞納処分は無効とされるが，税以外の公課の場合においても交付要求の際，督促を省略することができるものであろうか。

「滞納に係る国税」と同様に交付要求を規定する地方税法728条4項は「水利地益税等に係る地方団体の徴収金」とされており，督促していない地方税についても交付要求ができる。

ところが，この「水利地益税等に係る地方団体の徴収金」に国民健康保険税は含まれるが，国民健康保険料は含まれていない。

国民健康保険法に規定がない場合，自治法は一般法として機能し（例えば自治法231条の3の督促の規定），また，自治法に規定がなく，地方税の手続で準用できるものは国民健康保険法に規定が整備されており（例　国民健康保険法78条，高齢者の医療の確保に関する法律112条，介護保険法143条の地方税の準用など），地方税法13条の2についても準用することが規定されている。しかし，問題は督促を省略できるとする国民健康保険法79条であり，この規定は国民健康保険組合が主体であり，市町村は主体ではないためこの規定は適用されない。そうすると，国民健康保険料での納期未到来の繰上げの場合も督促を行っておく方が無難であろう。

督促は滞納処分の前提とされ（最判平5・10・8集民170号1頁），延滞金徴収の前提でもある。

「国税通則法37条による督促は，滞納処分の前提となるものであり，督促を受けたときは，納税者は，一定の日までに督促に係る国税を完納しなければ滞納処分を受ける地位に立たされる」

督促手続は滞納処分の前段階であり，税以外の公課においても交付要求を行う場合は，交付要求の手続は滞納処分手続の一種とされていることから税と税以外の公課を区別する必要性はなく，督促を省略することができるものと解釈

できなくもない。しかし，自治法には国民健康保険料，介護保険料のような地方税法の準用規定はなく，準用を可能とすることを明示された裁判例，文献は見当たらず，各個別法に税の準用を規定していない公課にあっては交付要求を行い，自治法231条の3により督促を行っておく方がよいものと考える。

税等公課以外の債権の履行期限の繰上請求においては，強制執行の前の督促は税等公課の滞納処分の前提ではないので必須のものとはいえない。

なお，実務上，破産における国民健康保険料の交付要求は，破産管財人から「仮に交付要求を認めると，破産財団が払えなかった場合は破産者が国民健康保険証を使えなくなるおそれがあることから，破産者本人に自分で支払うように薦めている（日澤邦幸「覚えておきたい自治体徴収実務の定石」第一法規，2018年，184頁）」こともあり，期限未到来分でも理論的には交付要求はできるが実務上は破産管財人との調整が必要である。

POINT

交付要求は自ら滞納処分を執行しないで，他の執行機関の強制執行に参加して，その換価代金から税，公課を徴収する手続である。

税以外の公課の交付要求において督促を省略できるかどうか見解が分かれるが，準用規定のない債権にあっては督促を行っておく方がよい。

関連項目

5　督促の効力と要件（➡21頁），9　国税徴収法，地方税の例（➡41頁），26　破産における契約の継続（➡127頁），27　破産免責債権と時効（➡132頁）

issue 45 公営住宅入居保証金（敷金）と通常損耗の負担

☞ 通常損耗による補修費の入居者負担

▶敷金の意義

　賃貸借存続中においては，敷金返還債務が発生する前でも未納家賃を敷金から充当することは認められ，また，延滞賃料を別個に請求することもできるとされる（大判昭5・3・10民集9巻253頁）。

　「賃貸借ノ敷金ナルモノハ畢竟（ひっきょう：つまるところ）賃借人ノ賃料支払ノ債務ヲ確保スルモノニ外ナラサレハ賃借人カ賃料ノ支払ヲ怠リタルトキハ賃貸人ハ賃貸借存続中ト雖敷金ヲ以テ之カ支払ニ充当スルコトヲ得ヘク賃貸借ノ終了ヲ俟ツテ始メテ延滞賃料ノ支払ニ充当スヘキモノニ非サルコトハ本院判例ノ認ムル所ナリ（昭和2年（オ）第585号同年12月22日第一民事部判決参照）」

　敷金の担保する範囲は賃貸借終了後の明渡しに伴う賃料損害金，その他賃貸人が賃借人に対して取得する一切の債権とされる（最判昭48・2・2民集27巻1号80頁）。

　「家屋賃貸借における敷金は，賃貸借存続中の賃料債権のみならず，賃貸借終了後家屋明渡義務履行までに生ずる賃料相当損害金の債権その他賃貸借契約により賃貸人が賃借人に対して取得することのあるべき一切の債権を担保し，賃貸借終了後，家屋明渡がなされた時において，それまでに生じた右の一切の被担保債権を控除しなお残額があることを条件として，その残額につき敷金返還請求権が発生する」

　民法改正により判例による条文の明確化として敷金が定義付けられ，返還時期も規定された（改正民法622条の2）。実務上，賃借人から未納家賃の敷金充当の申出はできないが，賃貸人は充当でき，敷金が足りなければ補充してもらうことも可能である。

▶**通常損耗は原則的に賃借人の負担ではない**

　公営住宅における入居保証金（敷金）では，退去した場合，例えば，畳の表替えとふすまの張替えについて，敷金のうちこれらの補修費用を入居者の負担として差し引くことが認められるのであろうか。

　民間賃貸住宅では通常損耗の補修費用は入居者の負担とはされない。しかし，特約がある場合は入居者の負担として認められる場合もあるが，通常の損耗費用の回収において，賃料には減価償却費や修繕費等の必要経費は含まれており，賃借人に負わせるのは特別な負担を課すことから，明確な合意が必要とされる（最判平17・12・16集民218号1239頁）。

　「建物の賃貸借においては，賃借人が社会通念上通常の使用をした場合に生ずる賃借物件の劣化又は価値の減少を意味する通常損耗に係る投下資本の減価の回収は，通常，減価償却費や修繕費等の必要経費分を賃料の中に含ませてその支払を受けることにより行われている。そうすると，建物の賃借人にその賃貸借において生ずる通常損耗についての原状回復義務を負わせるのは，賃借人に予期しない特別の負担を課すことになるから，賃借人に同義務が認められるためには，少なくとも，賃借人が補修費用を負担することになる通常損耗の範囲が賃貸借契約書の条項自体に具体的に明記されているか，仮に賃貸借契約書では明らかでない場合には，賃貸人が口頭により説明し，賃借人がその旨を明確に認識し，それを合意の内容としたものと認められるなど，その旨の特約（以下「通常損耗補修特約」という。）が明確に合意されていることが必要である」

　この裁判例を踏まえ，公営住宅における通常損耗による補修費を賃借人に負担させる場合は，契約の際，負担の明示が必要とされるとする見解がある。

　「賃貸借契約で賃貸人が条例や施行規則を遵守する旨を定めているだけでは足りず，また通常損耗に係る補修を賃借人に負担させることはできない。少なくとも，契約締結の際，賃借人に『入居者心得』の該当分を明示し，了解を得る必要がある（債権管理・回収研究会編「自治体職員のための事例解説　債権管理・回収の手引き」第一法規，加除式，1531頁）。」

　民法改正では，通常損耗及び経年変化については賃借人が原状回復義務を負

わないことが規定された（改正民法621条）が，この規定は任意規定であり，特約があれば優先される。

「改正法621条は，（中略）通常損耗並びに経年変化（畳や壁紙の色落ちなど，年月が経つうちに自然に生じた変化）については，賃借人が原状回復義務を負わない旨を明示しました（同条括弧書き）。もっとも，この民法の規定は任意規定（中略）であり，当事者間の特約によって排除できます（児玉隆晴「やさしく，役に立つ改正民法（債権法）」信山社，2017年，130頁）。」

民法改正前においても，契約上から通常損耗の補修費につき賃借人の負担を認めた例がある（東京地判平12・12・18判時1758号66頁）。

「敷金の返還の場合において，自然損耗分を賃貸人が負担すべきであるとの判断も，実質的妥当性という観点からは一つの合理性を持った見解であると評価できる。しかしながら，消費者保護の観点のみならず，取引の安全，契約の安定性もまた重要な観点として考慮されなければならず，（中略）<u>当該契約関係が私的自治の原則を覆滅させてでも修正されなければならないほど不合理・不平等な結果をもたらすものであり，強行法規や公序良俗違反という一般条項の適用が可能な場合等でなければならない</u>」

▶公営住宅の通常損耗は入居者負担とすることができるか

では，公営住宅の場合は通常損耗による費用を入居者に負担させることができるのであろうか。

公営住宅の賃料は民間に比して低廉であり，建設時から建物減価分が毎年減価されていることを考慮し，通常損耗分が毎月の賃料に含まれるとすることは相当でなく，長年の慣行から敷金から損耗分（畳の表替え，ふすまの張替え）を差し引くことを認めた例がある（名古屋簡判平16・1・30裁判所ウェブサイト）。

「<u>事業主体は，貸主として，住宅の使用に必要な修繕をする義務を負う（民法606条1項）</u>とされるが，この規定は強行規定ではないから，<u>修繕義務の内容は契約当事者の特約によって左右することができる。</u>一方，（筆者注：公営住宅）法21条は，『事業主体は，公営住宅の家屋の壁，基礎，土台，柱，床，はり，

屋根及び階段並びに給水施設，排水施設，電気施設その他の国土交通省令で定める附帯施設について修繕する必要が生じたときは，遅滞なく修繕しなければならない。ただし，入居者の責めに帰すべき事由によって修繕する必要が生じたときは，この限りでない。』と規定するので，事業主体は特約によってもこれらの義務を免れることはできない。ここに規定する以外の修繕については，法は何も言及していないので，公営住宅の退去時における具体的な修繕義務の内容は，条例，慣行等をも含めた契約内容の如何で決まることとなる。（中略）入居者の退去に伴う費用負担については，負担区分総括表，市長の定める市営住宅退去者負担分建物補修費の事務取扱要領と同要領で別に定めるとされている査定基準で取扱いを定めており，それによれば，畳の表替，ふすまの張替については入居後1年以上，壁塗装等については同7年以上で原則として汚れ，破れなどの損傷の多少にかかわらず査定すること等とされている。被告は，この取扱いについて入居者に周知するため，『市営住宅使用のしおり』を入居者に配布している。（中略）入居者の退去に際しての補修費用負担の範囲については，条例，慣行等を含めた具体的な契約内容によって決まるものであり，家賃の金額の決定に関する法16条，同施行令2条，3条，（名古屋市営住宅）条例12条以下，同施行細則10条以下の諸規定に照らしても，家賃の性質から当然に結論が導かれるということにはならない。さらに，<u>公営住宅の家賃については，（中略）民間の賃貸住宅に比して特に低廉に設定されていること，また，建設時からの経過年数に応じて算出される係数により建物減価分が毎年減額されていることも考慮すると，通常の住宅使用による自然減価分が毎月の家賃に含まれているとすることは相当でない。</u>」

　この判決では，公営住宅は民間賃貸と違って，使用料に経年減価分が反映されていることが通常損耗を入居者に負担させることができるとする判断材料になったとの指摘がある。

　「公営住宅の使用管理に当っては，公営住宅法などの規制を受ける面や，条例制定権限があることによって，一般的な賃貸借契約と異なる面があるとして，<u>補修費用については，入居者の負担について明確に規定することが本来</u>

で，公営住宅使用に関する契約の特殊性等を総合的に判断し，自然損耗部分を家賃でまかなうべき分は無いとした。公営住宅の，建設時から経過年数に応じて算出される係数による建物減価分が毎年減額される等の取扱いが判断の材料になったと考えられる（「RETIO．2004．6　No.58」三橋一郎）。」

ただし，この事例は条例，規則はもちろん，当初契約書等に明記し，入居者にも明示していることが前提であるので扱いには注意が必要である。

「改正民法においてもこの説明（筆者注：名古屋簡裁判決理由）は合理性を有すると考えられるが，トラブルを回避するためには，原状回復の範囲及び入居者の負担義務を明確にしておくことが望ましい（小林大祐「賃貸人・賃借人の義務」自治実務セミナー2017.12，56頁）。」

名古屋簡裁判決は特約としての合理性を有し，前記最高裁判決（平17・12・16）と齟齬を来たすものではない。

> POINT

賃貸住宅における通常の損耗は明確な合意がなければ賃借人の負担とはされない。

公営住宅使用料には通常損耗の減価分は含まれず，条例，規則はもとより，入居の際に明確な負担義務の明示があれば賃借人の負担とすることができる。

> 関連項目

46　保証人の保証限度額（➡228頁）

issue 46 保証人の保証限度額

☞ 保証債務はどこまで負担すべきか

▶保証人に対する請求が否定された例

　公営住宅の入居に当たっては，連帯保証か単純保証か別として，保証人を必要とする場合がほとんどである。

　保証人としては，主債務である入居者の未納分をどこまで負担すべきであろうか。

　公営住宅使用料の未納が長く続いた状態において，賃借人の未納分全額を保証人へ請求することは信義則に反し，「権利の濫用」として否定された例がある（広島地福山支判平20・2・21裁判所ウェブサイト）。

　債務者の資力状況から，自治体として生活保護の住宅扶助により住宅使用料の延滞発生を防止することができた部分について保証人への請求を認めなかった例もある（東京地判平24・7・18判自374号90頁，東京高判平25・4・24判時2198号67頁，判自374号83頁　確定）。

　この事例では少なくとも住宅扶助の支給があれば住宅使用料の未納分の増大は避けられたとし，未納総額635万円のうち，住宅扶助を受けることができたとされる期日以降の未納分477万円は信義則に反して「権利の濫用」に当たるとして請求を認めなかった。

　「賃貸人には，保証契約の当事者として，保証人の上記支払債務が当該保証契約に即して通常想定されるよりも著しく拡大する事態が生ずることを防止するため，当該保証人との関係で，解除権等の賃貸人としての権利を当該賃貸借の状況に応じて的確に行使すべき信義則上の義務を負うというべきであり，当該賃貸人が当該権利の行使を著しく遅滞したときは，著しい遅滞状態となった時点以降の賃料ないし賃料相当損害金の当該保証人に対する請求は，信義則に反し，権利の濫用として許されない（東京地判平24・7・18）。」

「控訴人生活福祉課は，（同居人）に対する必要な住宅扶助を支給して本件住宅の使用料等の滞納の発生を防止することが十分可能であったと解されるから，この点も信義則違反を基礎づける重要な事実と評価される（東京高判平25・4・24）」

売買代金や貸付金は保証人が主債務者に代って支払えばその後の負担は増えないが，賃貸借は継続的な契約であり，保証人の支払義務の拡大が懸念され，また，使用料の増減は保証人に通知されていないとする指摘もある。

「家賃は入居以降，収入の変動や建替えに応じて増減が生じうる。これに関して，保証人は当初の請書に連署を求められるだけであり，その後の家賃に増減が発生したとしても，その事実は保証人には通知されない運用となっている（大阪弁護士会自治体債権管理研究会編「地方公務員のための債権管理・回収実務マニュアル　債権別解決手法の手引き」第一法規，2010年，162頁）。」

▶保証極度額の範囲

賃借人の債務保証は，一定期間に継続的に生じる不特定の債務を担保する「根保証」である。

「賃借人が長年に渡って賃料を支払わなかったために『延滞賃料が多額』となったときには，根保証人も同様の責任を負わされることになり，過酷です（児玉隆晴「やさしく，役に立つ改正民法（債権法）」信山社，2017年，73頁）。」

改正前民法465条の2は保証極度額の設定は貸金等債務に限定されていたが，改正民法465条の2では根保証が賃貸借契約にも適用され，極度額を書面に記載しなければ保証契約の効力は生じない。

「個人による根保証契約については，貸金等債務が主たる債務に含まれる根保証に限らず，すべて極度額を定めなければ無効となる。このため，貸金等債務についての根保証だけでなく，賃貸借契約における根保証や，身元保証において根保証に該当するものについても極度額を設けなければならない（債権法研究会「詳説改正債権法」（財）金融財政事情研究会，2017年，188頁）」

貸金等根保証は主たる債務の元本確定を最大5年にしているが（民法465条の

3，改正後も変わらない），公営住宅使用料の極度額は国交省の調査結果を踏まえると，保証時点での使用料1年に通常損耗の額を加えた額であれば無効とされるおそれはないものと考える。

「国土交通省の調査結果（平成30年3月30日住宅局住宅総合整備課『極度額に関する参考資料』）によると，例えば借家契約の連帯保証人に支払いを命じた裁判における認容額は，平均して13.2カ月分とのことである。かかる実態調査を前提とすれば，賃貸借保証の極度額は，平均値を基準とすれば，月額賃料の13カ月程度で足りることになる（中井康之「金融商事の目」金融・商事判例1541号，1頁）」

改正の趣旨である過大な負担を保証人に負わせないことからすると，保証極度額の設定は合理的な範囲での裁量ということになるであろう。

明渡しは入居者である主債務者が責めを負うとしても，明渡しに至る未納について保証人にも責任なしとはいえないので，ある程度の範囲の負担として設定すべきものである。

当初に極度額を定めるものであるから，使用料（家賃）増額まで負担させるべきものではないと考える。

根保証は不特定の額を保証するものであるから，病院入院費の連帯保証についても該当することになる。

病院入院費は，当初予定された入院費用は病状により変動するので，類型的に病状による入院，その他諸費用の標準的な額の算定し，連帯保証人が予測できない，過度の負担を強いるものではない額を定めることになろう。

なお，賃借人である主債務者が死亡した場合，公営住宅の入居の地位は承継の対象とならず（最判平2・10・18民集44巻7号1021頁），従前の保証人は承継者にまで保証したものではなく，また，限度額の定めのない根保証は相続されないとされる（最判昭37・11・9民集16巻11号2270頁）。

「継続的取引について将来負担することあるべき債務についてした責任の限度額ならびに期間について定めのない連帯保証契約においては，特定の債務についてした通常の連帯保証の場合と異り，その責任の及ぶ範囲が極めて広汎となり，一に契約締結の当事者の人的信用関係を基礎とするものであるから，か

かる保証人たる地位は，特段の事由のないかぎり，当事者その人と終始するものであつて，連帯保証人の死亡後生じた主債務については，その相続人においてこれが保証債務を承継負担するものではない（最判昭37・11・9）」

賃借人が死亡した場合，死亡前の債務は法定相続分ごとに相続人の分割債務であるが，死亡後の未納分（賃借人の承継分）は貸付金と違って，賃借権の対価である賃料債務は不可分債務であるとされる（大判大11・11・24民集1巻670頁）。

不可分債務は連帯債務が準用されるので，相続人の1人に全額を請求できることになる。

公営住宅では債務者が死亡した場合，相続人に使用権は承継されず，実務上は同居者に未納家賃を支払ってもらい，承継を認めることになると思われ，不都合が生じる場面はそう多くはないであろう。

「（公営住宅法27条6）項による承認手続は，事業主体と当該住宅につき使用許可を受けて使用権を有している同居者との間の法律関係に関わる事柄にすぎないのであるから，当該住宅につき使用権を有している同居者以外の者が事業主体に対し右承認を求める申請権を有しない（大阪地判平11・9・17判タ1032号147頁）」

夫が債務者で離婚して同居の配偶者が（一部）納付した場合に引き続き入居を認めるかどうか，夫の死亡においても同居の配偶者に入居を認めるかは納付により明渡事由を解消しなければならないことになる。

「未納家賃がある住宅につき，入居継続の承認が許されないのは，家賃の未納がある以上，いずれは当該住宅を明け渡さなければならない状況にあるためです。とするならば，元配偶者（妻）からの未納家賃全額若しくは滞納額が3カ月未満となるような一部納付がある場合には，当該入居者（夫）の明渡し事由は一応解消されますので，A市としては，承認を拒む理由が見当たらないことになります（前掲：大阪弁護士会自治体債権管理研究会，166頁）。」

なお，特段の定めがなければ，連帯保証人は延滞している使用料だけでなく，契約解除後の返還義務に係る損害賠償金相当についても保証責任を負うとされ（東京地判昭51・7・16判時853号70頁），保証極度額の設定は契約解除後の損

害賠償についても定める必要がある。

「一般に不動産賃貸借契約における賃借人の保証人は，特段の定めがない限り，その賃貸借契約から生ずる賃借人の一切の債務を担保するものであって，延滞賃料については勿論のこと，<u>契約解除後の賃借物返還義務の履行遅滞による損害賠償義務についても保証責任を負う</u>ものであるところ，≪証拠省略≫によれば，本件賃貸借契約成立の際作成された契約書には，賃借人の保証人が負う保証債務の範囲については特段の定めはなく，被告はかかる契約書に署名押印して連帯保証していることが認められるから，本件における被告の責任は前記の原則に従い訴外会社の延滞賃料や契約解除後の賃料相当損害金に及ぶ」

相続と違って，契約更新は特段の事情がない限り保証契約の効力は及ぶ（最判平9・11・13集民186号105頁）。

「期間の定めのある建物の賃貸借において，賃借人のために保証人が賃貸人との間で保証契約を締結した場合には，反対の趣旨をうかがわせるような特段の事情のない限り，保証人が更新後の賃貸借から生ずる賃借人の債務についても保証の責めを負う趣旨で合意がされたものと解するのが相当であり，保証人は，賃貸人において保証債務の履行を請求することが信義則に反すると認められる場合を除き，<u>更新後の賃貸借から生ずる賃借人の債務についても保証の責めを免れない</u>」

POINT

住宅家賃などの継続的契約の保証極度額は主債務の全てを保証したものではない。

民法改正により，病院診療費，公営住宅の保証についても具体的な額による極度額の定めが必要とされる。

関連項目

14　民法改正による時効の扱い（➡66頁），45　公営住宅入居保証金（敷金）と通常損耗の負担（➡223頁），47　保証債務と債権放棄（➡233頁）

issue 47 保証債務と債権放棄
☞ 保証債務がある場合の債権放棄

▶債権放棄の事由

　主債務者が破産した場合は，保証債務はどのような影響を受けるか。

　主債務者が破産により，その債権が免責された場合は保証人へ請求することになるが，保証人が居所不明や死亡等で請求不能といった場合は主債務者と保証人のどのような状況により債権放棄ができるのであろうか。

　下記のような債権放棄の事由を定めたとして，どのような場合に債権放棄ができるのであろうか。

> ○○県債権管理条例
> 第3条　知事は，県が保有する債権（時効による消滅について，時効の援用を要しないものを除く。以下「私債権」という。）が次の各号に掲げる事由のいずれかに該当するときは，当該私債権を放棄することができる。
> (1) 消滅時効が完成し，かつ，債務者が債務を履行する見込みがないとき。
> (2) 債務者が死亡し，債務者の相続人が限定承認をした場合において，その相続財産の価額が強制執行に要する費用の額及び私債権に優先して弁済を受ける他の債権の額の合計額を超えないと見込まれるとき。
> (3) 債務者が破産法（平成16年法律第75号）第253条第1項その他の法令の規定によりその責任を免れたとき。

▶時効完成した債権の放棄

　上記例の条例3条1号は時効完成した債権を放棄するものであるが，私債権の場合，債務者から時効の援用があるまでは請求できる。しかし，時効完成したら請求しても債務者は時効を援用することが通常であろう。

　「債務者が債務を履行する見込みがないとき」という文言からは時効完成して履行する見込みがないとするのかは時効完成後の相当の期間と債務者の状況による。ただし，法的措置により請求することは，審理の中で時効を援用され

る可能性が高く，費用対効果から検討しておく必要がある。

　主債務者及び（連帯）保証人との時効に関する扱いでは，主債務が時効完成し，主債務者に時効の援用があれば消滅し，保証債務についても消滅する（保証債務の付従性，補充性）。

▶破産免責債権と保証人

　次に，上記条例3条3号では債務者が破産申立てにより当該債権が免責されたことが必要であり，破産手続開始決定後に発生した債権は含まない。

　主債務者が破産して免責された場合は，主債務者には請求ができず，権利行使ができないことから時効の観念がなくなり（最判平11・11・9民集53巻8号1403頁），保証人だけの債権管理を行えばよく，保証人に請求できる限り，債権放棄はできない。

　「免責決定の効力を受ける債権は，債権者において訴えをもって履行を請求しその強制的実現を図ることができなくなり，右債権については，もはや民法166条1項に定める「権利ヲ行使スルコトヲ得ル時」を起算点とする消滅時効の進行を観念することができない（中略）主債務者（個人破産者）が免責決定を受けた場合には，右免責決定の効力の及ぶ債務の保証人は，その債権についての消滅時効を援用することはできない」

　法人の場合，財産の分配（配当）が終わり，清算が終われば法人格は消滅する（最判平15・3・14民集57巻3号286頁）ので法人そのものには請求できない。したがって，個人と同様に保証人がいれば保証人だけの管理を行えばよいことになる。その後，当該保証人についても破産申立てがなされ，免責決定されれば，改めて条例3条3号により債権放棄ができることになる。

　主債務者が破産して保証人だけの管理の中で時効完成して徴収見込みがないと判断した場合は，条例3条1号により債権放棄することになる。

　主債務者が行方不明，相続人が不明であり，保証人が支払っている場合であっても，主債務が時効完成したら保証人は主債務の時効を援用することができ，主債務の消滅から付従性により保証債務も消滅することになる。

保証人の時効援用権は主債務者と違って相対的な効力であり，独立して主張することができ，主債務者が時効を援用しないとしても，保証人は主債務者の時効について援用することにより債務を免れることができる。

「保証人は，主債務者が時効を援用せずとも，自ら『当事者（民法145条）』として主債務の時効を援用する（大判大4年7月13日・民録21輯1387頁等）ことで，保証人との関係では，主債務が時効消滅しているので保証債務も附従性により消滅していると主張することができます（大阪弁護士会自治体債権管理研究会編「Q＆A自治体の私債権管理・回収マニュアル」ぎょうせい，2012年，97頁）。」

保証人が主債務の時効を主張せず支払っている場合は，受け取ることができるので債権放棄はできない。

保証人が時効の利益を放棄しても，保証人は主債務の時効を援用できる（大判昭7・6・21民集11巻1186頁）。

この場合，主債務だけでなく，保証人についても時効完成して全く履行する見込みがないとき，はじめて条例3条1号により債権放棄することになる。

保証人が完全に履行した後に主債務の時効を主張しても，保証人は不当利得として返還請求できない（名古屋高判平21・7・16裁判所ウェブサイト）

「（連帯保証人）Bが連帯保証債務を完全に履行した後，主債務の消滅時効を援用しても，その時点では，消滅時効の対象となる主債務は既に連帯保証債務の履行（弁済）により消滅しているから，時効による主債務の消滅という効果が生じる余地はない。」

実務上として，主債務者の破産は保証人に対しても一括弁済を求める事由になるので注意が必要である。

「保証人がいる場合には，単純保証でも連帯保証でも主債務者の破産は，主債務の期限の利益喪失事由に該当しますので（民法137条1項），保証人に対して残債務の一括弁済の履行を請求することになります（前掲：大阪弁護士会自治体債権管理研究会編，263頁）。」

反対に，連帯保証人の破産は人的担保の減少になるため，たとえ，主債務者が支払いを続けていても，破産開始時での連帯保証債務の残額について債権届

出ができる。

「連帯保証人が破産手続開始決定を受けたときには，例えば，これまで主債務者が契約どおり債務の支払をしており，連帯保証人に対し支払を求める必要がなかった場合であっても，債権者は，破産手続開始時の債権全額について破産債権者としての権利を行使することができますので（破産法105条），破産手続開始時における連帯保証債務の残高全額について破産債権として届出をし，配当を受けることができます（前掲：大阪弁護士会自治体債権管理研究会編，275頁）。」

改正前民法434条では，債権者が連帯保証債務の債権届出すると，履行の請求（督促）による中断は絶対効として他の連帯債務者に及ぶが，改正後は相対効とされ，連帯保証人に対する請求は主たる債務者の時効中断に及ばない。

主債務では破産手続が終結すると判決と同様の効果として時効中断するので，保証人の時効は破産手続終結後から新たな時効が進行し，同時廃止の場合は，主債務の時効は影響を受けず保証人の時効は中断することはない。

▶相続による限定承認の場合

上記条例3条2号の相続における限定承認の場合も各債権者へ弁済されれば残債務は弁済見込みがないことになるが，これは破産免責の場合と同様に債権は消滅していないが，相続財産の清算が終わり，債務者の固有財産から自発的な弁済は見込めないので債権放棄ができる事由になり得る。

相続放棄については，相続財産管理人の選任と相続財産を比較して徴収見込みがないと判断できるなら，費用対効果から徴収停止した上，時効完成を待って債権放棄すべきことは先に述べたとおりである。

なお，保証人の相続人の1人が承認した場合は他の相続人には及ばないので実務上，注意が必要である。

「保証人の相続人の1人が債務承認した場合でも，保証債務全体の消滅時効は中断しません。債務承認をした相続人の法定相続分の割合に相当する保証債務のみ消滅時効が中断します（法定相続分が1／4であれば，1／4の金額だけ消

滅時効が中断します)(前掲:大阪弁護士会自治体債権管理研究会編,225頁)。」

POINT

主債務者が破産免責されたとしても,保証人に請求できる場合は債権放棄できない。

主債務者の破産は保証人への一括弁済を求める事由になる。

主債務者と保証人の関係は時効を含めて処理を誤りやすいので整理しておく必要がある。

関連項目

19 執行停止と徴収停止(➡92頁),22 連帯債務と連帯保証(➡107頁),24 債権管理条例のあり方(➡117頁),26 破産における契約の継続(➡127頁),27 破産免責債権と時効(➡132頁),46 保証人の保証限度額(➡228頁)

issue 48 相殺と充当
☞ 税以外の公課に対して相殺が許されるか

▶相殺とは

相殺の機能は双方の債権を消滅させるものであるが，債権者，債務者のどちらかの意思表示により行うことができる（民法505，506条）。「①無用の手続を省略して，現実の弁済に代えて簡易迅速に双方の債権を消滅させる機能（簡易決済的機能），②双方の債権を一挙に清算することによって一方の資産状況が悪化したときの不公平を除去し，当事者間の信頼と公平を保持する機能（当事者間の公平保持機能），③自己の債権の弁済を確保するために，相手方の債権を引当てにできる機能（担保的機能）がある（磯村哲編「注釈民法（12）」有斐閣，1970年，375～377頁，384頁）」保育料や市税等の強制徴収公債権の未納を原因として，補助金等と相殺は可能であろうか。

▶充当とは

相殺と似た機能として税の充当がある（国税通則法57条，地方税法17条の2）が，相殺は履行期にあることが要件であり，債権者，債務者のどちらからも行うことができるが，充当は行政の一方的行為であり，行政処分として不服申立ても認められる（最判平6・4・19集民172号363頁）。

「国税通則法57条による（中略）<u>充当は，国税局長等が，行政機関としての立場から法定の要件の下に一方的に行う行為であって，それによって国民の法律上の地位に直接影響を及ぼすものというべきであり，抗告訴訟の対象となる行政処分に当たるものと解する</u>」

充当は要件として法定納期限が経過していることが必要であり，「納付又は納入をすべき地方団体の徴収金の法定納期限と過誤納金が生じたときのいずれか遅いとき」とされ（地方税法施行令6条の14），普通徴収（市県民税，固定資産税

等）の法定納期限は納期を分けたものは各納期限とされている。

　1期に重複納付があっても，2期以降の納期限が未到来であれば2期以降の分に充当ができない。債務者に納付意思があれば2期以降の充当は差し支えない。ただし，期限前納付は返還請求が認められない（民法706条）。

　地方税法17条の3第1項では申出により①納付が確定しているか，納期限が到来していないか，②納入すべき額が確実であると認められるときの納付は期限前納付が認められ，同条は民法706条を受け，税特有の規定として設けられたものである。

　地方税以外の公課は，自治法231条の3第4項により還付は加算金も含め地方税の例によることができ，充当についても諸収入の相互間において同様である。例えば，下水道使用料の還付を未納の下水道使用料には充当できるが，下水道使用料を未納の地方税に充当することはできないと解されている。

　「地方税法第17条の2により還付金を充当できるのは，『地方団体の徴収金』すなわち地方税及びその延滞金等に限られており，このことは地方税及びこれに基づいてなされる諸収入（延滞金等）相互間における場合に限り充当を認める趣旨と解されます。したがって，この手続によって取り扱うこととされている自治法第231条の3第1項に規定する収入に係る還付金の充当についても，これと同様充当できるのは，自治法第231条の3第1項に規定する収入に限られていると解すべきと思われます（地方自治制度研究会編「地方財務実務提要」ぎょうせい，加除式，2453頁）。」

　税以外の公課においても，充当の要件は税と同様に各納期限が経過していることが必要であろう。

　地方税は大量発生，会計技術上の問題から相殺が禁止されている（地方税法20条の9）。

　「租税債権が常時大量に発生するものであり，また，会計技術的にみて解決が困難な問題があるため，現行法上は租税債権と国又は地方公共団体に対する金銭債権との間の相殺を，原則として禁止している（ぎょうせい「市町村事務要覧税務編（1）総則」加除式，3520頁）。」

充当は通知が必要であるが，行政の一方的行為から到達までは必要とされていない（「市町村事務要覧税務編（１）総則」ぎょうせい，加除式，4138頁）。

▶公課における相殺

損害賠償請求権と未納の下水道使用料の相殺については，下水道使用料は税と同様の性質であることから相殺を許さないとした（大阪地判平20・10・1判自322号43頁）。

そもそも不法行為に基づく損害賠償請求権を受働債権とする相殺は禁止されている（改正前民法509条）。

「（下水道使用料について），<u>相殺の意思表示がされるごとに自働債権の存否及び額を調査し確定しなければならないこととなって，下水道使用料の迅速かつ確実な徴収に著しい支障を来し，ひいては公共下水道設置の目的をも阻害することが明らかであり，下水道法その他の法令がそのような事態を容認しているとは到底考え難い。</u>そうであるとすれば，下水道使用料は，その性質が相殺を許さない債権であると解する」

また，「租税債権について，原則として相殺が認められないのは，大量に処理する必要のある債権であり，相殺すべき反対債権をいちいち把握することが困難であること，債権者側から相殺を主張された場合に，その確認等に膨大な手間がかかる等によるものであるが，（中略）租税債権についての規律は必ずしも公法上の債権一般に及ぼされるべきものとは考えられない（太田和紀，橋本勇編「自治体契約ゼミナール」ぎょうせい，加除式，上子秋生執筆部分，79頁）」とする見解もある。

上記大阪地裁では下水道使用料は相殺を許さないとしているが，単独行為としての相殺はできないものの，相殺契約（債務者との合意）の対象として禁止とされる理由はないとする見解もある。

「相殺は一方的な意思表示（単独行為）であるが，合意により相殺することも可能である。相殺の申入れがあったということは，合意により相殺すること，すなわち相殺契約の申し込みがあったということであり，それを承諾すること

に問題はない。もとより，相手方から単独行為としての相殺をすることもできる。なお，地方公共団体の債権（自働債権，筆者注：相殺する側の債権）が，地方税の還付金や下水道使用料などであるときは，単独行為としての相殺をすることができないが（地方税法20条の9，自治法231条の3第4項），それは，迅速かつ確実な徴収に著しい支障を来すことを防止する趣旨であるから（大阪地判平20・10・1判自322号43頁参照），相殺契約の対象とすることが禁止される理由はない（債権管理・回収研究会編「自治体職員のための事例解説　債権管理・回収の手引き」第一法規，加除式，908頁）。」

　生活保護費返還金を生活保護費から引き落しする場合は相殺に当たるが，本人同意はもちろんのこと，生活保護法の趣旨から債務者の過度な負担にならないよう，慎重な配慮が必要である。

　充当は行政側の意思表示によるので時効中断しないが，相殺の意思表示だけでは改正前民法147条1号の請求又は3号の承認に該当せず，時効中断しないとされている（大判大10・2・2民録27輯168頁）。しかし，相殺は請求の意思が含まれているので時効中断するという説が多数である（川島武宜編「注釈民法（5）」有斐閣，106頁ほか）。

　国に対する損害賠償請求権と租税債権において訴訟上の相殺が確定的に主張された場合には，その時に受働債権たる租税債権の時効の中断事由たる承認の効力を生ずるから，その後に訴訟上の相殺の主張が撤回されても，時効中断の効果は消滅しないとされた（東京高判昭和32・12・24行集8巻12号2160頁）。ただし，相殺だけでは催告の効果を認めない上記裁判例（大判大10・2・2）もあり，「相殺の意思表示は，内容証明郵便にて行われることが多いと思われ，この内容証明郵便の中に，相殺の意思表示をするとともに，残債権について支払を求める意思表示をして，相殺の意思表示とは別個に催告の事実を明らかにしておくこと（弁護士酒井廣幸「〔新版〕時効の管理」新日本法規出版，2007年，432頁）」が必要である。

▶消滅時効にかかる債権の相殺

私債権の場合は，時効完成しても時効援用されるまでは相殺ができる（最判昭39・2・20集民72号223頁）。

「消滅時効完成後も時効援用あるまでは有効に存続する債権であるから，右援用の時までに相殺がなされれば，時効完成時の債権額にかかわらず，相殺の時点における債権額につき対当額において相殺されると主張するが，論旨は民法508条の法旨を正解しないものであつて採るを得ない。」

消滅前に相殺適状であれば相殺の期待を保護するとしているが，民法508条は今回改正されていない。

「一方の債務がすでに消滅しているという特殊な場合に，特に民法が相殺を認めている例がある。すなわち，消滅時効にかかった自働債権も，消滅前に相殺適状にあった場合には，債権者は相殺できる（508条）。すでに生じている期待を保護したわけである（内田貴「民法Ⅲ〔第2版〕債権総論・担保物件」東京大学出版会，227頁）。」

POINT

相殺は債権者，債務者のどちらからも主張できるが，充当は税等の公課について行政側から認められる。

相殺を許すかどうかは，法令，債権の性質（差押禁止債権かどうか）によって判断しなければならない。

関連項目

9　国税徴収法，地方税の例（➡41頁）

issue 49 法人格の同一性
☞法人格として認められない例

▶法人格の必要性

　法人格はなぜ必要かというと，個人だけでなく団体としても人格，権利能力を認めなければ継続した事業活動に支障が出ることになる。

　「長い間継続する事業をおこなうためには，個人では不十分で，多くの人間から成る団体によらなければならない。構成員は時とともに入れ替わるが，一定の目的達成の限度で同一性を保って存続し続けるのが，団体だからである（石田喜久夫「民法の常識」有斐閣，1993年，29頁）。」

　法人は契約の当事者でもあり，債権・債務の帰属として権利能力の主体でもある。

　「社団の場合，その構成員から独立した権利能力の主体として契約の当事者となれるし，そこから生じた債権・債務は団体にのみ帰属する（内田貴「民法Ⅰ〔第2版 補訂版〕総則・物権総論」東京大学出版会，2000年，211頁）。」

　また，個人とは違って，法人の代表が死亡しても法人格には何ら影響しない。

▶法人格の同一性

　水道料金では，法人で契約していたが別法人に代わり，納付義務者を変更しなければならないことがある。

　法人格が同一であるかどうかは，法人登記で監査役等も確認し，他に自治体内で契約しているものを確認することで納付義務者として認定できることも考えられる。

　通称名，屋号は債務者の名義とはいえず，当事者能力を有する者として納付義務者を確定する必要がある。

水道料金の未納は給水停止の措置をとることができるが，変更前の名義人の滞納につき，名義変更後の法人が同一であれば給水停止できるが，別法人であればできない。

　水道料金請求の際に使用者名義が争点となった事例では，所在地，営業目的，取締役，役員，従業員まで同一であったため別人格とは認められず，旧会社の取引につき新会社についても責任を負うとした事例がある（福岡高判昭43・10・16判時551号82頁）。

「認定の事実よりすると，旧会社の商号変更登記にきびすを接して新会社が設立され，新旧両会社の本店所在地，代表取締役，営業目的，従業員は全く同一であり，その役員もほとんど共通で旧会社の清算事務は進行せず，しかも新会社は旧会社の営業財産をそのまま流用していることが推認されるから，旧会社の商号変更・解散，新会社の設立は，旧会社の債務を免れるため，いわゆる個人会社であることに乗じとられた会社制度の濫用というのほかなく，かかる場合には，信義則上，新会社は旧会社と別人格であることを主張できず，その結果，旧会社と同一の責任を負担するものと解する」

　また，同じく水道料金の使用者名義が争点となった事例として，新旧会社は同一とされた例がある（宇都宮簡裁判昭63・10・25判例集未登載，「水道関係判例集」日本水道協会，118頁）。

　この事案では，同一の納付義務者として判断するまで事実を積み重ねて訴訟を提起したことを読み取ることができる。

「被告の肩書地における給水の使用者は，昭和61年1月分まで被告名義であったところ，そのころ被告の申出により使用者名義を『スコヤカベビーホテル』に変更したものであるが，同名称の法人は存在せず，かつ原告の職員が延滞している本件水道料の督促に被告方に赴いた時も，専らその折衝に当たったのは被告であること，また，右督促に際しては，被告から既に昭和61年1月中に市当局や水道局に対する諸々の苦情を話合いで解決して精算しているのに拘わらず，再び右の件を申立てて延滞金の支払いを拒否している事実が認められる。」

▶「法人格否認の法理」の適用

　法人格が形骸化，法律の適用を回避するため別法人とした場合，法人格が否認される場合がある（最判昭44・2・27民集23巻2号511頁）。

　「法人格が全くの形骸にすぎない場合，またはそれが法律の適用を回避するために濫用されるが如き場合においては，法人格を認めることは，法人格なるものの本来の目的に照らして許すべからざるものというべきであり，法人格を否認すべきことが要請される場合を生じる」

　新旧会社の内容が実質的に同一であれば，いわゆる「法人格否認の法理」により別の法人格を認めていない（最判昭48・10・26民集27巻9号1240頁）。

　「形式上は旧会社と別異の株式会社の形態をとつてはいるけれども，新旧両会社は商号のみならずその実質が前後同一であり，新会社の設立は，被上告人に対する旧会社の債務の免脱を目的としてなされた会社制度の濫用であるというべきであるから，上告人は，取引の相手方である被上告人に対し，信義則上，上告人が旧会社と別異の法人格であることを主張しえない」

　租税関係においても私法と区別することなく，法人格否認により別人格を認めなかった例がある（神戸地判平8・2・21金法1485号50頁）。

　「株式会社が商法の規定に準拠して比較的容易に設立されうることに乗じ，取引の相手方からの債務履行請求手続を誤らせ時間と費用とを浪費させる手段として，旧会社の営業財産をそのまま流用し，商号，代表取締役，営業目的，従業員などが旧会社のそれと同一の新会社を設立したような場合には，形式的には新会社の設立登記がなされていても，新旧両会社の実質は前後同一であり，新会社の設立は旧会社の債務の免脱を目的としてなされた会社制度の濫用であって，このような場合，会社は右取引の相手方に対し，信義則上，新旧両会社が別人格であることを主張できず，相手方は新旧両会社のいずれに対しても右債務についてその責任を追求することができるものと解する（中略）滞納者の財産を差し押さえた国の地位は，あたかも，民事執行法上の強制執行における差押債権者の地位に類するものであり，租税債権がたまたま公法上のものであることは，この関係において，国が一般私法上の債権者より不利益な取扱

いを受ける理由となるものではない。言い換えれば，租税滞納処分については，租税債権の成立，すなわち租税の賦課は，権力関係であるとしても，いったん成立した租税債権の実現，すなわちその執行については，特別の規定のない限り，私債権と区別する理由はない」

　国の地位は民事執行上の差押債権者と変わりなく，税以外の公課においても「法人格否認の法理」が認められる場合があるものと考える。

　なお，法人格は取得していないとしても，代表者，規約等があり，総会，財産管理の点で確定していれば権利能力なき社団とされる（最判昭39・10・15民集18巻8号1671頁）。

　「法人格を有しない社団すなわち権利能力のない社団については，民訴46条がこれについて規定するほか実定法上何ら明文がないけれども，権利能力のない社団といいうるためには，団体としての組織をそなえ，そこには多数決の原則が行なわれ，構成員の変更にもかかわらず団体そのものが存続し，しかしてその組織によつて代表の方法，総会の運営，財産の管理その他団体としての主要な点が確定しているものでなければならない」

　権利能力なき社団は限定承認された相続財産（民法922条），破産財団（破産法2条14項）などがある。

　マンションの管理組合などは法人格を有しない場合が問題となる。

　法人格のない権利能力なき社団において代表者に請求した場合，代表者の財産にまで責任が及ぶかどうかは，財団の代表者が振り出した手形について代表者の個人責任は負わないとした例がある（最判昭44・11・4民集23巻11号1951頁）。

　「（筆者注：権利能力なき社団は）個人財産から分離独立した基本財産を有し，かつ，その運営のための組織を有していたものといえるのであるから，いわゆる権利能力なき財団として，社会生活において独立した実体を有していたものというべきであり，本件手形も，上告人が右権利能力なき財団であるＣＥＯ財団の代表者として振り出したものと解するのが相当である。そうであれば，その代表者にすぎない上告人において，個人として，当然右振出人としての責任を負ういわれはな（い）」

POINT

法人格が同一かどうかは，登記だけでなく，所在地，営業目的，取締役，役員，従業員など実体として同一であれば別人格とは認められない場合がある。

法人格否認の法理は，税はもとより，税以外の公課においても認められる。

関連項目

1　債権管理に関する裁判例の傾向（➡1頁）

issue 50 税等公課と私債権
☞ 税等公課と私債権の回収方法，債権管理の違い

▶滞納処分が認められる理由

　これまで回収方法を含めて税等公課と私債権の管理方法が種々の場面において違うことを中心に説明した。

　このような管理方法の違いはどこからくるのか，滞納処分については，「行政上の強制」，「義務履行の確保」として説明されるが，滞納処分が国税，地方税の例によるとしても，実務上，税以外の公課について税手続を準用できる範囲は明確なものとはいえない。

　滞納処分は法律で位置付けられ，このような債権は一方的に負担を求めるものであり，サービス，利用の対価として支払う使用料，料金では滞納処分は認められない。

　保育所保育料，下水道使用料は保育所，下水道利用の対価といえなくもないが，そもそも，民事債権とは法律上の仕組みが違うのである。

　保育所保育料は，契約的な考え方も取り入れられたが，元々保育に欠ける児童の措置があり，保育所に要する経費を自治体が負担（支弁）し，扶養義務者から所得に応じて一部の負担を求めることが児童福祉法で規定されている。

　水道と違って，下水道の使用関係は公道と類似し，その制限は公権力の行使であり，使用関係は契約に基づくものではない（東京地裁八王子支決昭50・12・8判時803号18頁）。

　「下水道の法的性格はあたかも一般交通の用に供することを目的とした公道に近いものというべきであつて，（中略）その使用関係は契約関係に基づくものではなくいわゆる公共用営造物の一般使用の関係であり，その法的性格は公法関係で事業主である地方公共団体が公共下水道の使用を制限する行為はいわゆる公権力の行使に該当する」

税は国，自治体の財務基盤であり，行政徴収は政策的に早期の回収，終息を図るため，公益目的実現のために法律上で強い権限が与えられ，保護されたものである。

　「行政徴収は，法律が行政運営のための財源確保という公益目的実現のため，通常の裁判手続によることなく，簡易迅速な自力執行の手続によって強制的徴収することを認めている場合であり，私人の財産に実力を加える極めて強力な執行手段であるから，当然に法律による行政の原理に服さなければならない。典型例は，国税徴収法，地方税法であるが，それ以外の場合には『国税（地方税）滞納処分の例により』ないし『国税（地方税）徴収の例により』徴収するという授権規定がある場合に限り，行政上の強制徴収の方法を利用できる（吉野夏己「紛争類型別行政救済法」成文堂，2009年，305頁）。」

▶税等公課は早期の回収を意図したもの

　滞納処分ができる債権は，督促，延滞金をはじめ総じて早期の回収を意図して，例えば，民法における意思主義をできるだけ排除した規定を設けていることにも表れている。

　自治体の債権は債権の種類，性質に関わりなく，催告が6か月内に訴訟等提起しなければ時効中断の効力がないのに対し，督促の発付のみにより時効中断が認められている（自治法236条4項）。

　自治法236条4項による時効中断は私法体系からすると行政の債権は優遇されている感があり，違和感を覚える向きもあるであろう。

　充当は，同じ機能をもつ相殺とは違って，行政側から認められ，行政処分とされ，不服申立ても可能である。

　昨今の金利低下で率は低くなったが，延滞金は負担納公平を図るため罰金的な性質を有し，早期の納付を促すものであり，遅延損害金は損失の補てんである。

　滞納処分ができる債権では，名宛人の住所，居所が不明で書類の送達ができなければ，行政限りで公示送達を行い，一定の期間を経過すれば到達したもの

とみなされる（地方税法20条の2，自治法231条の3第4項）。

債務者情報の取得に関しても，滞納処分ができる債権にあっては税情報の取得はもとより，国税徴収法により調査，捜索まで認められ，滞納処分を実効性あるものとしている。

本来，民事債権はサービス，利用の対価として料金，使用料を支払うという同時履行の関係であるべきであるが，住宅使用料などは使用に応じた後払いであり，一定数は滞るのもやむを得ない。

公営住宅使用料などは補充的に保証人に負担させる場合もあるが，住宅利用の対価であるので性質的にも税等公課のように滞納処分が認められる性質のものではない。

▶税等公課は早期の終息を意図したもの

税等公課と私債権の最大の違いは滞納処分と並んで，早期の終息を意図した時効のあり方である。

民事債権では時効完成しても，債務者が時効を援用するか債権者側で債権放棄しなければ消滅しない。

地方税と同様に，自治法236条が適用される債権では，時効により①債権は消滅し，②時効の援用は不要であり，③時効利益を放棄して支払うこともできないので，ここでも時効の援用の意思主義を排除している。

「本条（自治法236条）は，普通地方公共団体または国の金銭債権処理の早期安定，画一的処理の要請から消滅時効について5年の特例を設けた（村上順・白藤博行・人見剛編「別冊法学セミナー新基本法コンメンタール地方自治法」日本評論社，2011年，占部裕典執筆分，308頁）」

時効は元々一般債権の10年を基本とし，民法改正において，10年の時効は「権利を行使することができることを知った時から」5年，「権利を行使し得る時から」10年に改められたが，税，自治法等が適用される債権の時効は5年を基本に，国民健康保険料等の2年があり，この点からも早期の終息を図ったものである。

行政を当事者とする債権は全て時効の援用を不要とし，時効の利益を放棄できないという，いわば，行政主体説として自治法等を解釈すれば時効援用の問題も解決するが，裁判例からはこのような解釈はとり得ない。

　「国を当事者とする金銭債権については，個人的な意思を尊重する時効制度は排除され，国の会計が納税者たる国民全体に維持されているという公共性から，その迅速な，また画一的・公平な処理が要求されているのであり，国が債権者である以上は，時効の援用を要せず，また時効の利益を放棄できないと解すべきであった（阿部泰隆「行政法解釈学Ⅰ」有斐閣，2008年，208頁）。」

　また，滞納処分ができる債権にあっては，徴収困難なものは滞納処分手続の一環として執行停止ができ，一定の条件を満たせば免除ができる（地方税法15条の7）。

　私債権では徴収停止をとることができるが（自治法施行令171条の5），あくまで，費用対効果から認められたもので，徴収停止後に時効完成を待って債権放棄する。

　徴収停止は免除という効果がないにもかかわらず，執行停止よりは要件が厳しく，履行延期特約による免除は履行延期特約を結んで10年経過して資力がないと認められる場合に免除ができる（自治法施行令171条の7）。

　私債権では改正前の一般債権の時効が10年であること，回収の場面では民事の手続によること，時効管理も公債権よりは複雑であることを考えれば，ある程度の長期間の管理はやむを得ない。

▶債権管理の実効性

　地方税等公課は自治体のサービスの原資になるが，税の徴収は直接の対価性はないとされる（東京高判平3・9・17判時1407号54頁）。

　法律に滞納処分ができる特別の規定がなければ，回収方法は債務名義を取得し，民事執行で行うことになり，行政を当事者とする債権といっても例外ではない。

　債権回収の実効性を高めるため，滞納処分が改めて規定された介護保険料の

不正利得の例もあるが（介護保険法22条3項），このような規定は対価性のある民事債権では求め得ない。

　行政の有する債権は法的根拠から滞納処分と民事回収の違いを含めて，多岐にわたって管理方法が違う点があるので民事債権の管理のあり方についてよく理解しておかなければならない。

　自治体の債権管理の実効性を高めるためには，サービス，利用の対価と同時履行の関係にあることが望ましいが，債権の特徴を知り，債務者の状況をよく見極め，実効性のある管理を行うことが必要である。

　後払いの債権にしても，当初の契約時か，履行できない場合に分割納付など相談を持ちかけられる機会に債務者から一定の情報を得ておく必要があることはいうまでもない。

POINT

　税等公課は公益目的の実現のために法律上で滞納処分を含め行政限りの権限が与えられ，早期の回収，終息を図っている。

　サービス，利用の対価として料金，使用料を支払う関係にある債権は，時効を含め民事法の適用を考慮しなければならない。

索 引 (五十音順)

■ あ行

明渡請求 …………………………… 131
意思主義 …………………………… 250
委任状 ……………………………… 182
違約金 ……………………………… 216
役務の提供 ………………………… 13
延滞金 …………………… 26, 32, 216
延長保育料 ………………………… 16
公の施設の使用料 ……… 1, 6, 7, 9, 31
怠る事実 ………………… 75, 94, 100

■ か行

学童育成料 ………………………… 16
瑕疵ある行政行為 ………………… 29
仮差押え …………………………… 68
仮処分 ……………………………… 68
過料 ………………………………… 142
換価の猶予 ………………………… 43
完成猶予 …………………………… 68
議決 ………………………………… 199
期限の利益 ……………………… 24, 89
客観的起算点 ……………………… 181
給水停止 ………………………… 130, 244
給付確認訴訟 ……………………… 54
給付訴訟 …………………………… 175
行政委員会 ………………………… 56
強制執行 …………………………… 51
行政処分 ………… 162, 174, 175, 177, 238
行政代執行 ………………………… 53
強制徴収 ………………………… 41, 52
行政徴収 …………………………… 249
強制徴収公債権 ……………… 122, 123
行政罰 ……………………………… 143
業務執行権 ………………………… 59
繰上徴収 ……………… 43, 44, 219, 220

クレジット納付 …………………… 215
継続的契約 …………………… 128, 129
継続的取引 ………………………… 78
限定承認 ………………… 102, 220, 236
減免 ………………………………… 208
権利能力なき社団 ………………… 246
権利の濫用 ……………………… 24, 228
公会計 ……………………………… 57
公権力の行使 ……… 12, 173, 211, 215, 248
抗告訴訟 …………………………… 54
公示送達 …………………………… 194, 196
更新 ………………………………… 68
交付要求 …………………………… 102, 218
公法 ………………………………… 1
公法上の不当利得 ………………… 159
誤払いの返還金 …………………… 153

■ さ行

債権譲渡 …………………………… 58
債権届出 …………… 102, 128, 132, 133, 218
債権放棄 ………… 59, 75, 100, 117, 233, 234
催告 ………………………………… 36
財団債権 …………………………… 128
裁判上の催告 ………………… 38, 80
裁判上の請求 ………………… 39, 134
債務引受 …………………………… 185
債務名義 ………………… 51, 218, 251
私会計 ……………………………… 57
敷金 ………………………………… 223
時効障害 …………………………… 70
時効中断 …………………………… 79
時効の援用 ……………………… 72, 73
時効の援用権の喪失 ……………… 83
時効の完成猶予 …………………… 40
時効の起算点 ……………………… 179

253

時効の利益	72
時効の利益の放棄	83
自然債務	118
執行停止	87, 92, 95, 97, 125
失踪宣告	119
支払督促	198
私法	1
充当	22, 238
受益者負担金	47
受益的処分	155
主観的起算点	181
熟慮期間	105
守秘義務	149
少額管財事件	132
少額債権	29, 97
承認	36, 74
除斥期間	69
信義則	73, 82, 84, 85, 160, 228, 232
信頼関係の破壊	130
信頼関係の法理	2
絶対的効力	107, 140, 159
専決処分	199, 200
相殺	22, 155, 238, 240
相続財産管理人	105
相続財産法人	103
相続放棄	103, 236
相対効	139
相対的効力	107, 140, 159
送達の効力	192
贈与契約	174, 175, 177
即時消滅	92

■ **た行**

代行徴収	112
第三債務者	205
第三者弁済	185
台帳課税主義	105
滞納処分	22, 41, 43, 46, 51, 92, 218, 221
短期消滅時効	66
単純承認	102
遅延損害金	33, 34
地方公営企業管理者	145
徴収委託	213, 214
徴収金	162, 187, 190
徴収停止	29, 75, 87, 93, 95, 97, 251
徴収猶予	43
徴税吏員	61, 62, 214
調定	90, 91
通常損耗	224, 225, 226
当事者訴訟	53, 54
当事者適格	56
同時廃止	111, 132
同時履行の抗弁権	130
到達主義	192
督促	221
督促手数料	26, 27, 32
特例基準割合	189
取立てに要する費用	99

■ **な行**

日常家事債務	113, 137, 184
根保証	229, 230
農業集落排水施設使用料	14
納税管理人	195
納入通知	69
納入の告知	21

■ **は行**

廃棄物処理手数料	11
配当要求	218
破産管財人	129
破産手続参加	133
破産免責	88, 127
破産免責債権	118, 135, 234
反対給付	6
非債弁済	74, 118

非常勤職員 …………………………… 62
病（後）児保育料 ………………………… 16
不可分債務 ………………… 107, 115, 231
付従性 …………………… 108, 110, 234
不真正連帯債務 …………… 115, 158, 159
不当利得 ………… 159, 160, 167, 169, 170
不当利得返還請求権 ……………… 67, 180
不納欠損 ………………… 29, 100, 117
扶養義務 ……………………………114
分割債務 ……………………………107
分割納付誓約 …………………… 25, 87
分担金 ………………………………46
片務契約 ……………………………89
法人格否認の法理 …………………245
法定納期限 …………………………238
法定利率 …………………………33, 35
保証極度額 …………………………229
保証債務 ……………………………107
補正命令 ……………………………201

■ ま行

みなし消滅 ………… 74, 93, 117, 119, 136
身元保証 ……………………………229
黙示の合意 …………………………189
目的外利用 …………………………125

■ ら行

履行延期特約 …………… 87, 96, 127, 251
履行（指定）期限 …………………… 23
履行の請求 ……………………… 23, 107
略式手続 ……………………………145
利用料金 ……………………………211
臨時的任用職員 ……………………… 62
連帯債務 ………………… 107, 140, 159

判 例 索 引

■ 大正

大判大 4・7・13民録21輯1387頁 ………………………………………… 235
大判大 5・12・25民録22輯2494頁 ………………………………………… 108
大判大 8・6・30民録25輯1200頁 ………………………………………… 39
大判大10・2・2民録27輯168頁 ………………………………………… 241
大判大11・11・24民集 1 巻670頁 ………………………………………… 231
大判大14・5・7大審院刑集 4 巻276頁 ………………………………… 63

■ 昭和

大判昭 5・3・10民集 9 巻253頁 ………………………………………… 223
大判昭 7・6・2民集11巻1099頁 ………………………………………… 102
大判昭 7・6・21民集11巻1186頁 ………………………………………… 235
大判昭 8・4・14民集12巻616頁 ………………………………………… 36
大判昭 8・10・13民集12巻2520頁 ………………………………………… 108
大判昭10・12・24民集14巻2096頁 ………………………………………… 73
大判昭12・9・17民集16巻1435頁 ……………………………………… 180, 181
大判昭14・12・12民集18巻1505頁 ………………………………………… 73
東京高判昭28・10・2下民 4 巻10号1397頁 ……………………………… 78
最判昭29・8・24刑集 8 巻 8 号1372頁 …………………………………… 194
最判昭29・12・24民集 8 巻12号2310頁 …………………………………… 103
福岡高判昭30・11・14裁判所ウェブサイト ……………………………… 58
東京高判昭32・12・24行集 8 巻12号2160頁 …………………………… 22, 241
最判昭33・6・2民集12巻 9 号1281頁 …………………………………… 189
最判昭34・2・20民集13巻 2 号209頁 …………………………………… 79
東京地判昭34・8・7下民10巻 8 号1642頁 ……………………………… 90
大阪地判昭34・9・8下民10巻 9 号1916頁 …………………………… 3, 131
福岡高判昭35・6・28下民11巻 6 号1375頁 ……………………………… 203
最判昭36・4・20民集15巻 4 号774頁 …………………………………… 193
秋田地判昭36・9・25行集12巻 9 号1922頁 ……………………………… 51
東京高判昭37・2・19金法303号 4 頁 …………………………………… 189
最判昭37・11・9民集16巻11号2270頁 …………………………………… 230
福井地判昭38・7・19行集14巻 7 号1304頁 ……………………………… 51
最判昭39・2・20集民72号223頁 ………………………………………… 242
東京地判昭39・3・26訟月10巻 4 号623頁 ……………………………… 52
最判昭39・10・15民集18巻 8 号1671頁 …………………………………… 246

256

最判昭39・10・29民集18巻8号1809頁 ………………………………………… 173
大阪高裁決昭40・10・5行集16巻10号1756頁，判時428号53頁 …………… 53
札幌高裁函館支判昭40・11・25行集16巻11号1840頁 ………………………… 64
東京高判昭40・11・29判時439号110頁 ………………………………………… 77
金沢地判昭41・1・28判時439号107頁 ………………………………………… 11
最判昭41・2・23民集20巻2号320頁 …………………………………………… 51
最判昭41・4・20民集20巻4号702頁 ……………………………………… 74, 82
岡山地判昭41・5・19行集17巻5号549頁 ……………………………………… 52
東京高判昭41・10・27判時469号41頁 ………………………………………… 78
最判昭41・12・8民集20巻10号2059頁 ……………………………………… 5, 171
山口地判昭41・12・12行集17巻12号1337頁 …………………………………… 37
最判昭42・6・23判時488・56 …………………………………………………… 89
最判昭42・8・25民集21巻7号1740頁 ………………………………………… 116
東京高判昭42・12・26民集28巻2号214頁 …………………………………… 169
最判昭43・6・27民集22巻6号1379頁 ………………………………………… 37
最判昭43・9・26民集22巻9号2013頁 ………………………………………… 189
福岡高判昭43・10・16判時551号82頁 ………………………………………… 244
最判昭43・10・17裁判集民92号601頁 ………………………………………… 109
最判昭43・11・15民集22巻12号2649頁 ……………………………………… 108
最判昭44・2・27民集23巻2号511頁 ………………………………………… 245
最判昭44・4・17民集23巻4号785頁 ………………………………………… 116
最判昭44・11・4民集23巻11号1951頁 ………………………………………… 246
最判昭44・12・18民集23巻12号2476頁 …………………………………… 137, 139
東京高判昭45・4・2判時607号44頁 ………………………………………… 109
最判昭45・4・21判時595号54頁 ……………………………………………… 115
最判昭45・5・21民集24巻5号393頁 …………………………………… 74, 83
最判昭45・7・15民集24巻7号771頁 ………………………………………… 17
最判昭45・7・24民集24巻7号1177頁 ………………………………………… 79
東京地判昭46・5・31判時643号68頁 ………………………………………… 139
最判昭47・3・21集民105巻305頁 ……………………………………… 133, 219
最判昭48・2・2民集27巻1号80頁 …………………………………………… 223
大阪地判昭48・9・4判時724号85頁 ………………………………………… 189
東京高判昭48・9・5判時721号32頁 ………………………………………… 197
最判昭48・10・26民集27巻9号1240頁 ………………………………………… 245
最判昭49・3・8民集28巻2号186頁 …………………………………………… 160
最判昭49・3・8民集45巻3号164頁 …………………………………………… 169
大阪高判昭49・10・29判時776号52頁 ………………………………………… 139
大阪地決昭49・12・10判時770号76頁 ………………………………………… 2

東京高判昭49・12・20判時769号50頁	80
東京地裁八王子支決昭50・12・8判時803号18頁	14, 248
東京地判昭51・7・16判時853号70頁	231
山口地判昭51・11・11訟月22巻12号2887頁	22
名古屋高判昭52・6・28判時876号99頁	169
最判昭53・3・17民集32巻2号240頁	21
最判昭53・4・13訟月24巻6号1265頁	80
名古屋地判昭53・7・20訟月24巻10号1907頁	206
大阪高判昭54・7・30行集30巻7号1352頁	177
東京高判昭56・11・25裁判所ウェブサイト	174
横浜地判昭56・12・23行集32巻12号2256頁	47, 49
最判昭57・1・29民集36巻1号105号	133
札幌高判昭57・9・22判タ487号166頁	110
東京地判昭57・10・19判時1076号72頁	129
最判昭59・4・27民集38巻6号698頁	104
最判昭59・5・31民集38巻7号1021頁	198
東京地判昭59・11・28判タ553号195頁	80
最判昭59・12・13民集38巻12号1411頁	2
最判昭59・12・13民集38巻12号1411頁	26, 31
名古屋地判昭59・12・26判時1178号64頁	174
最判昭60・7・16判時1174号58頁	6, 8
最判昭61・3・17民集40巻2号420頁	72
京都地判昭61・4・10判時1213号74頁	88
最判昭61・5・29判自64号54頁	145
最判昭61・5・30判時1196号107頁	2
最判昭62・2・6判時1232号100頁	26
最判昭62・10・8民集41巻7号1445頁	69
大阪地判昭62・12・3判タ670号113頁	56
横浜地判昭63・2・29判タ674号227頁	127
宇都宮簡判昭63・10・25判例集未登載	244

■ **平成**

東京高判平1・7・11行集40巻7号925頁	178
東京高判平1・7・11判タ717号135頁	174, 177
最判平1・10・13民集43巻9号985頁	134
最判平2・10・18民集44巻7号1021頁	230
徳島地判平2・11・16判時1398号57頁	144
東京高判平3・9・17判時1407号54頁	251

判例索引

最判平5·10·8集民170号1頁	22, 25, 221
最判平6·4·19集民172号363頁	238
東京地判平6·12·16税務訴訟資料（1～249号）206号764頁	122
東京高判平7·7·19税務訴訟資料（1～249号）213号193頁	122
東京地判平7·7·26金判1011·38	79, 85
神戸地判平8·2·21金法1485号50頁	245
東京高判平9·6·18訟月45巻2号371頁	125
最判平9·11·13集民186号105頁	232
最判平10·6·11民集52巻4号1034頁	193
福岡高判平10·10·9判時1690号42頁	158
東京地判平10·12·2判タ1030号257頁	139
最判平11·3·11民集53巻3号451頁	189
東京簡裁平11·3·19判タ1045号169頁	85
最判平11·7·5裁判所ウェブサイト	194
大阪地判平11·9·17判タ1032号147頁	231
最判平11·10·22民集53巻7号1270頁	193
最判平11·11·9民集53巻8号1403頁	118, 128, 135, 234
横浜地判平12·2·21判自205号19頁	105
東京地判平12·3·23判自213号33頁	172, 174
東京地判平12·12·18判時1758号66頁	225
東京地判平13·2·27金法1629号64頁	89
東京高判平13·5·22判例集未登載	1, 32, 48, 208
東京高判平13·8·27判時1764号56頁	201
最判平13·11·27民集55巻6号1334頁	4
福岡地判平14·9·9判タ1152号229頁	83
最判平15·3·14民集57巻3号286頁	234
最判平15·3·14民集57巻3号386頁	132
東京地判平15·6·24金法1698号102頁	133
最判平15·9·4集民210号385頁	173
最決平15·10·10D1-Law.com判例体系	1, 32, 48
奈良地判平15·11·12判自271号56頁	208, 210
名古屋簡判平16·1·30裁判所ウェブサイト	225
最判平16·3·16民集58巻3号647頁	157
大阪地判平16·3·24判自268号66頁	12
大阪高判平16·5·11裁判所ウェブサイト	34
大阪高判平16·5·27判自271号53頁	208
京都地判平16·6·4兵庫県弁護士会ウェブサイト	180
東京地裁八王子支判平16·7·15判例集未登載	23

千葉地裁松戸支判平16・8・19民集59巻9号2614頁	31
東京高判平16・9・7判時1905号68頁	155
名古屋地判平16・9・9判タ1196号50頁	173
名古屋地判平16・9・22判自266号68頁	142
東京高判平17・1・19民集59巻9号2620頁	32
最判平17・11・21民集59巻9号2611頁	2, 26, 31, 48
最判平17・12・16集民218号1239頁	224
最判平18・2・21民集60巻2号508頁	53
最判平18・3・1民集60巻2号587頁	210
大阪高判平18・5・30判タ1229号264頁	37
最判平18・7・14民集60巻6号2369頁	7
最判平成18年7月14日判時1947号45頁	8
長崎地裁島原支判平18・7・21判タ1220号211頁	180
大阪高判平18.11.8裁判所ウェブサイト	175, 177
さいたま地判平19・5・30判自301号37頁	22
水戸地裁日立支部判平20・1・25判時2008号114頁	180
広島地福山支部判平20・2・21裁判所ウェブサイト	228
高松高判平20・2・22裁判所ウェブサイト	24
大阪地判平20・10・1判自322号43頁	240, 241
東京高決平20・11・7判タ1290号304頁	204
最判平21・3・3集民230号167頁	181
最判平21・3・3判タ1301号116頁	181
奈良地決平21・3・5消費者法ニュース79号200頁	204
高松地裁観音寺支部決平21・3・25消費者法ニュース80号347頁	204
名古屋高判平21・7・16裁判所ウェブサイト	235
横浜地判平21・10・14判自338号46頁	11
京都地判平22・3・18裁判所ウェブサイト	100
奈良地裁葛城支部決平22・5・24判例集未登載	204
さいたま地判平22・6・30判自345号63頁	162
東京高決平22・8・10家裁月報63巻4号129頁	104
名古屋地裁岡崎支決平22・10・29消費者法ニュース87号342頁	204
東京高判平22・12・22控訴棄却	162
最判平23・7・14判タ1356号73頁	164
最判平23・7・14判時2129号31頁	163
最判平23・9・20民集65巻6号2710頁	205
最決平23・11・10上告棄却・上告不受理	162
岐阜地判平24・2・9判自357号101頁	96
大阪地判平24・2・17裁判所ウェブサイト	218

東京地判平24・7・18判自374号90頁，判自374号83頁	228
最決平24・7・24集民241号29頁	205
甲府地判平24・9・18判自363号11頁	199
宇都宮簡判平24・10・15金法1968号122頁	84
京都地判平25・4・23自保ジャーナル1902号70頁	78
東京高判平25・4・24判時2198号67頁	228
最判平25・6・6民集67巻5号1208頁	23, 39
大阪高判平25・7・26 D1-Law.com判例体系28212700	100
札幌高判平25・11・28判タ1420号107頁	197
大阪地判平26・1・23判自392号52頁	122
横浜地判平26・1・30判自383号60頁	57
福岡高判平26・7・24判自395号24頁	37
最判平26・12・12訟月61巻5号1073頁	33
さいたま地判平26・12・17判自400号84頁	143
大津地判平27・2・3判例集未登載	143
東京地判平27・6・23 D1-Law.com判例体系ID 28241524	195
仙台高判平27・7・15判自405号34頁	175
名古屋高判平27・7・30判時2276号38頁	197
東京高判平28・4・21 D1-Law.com判例体系ID 28241525	195
最判平28・10・18民集70巻7号1725頁	149
名古屋高判平29・6・30金法2078号68頁	149

著者紹介
青田 悟朗
立命館大学法学部卒業。1982年芦屋市に入庁。固定資産税係、諸税、病院総務課、収税係、行政担当（法規担当）、行政経営担当課長、総務部参事（行政経営担当部長）、上下水道部長を経て、現在、会計管理者を務める。

監修者紹介
前川 拓郎
北海道大学法学部卒業。2003年11月司法試験合格。2005年10月大阪弁護士会弁護士登録。あさひパートナーズ法律事務所パートナー弁護士、行政問題委員会、憲法問題特別委員会、刑事弁護委員会所属。多数の自治体の債権管理に関与。

サービス・インフォメーション
―――――――――――――――――――― 通話無料 ――――
①商品に関するご照会・お申込みのご依頼
　　　　　TEL 0120(203)694／FAX 0120(302)640
②ご住所・ご名義等各種変更のご連絡
　　　　　TEL 0120(203)696／FAX 0120(202)974
③請求・お支払いに関するご照会・ご要望
　　　　　TEL 0120(203)695／FAX 0120(202)973

●フリーダイヤル（TEL）の受付時間は、土・日・祝日を除く9:00～17:30です。
●FAXは24時間受け付けておりますので、あわせてご利用ください。

―――――――――――――――――――――――――――
　　判断に迷ったら読む　自治体の債権管理
　　50の疑問からわかる解決の糸口
―――――――――――――――――――――――――――

平成31年2月20日　初版第1刷発行

著　者　青　田　悟　朗
監　修　前　川　拓　郎
発行者　田　中　英　弥
発行所　第一法規株式会社
　　　　〒107-8560　東京都港区南青山2-11-17
　　　　ホームページ　http://www.daiichihoki.co.jp/

自治体債権糸口　ISBN978-4-474-06643-4　C2032　(1)